Let The Good Times Roll!

Horst Fascher

Let The Good Times Roll!

Der Star-Club-Gründer erzählt

Aufgezeichnet von Oliver Flesch

Eichborn

1 2 3 4 07 06

Umschlaggestaltung: Christina Hucke
Layout: Susanne Reeh
Lektorat: Palma Müller-Scherf
Fotos: © Horst Fascher
Satz: Fotosatz Reinhard Amann, Aichstetten
Druck und Bindung: Fuldaer Verlagsanstalt, Fulda
ISBN 3-8218-5631-9

Verlagsverzeichnis schickt gern:
Eichborn Verlag, Kaiserstraße 66, D-60329 Frankfurt am Main
www.eichborn.de

»My appearance at the Star-Club Hamburg
was a delight. Such a lot of fun.
Great memories!
Horst, let the good times roll!«

Ray Charles

Widmung

In Liebe für meine Kinder Brigitte, David, Rory und Marie Sophie.

In Treue für meine Brüder Uwe und Fredi.

In Gedenken an meine Eltern Margarete und Hermann und meinen Bruder Hans-Werner.

In Erinnerung an Manfred Weißleder.

Mein Dank gilt meiner geliebten Frau Birgit, die mir die Kraft gegeben hat, dieses Buch zu verwirklichen.

Horst Fascher

Vier guten Freunden, Gustav Jandek, Joel und Joey, meiner geliebten Carina und meinen Eltern im Besonderen.

Oliver Flesch

Inhalt

Vorwort

Als mein Freund, Star-Club-Boss Manfred Weißleder, Ende der Siebzigerjahre so elendig verstarb, kam mir zum ersten Mal die Idee, mein bewegtes Leben in einem Buch zu verarbeiten. Ich wollte dem Star-Club, der für ein paar großartige Momente der Popkultur der magischste Ort der Welt war, ein Denkmal setzen.

Dieses Buch ist für Menschen, die sich für die Geschichte hinter der Geschichte interessieren. Für die wahren Fans. Menschen wie Jürgen Warres, der damals mit seinem klapprigen Mofa extra aus Berlin über die Transitstrecke in den Star-Club kam, nur um einmal die Beatles zu sehen. Für die unzähligen Rock 'n' Roller, die sich das Geld für Eintritt und Bier vom Munde absparen mussten. Viele treffe ich heute noch, die meisten sagen: »Die Star-Club-Zeit war die schönste meines Lebens.«

Es waren nur knapp drei Jahre, die ich im Star-Club verbringen durfte. Die Party war 1965 vorbei. Doch das Leben ging nach meinem erzwungenen Ausstieg weiter. Ich erlebte, man könnte auch sagen, überlebte den Vietnam-Krieg, gründete mit den Les Humphries Singers eine der erfolgreichsten Bands der Siebzigerjahre, eröffnete den Star-Club wieder und musste ein paar Schicksalsschläge wegstecken, die so hart waren, dass ich mich heute noch frage, wie mir das gelungen ist.

Und es gibt noch einen weiteren Grund für dieses Buch: Heute wird häufig versucht, die Exzesse der Beatles während ihrer Hamburger Tage herunterzuspielen, sie als unschuldige kleine Jungs darzustellen. Mein Gott, sie waren jung, sie waren neugierig, sie wollten sich ausprobieren. Und auf St. Pauli hatten sie alle Möglichkeit dazu. Und was war denn auch schon dabei? All denen, die versuchen, die Beatles als Unschuldsengel zu verkaufen, kann ich sagen: Ihr irrt euch.

Um dieses Thema abzuschließen, zitiere ich John: »Ich bin in Hamburg erwachsen geworden, nicht in Liverpool.«

Horst Fascher, Hamburg, im Januar 2006

Prolog

Hamburg, Untersuchungsgefängnis Holstenglacies, Mai 1966

Ich kann ihn hören, den Beat. Was das Ganze nur noch schlimmer macht. Es ist laut da draußen, klingt fast so, als ob ich auf der Großen Freiheit vor dem Star-Club stehe und die Jungs drinnen spielen höre. Aber eben nur fast. Seit einer kleinen Ewigkeit hüpfe ich am vergitterten Fenster hoch, um wenigstens für einen Sekundenbruchteil irgendetwas von dem Treiben vor der Konzerthalle mitzubekommen.

Unbändige Wut mischt sich mit purer Verzweiflung. Wut, weil ich eingeschlossen bin, Verzweiflung, weil ich nicht raus darf.

Meine Zelle liegt im vierten Stock des Hamburger Untersuchungsgefängnisses Holstenglacies, vis-à-vis zur Ernst-Merck-Halle. Es ist eng und stinkt nach Desinfektionsmitteln. Auf der Fläche eines zu kurz geratenen Korridors umgeben mich schmuddelige, kalkgeweißte Zellenwände. Meine Vorgänger haben sich auf ihnen mit derben Kritzeleien kleine Denkmäler geschaffen. Das Mobiliar ist karg: Ein Stuhl, ein Tisch, Pritsche, ein Hängeschränkchen, Waschbecken und Klo. Sonst nichts. Das vergilbte Familienfoto auf dem Tisch wirkt fast wie ein Fremdkörper in dieser trostlosen Umgebung. Um aus dem Knast-Fenster wirklich rausgucken zu können, müsste man ein Hüne sein, nicht ein 1,70 Meter kleiner Federgewichtler. Ich versuche mich zu trösten. Immerhin kann ich den Himmel und manchmal sogar einen vorbeifliegenden Vogel sehen.

Da ist er wieder, der treibende Beat. Er klingt irgendwie unwirklich, fast wie aus einer anderen Welt. Singt Paul gerade?

Oder ist es John, George oder gar Ringo? Scheiße, ich kann ja nicht einmal genau hören, welchen Song sie gerade singen. Ich starre die Eintrittskarte an. Wieder und wieder lese ich: »BRAVO-Beatles-Blitztournee, Sonntag, 26. Juni 1966, 19 Uhr, Ernst-Merck-Halle«, und dann die zwei netten Zeilen, die Brian, der Beatles-Manager, auf die beigelegte Visitenkarte geschrieben hat: »Grüße, Brian Epstein. Dies ist dein Ticket!«

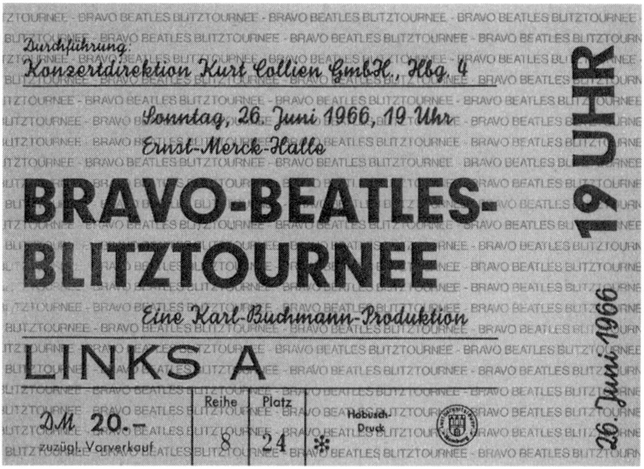

Original-Beatles-Eintrittskarte, unabgerissen, weil Horst im Knast saß, 1966

Die Beatles. Die Jungs, meine Jungs. John, Paul, George und Ringo. Es ist erst ein paar Jahre her, dass meine Mutter ihre dreckige Unterwäsche wusch, die vier Hungerhaken mit ihrer leckeren Erbsensuppe aufpäppelte. »Damit sie endlich mal was zwischen die Rippen bekommen.« Und heute? »Möglicherweise sind wir inzwischen populärer als Jesus«, hatte John Lennon vor kurzem gesagt, und vielleicht trifft es das sogar. Immerhin mischen sie seit 1963 die komplette Musikbranche auf, belegen zeitgleich die Plätze eins bis fünf der amerikanischen Charts. Noch nicht einmal Elvis, der King, kann ihnen im Moment das Wasser reichen. Als ich sie das letzte Mal vor etwa vier Jahren im Star-Club traf, sah das noch ganz anders aus. Da hatten sie gerade mal ihre erste Single »Love Me Do« auf dem

Markt. Und ich hasste das Ding von Anfang an. Als Paul es mir Monate vor der Veröffentlichung vorsang, sagte ich: »Vergiss es! Das wird nichts, bleibt mal lieber beim Rock 'n' Roll.« Tja, so kann man sich irren!

Seit über einem Jahr sitze ich schon in Untersuchungshaft. »Wegen mehrfacher schwerer Körperverletzung, Erpressung und Landfriedensbruch«, wie mir die Staatsanwaltschaft vorwirft. Es ist überhaupt nicht klar, wann ich endlich wieder nach Hause komme. Noch nicht einmal einen Termin für meine Gerichtsverhandlung gibt es. Und das nach vierzehn Monaten Einzelhaft. Man behandelt mich hier wie einen Schwerverbrecher. Einmal am Tag darf ich ganz allein eine halbe Stunde auf den Hof. Wie ein Zirkuspferd in der Manege laufe ich dann im Kreis herum. Unterhaltungen mit Häftlingen sind dabei strengstens verboten. Vorgestern erkannte mich ein Mithäftling, rief mich beim Namen und sofort wurde mir der Hofgang gestrichen. Sie sagen, es bestehe Verdunklungsgefahr, ich könne über Dritte Zeugen beeinflussen. Was für ein Schwachsinn! Ich weiß ja nicht einmal, wer mich belastet hat.

Der Teller mit dem Gefängnisfraß steht unangerührt vor der Durchreiche meiner Zellentür. Das Einzige, was ich in meinem Zustand runterbekommen würde, wären Muttis in der Bratpfanne brutzelnde von Palmin triefende Kartoffelpuffer. Mit ganz viel Zucker bestreut, zusammengerollt und direkt aus der schweren gusseisernen Pann gegessen.

Wenn der Flurfunk stimmt, soll es nachher noch eine Überraschungs-Inspektion geben. Jürgen W., der Elefant, wie ihn hier alle nennen, hat mal wieder schlechte Laune. Er ist diese Woche als Oberschließer für Block C eingeteilt. Wenn der Arschdrücken hat und das hat er eigentlich immer, dann lässt er unsere Zellen auch ohne Grund zweimal pro Tag filzen.

Erst gestern haben seine Jungs die ganze Bude auf den Kopf gestellt. Immer die gleiche Chose: Gesicht zur Wand, Leibesvisitation, Matratze hoch, Toilettenrand und Klo-Kasten gecheckt, Blechspiegel auf scharfe Kanten überprüft, Unterwäsche samt Strümpfen durchgewühlt. Selbst der Zahnputzbecher wird nicht verschont. Ich hab die Faxen wirklich dicke. Seit ich mir aus der Gefängnisbibliothek »Robinson Crusoe« von Defoe und »Die Kraft des positiven Denkens« von Pearle ausgeliehen habe, muss ich mir ständig die Frotzeleien vom Elefanten und den anderen Wichsern gefallen lassen. Aber was wissen die schon?

Ob die Beatles während ihres Konzerts wenigstens einmal an mich denken? Sie haben bestimmt Verständnis für meine Lage. Sie wissen doch, wie das war damals im Star-Club. Schlägereien hatte ich nur mit Leuten, die ohnehin schon randalierten. Ich musste sie rausschmeißen, sie waren betrunken, sie machten Ärger, nichts als Ärger. Manchmal frage ich mich, ob sich das alles gelohnt hat. Waren es meine drei Star-Club-Jahre wert, was ich hier durchmache?

Einen Tag nach dem Beatles-Konzert in der Ernst-Merck-Halle bekomme ich Besuch. Es ist mein kleiner Bruder Fredi. Ich will natürlich alles ganz genau wissen. Wie sie aussahen, welche Lieder sie gesungen haben und vor allem ob sie sich nach mir suchend im Publikum umgeschaut hätten.

»Viel besser!«, meint Fredi freudestrahlend, »sie haben dir ein Lied gewidmet.«

»Ein Lied? Welches denn?«, frage ich.

»Na, welches wohl? ›Roll Over Beethoven‹, natürlich!«, grinst Fredi stolz über beide Backen.

Roll Over Beethoven, die alte Chuck-Berry-Nummer. Sehr schön. Na, die vier kennen halt meinen Geschmack.

»Und … und was haben sie genau gesagt? Und wer von ihnen hat die Ansage gemacht?«, sprudelt es aus mir heraus.

Es war John, der sagte: »Der nächste Song ist speziell für unseren alten Hamburger Freund Horst Fascher, der heute leider nicht hier sein kann …« Als Fredi das sagt, muss ich erst leise lächeln, aber dann kommen doch die Tränen. Zum ersten Mal seit ich ein kleiner Junge war. Sie haben mich also nicht vergessen. Ob ich die Jungs wohl jemals wiedersehen werde?

»Travelin' Man«
Vier Beatles und ein Büstenhalter

Der auffallend große Typ sah mächtig bieder aus. Was ihn auf der Reeperbahn irgendwie geheimnisvoll erscheinen ließ. Er kam so alle zwei bis drei Tage frühmorgens in den Lachenden Vagabunden. Immer allein, immer um die gleiche Zeit und immer mit einem frisch gebackenen Weißbrot unterm rechten Arm.

Der Lachende Vagabund war eine bessere Rotlichtkneipe auf der Großen Freiheit, in der sich manche Gäste von unseren beiden Animierdamen Peggy und Evelyn in plüschigen Separées verwöhnen ließen. Hier arbeitete ich, nachdem ich im Top Ten gekündigt hatte, am Tresen. Ein Übergangsjob. So schnell wie möglich zurück ins Rock 'n' Roll-Geschäft war mein Ziel.

Bevor ich anfing, gab's ein Problem mit der Frühschicht, sie lief nicht. Deshalb holten sie mich. Als Erstes bestückte ich die Musikbox neu, schmiss die ganze miefige Schlagersülze – Fred Bertelmann, Freddie und Peter Alexander – raus und stellte dafür meine Rock 'n' Roll-Helden – Eddie Cochran, Gene Vincent und Bill Haley – rein. Dann bat ich meine Musikerkumpel, nach ihren Gigs vorbeizukommen. Die Musiker zogen die Mädels, die Mädels die Jungs und seitdem lief der Laden wieder wie geschmiert. So wie an jenem Morgen: In der Jukebox rockten Danny & The Juniors gerade »At The Hop«, ein Gute-Laune-Knaller, der für gewöhnlich niemanden auf dem Stuhl hielt. Nur diesem Kerl da hinten am Fenster schien der Song nicht in die Beine zu gehen. Auf mich wirkte er wie ein Spanner. Er saß bloß da, bestellte einen Kaffee. Dazu brach er mit der linken Hand ein Stück Weißbrot ab und krümelte mir die ganze Zeit den Boden voll. Oh, wie ich das hasste! Meine Mutter hatte mir eingetrichtert: »Armut ist keine Schande, Unsauberkeit schon.« Ich achtete zum Beispiel auch immer drauf, dass meine Musiker mit sauberen Fingernägeln und geputzten Schuhen auf die Bühne gingen.

»Ich würde den Heini am liebsten rausschmeißen!«, sagte ich zu meinem Bruder Fredi, der am Tresen seinen Whiskey-Cola schlürfte.

»Mensch, weißt du denn nicht, wer das ist?«

»Weiß ich nicht. Ist mir auch egal. Der krümelt zu viel.« Mein Bruder erklärte mir, dass der geheimnisvolle Fremde Manfred Weißleder sei, der auf St. Pauli ein paar Läden am Laufen hatte. Perfekt! Das war genau das, was ich brauchte. Denn ich suchte schon eine ganze Weile händeringend nach einem Geldgeber für meine neueste Idee …

Also begrüßte ich ihn so gentleman-like wie möglich: »Einen schönen guten Morgen, mein Name ist Horst Fascher und …«

Er antwortete nur: »Ich weiß, wer du bist.« Ich war ganz verdattert, nahm aber all meinen Mut zusammen und erzählte ihm von meinem Lieblingsbaby, einen reinen Rock 'n' Roll-Laden zu eröffnen. Mein forsches Auftreten schien ihn zu beeindrucken. »Rock 'n' Roll, sagst du? Könnte ich mir schon vorstellen. Sprich mich in drei Tagen noch mal an.«

Weißleder nickte mir zum Abschied freundlich zu und verschwand.

Ich war aufgewühlt, beinahe fassungslos. Ob sich mein Traum von einem eigenen Laden so schnell erfüllen sollte? Na, mal abwarten. Vielleicht war er ja auch so ein Schnacker, von denen es auf St. Pauli nur so wimmelte.

In den nächsten Tagen informierte ich mich über Weißleder. Erfuhr, dass er hauptsächlich in Stripteaseläden investierte und ein besonders extravagantes Hobby hatte: Er drehte Akt-Filme. Aber nicht irgendwelche Hinterzimmerproduktionen. Weißleder flog mit seinen Modellen in die Südsee und machte mit ihnen Unterwasseraufnahmen. Die Mädels dafür holte er sich hauptsächlich auf der Reeperbahn. Wahrscheinlich war das auch der Grund, weshalb er so oft bei mir im Laden abhing. Er suchte Darstellerinnen mit hübschen anmutigen Körpern.

Mir war egal, was der Typ in seiner Freizeit trieb. Für mich zählte, dass seine Schuppen Geld abwarfen. Die nächsten Tage beobachtete ich unsere Eingangstür so sehnsüchtig wie eine Hure aus der Herbertstraße, die auf ihren ersten Freier wartet. Doch Weißleder ließ sich nicht blicken. Vier Tage später stand er plötzlich wie aus dem Nichts vor mir. Und er kam gleich zur Sache: »Ich kann das Stern Kino in der Großen Freiheit kriegen. Kennst du das?«

»Natürlich! Dort habe ich früher die Wildwestfilme mit Tom Mix gesehen«, antwortete ich.

»Würde sich das eignen?«

»Denke schon, nach einigen Umbauten jedenfalls!« Schließlich wollte er von mir noch wissen, wie lange ich bräuchte, ein vernünftiges Programm auf die Beine zu stellen. Um mir keine Blöße zu geben, schätzte ich ins Blaue hinein: »Drei Monate?«

»Das passt, so lange brauche ich für den Umbau.«

Drei Monate sollten reichen, um ein Eröffnungsprogramm zusammenzustellen, das auch dem letzten Heinmück in Hamburg klar machte, dass wir eine echte Rock 'n' Roll-Rakete am Start hatten. Weißleder schien nichts dem Zufall zu überlassen, und ich war so was von glücklich.

Am selben Abend traf ich mich noch mal mit Weißleder. Wir besprachen das Konzept des neuen Clubs. Das Wichtigste: Es sollten im Wechsel mehrere Gruppen pro Abend spielen. Bisher trat nur eine Band – manchmal auch zwei – im stündlichen Wechsel bis zu zwölf Stunden auf. Darunter litt die Qualität. Logisch, denn die Musiker konnten diese langen Sessions nur mit Hilfe von Alkohol und Aufputschmitteln schaffen. Wenn überhaupt. Ich weiß noch, wie John Lennon einige Male während eines Auftritts der Beatles mitten auf der Bühne eingeschlafen war. Auch wichtig: Ich wollte echte Weltstars an die Elbe holen. Weißleder war erst skeptisch, ob es nicht zu teuer sei. »Kein Problem«, pokerte ich, »wir holen uns Bands, die sowieso gerade durch Europa touren.«

Und dann waren da noch die vielen Kleinigkeiten. Ich wollte den besten Sound im Land haben, ein eigener Bühnentechniker sollte sich darum kümmern. Der neue Club benötigte natürlich auch ein richtiges Bühnenbild mit Vorhang und allem Drum und Dran. Es war immer ein Stimmungsdämpfer, den Musikern beim Umbau oder beim Stimmen der Instrumente zuschauen zu müssen. Ein Vorhang wie im Theater, so dachte ich mir jedenfalls, würde die Spannung erhöhen. Außerdem brauchte unser Baby noch einen Namen. Es dauerte keine fünf Minuten, dann waren wir uns einig: Das alte Kino, in das der Club einziehen sollte, hieß Stern Kino. Gut. Stern heißt auf englisch Star. Wir wollten die größten Stars der Welt auftreten lassen – also Star-Club!

Weißleder war anders als alle anderen, für die ich vorher gearbeitet hatte. Der machte keine halben Sachen, der dachte im großen Stil. Als ich ihm erklärte, dass wir uns gute Bands aus Liverpool holen müssten, spendierte er mir ohne großes Tamtam einen Flug nach England. Der englische Musiker Roy Young, ein guter Kumpel, kam als Dolmetscher mit. Mein Englisch war zu der Zeit noch nicht besonders. Es reichte zwar, um mit den Jungs eine gute Zeit zu haben, aber nicht für Vertragsverhandlungen.

Weißleder versorgte uns für den Trip nach Liverpool mit ausreichend Kohle, fehlte nur noch ein neuer Anzug. Den ließ ich mir bei einem Schneider in der Sailerstraße nach Maß fertigen. In Stahlblau, meiner Lieblingsfarbe. 700 Mark kostete der Spaß. Ein kleines Vermögen. Doch was soll's? Wer in der Geschäftswelt etwas darstellen wollte, musste aufs Äußere achten. Unabhängig davon fühlte ich mich gut gekleidet einfach besser. Vielleicht lag das auch daran, dass ich als Junge die schäbigen Klamotten meines älteren Bruders auftragen musste. Roy brauchte natürlich nichts Neues, der war schon immer der bestangezogene Musiker der Stadt.

England. Es war später Nachmittag, als wir in der bitterkalten Hafenstadt Liverpool ankamen. Wir nahmen uns im Hotel Adelphi zwei Einzelzimmer. Und noch vor dem Auspacken bat ich Roy, bei Paul McCartney anzurufen. Er war nicht zu Hause, seine Tante versprach, ihm Bescheid zu geben. Um uns die Zeit zu vertreiben, machten wir einen Spaziergang. Liverpool wirkte trostlos. Alles grau in grau. Viele Straßen und Häuser waren heruntergekommen. Anders als in Hamburg. An der Elbe spürte man den Aufschwung nicht nur, man konnte ihn sehen. Überall wurde gebaut, entstanden neue Häuser, neue Straßen. Liverpool hinkte dagegen hinterher. Eigentlich ungerecht, dachte ich mir, schließlich hatten wir den Krieg verloren.

Zurück im Hotel lag an der Rezeption eine Nachricht für uns: »Mr. McCartney erwartet Ihren Anruf.«

Wir verabredeten uns mit den Jungs für den nächsten Nachmittag, aßen noch eine Kleinigkeit und gingen früh schlafen, um für den kommenden Tag in Form zu sein.

Um drei sollten sie kommen. Es war kurz vor, wir konnten es kaum abwarten, lungerten deswegen schon mal vor dem Hoteleingang herum. Roy sah sie als Erster, sie winkten uns schon aus der Ferne zu. Wir umarmten, wir drückten uns. John Lennon begrüßte mich überschwänglich mit: »Hoddel, alter Nazi-Bastard!« So war er. Das war seine Art von Humor.

Wir freuten uns riesig. Klar. Schließlich verbrachten wir vor einem guten halben Jahr in der Elbestadt Tag und Nacht zusammen. Was mir sofort auffiel: Sie sahen verändert aus. Zwar trugen sie immer noch ihre in Hamburg gekauften Lederjacken und derbe Jeans, aber nur Drummer Pete Best ging mit seiner alten Elvis-Tolle noch als echter Rocker durch. John, Paul und George sahen dagegen mit ihren Pisspott-Frisuren und ihren komischen Stiefeletten unmöglich aus. Wohl der Einfluss von Stuart Sutcliffes Hamburger Freundin Astrid Kirchherr und ihrer merkwürdigen Existenzialisten-Clique. Ich lag richtig. Drauf angesprochen sagte Paul, Astrids Kumpel Jürgen Vollmer hätte ihnen in Paris den neuen Look verpasst.

Da wir hungrig waren, ging's erst mal in ein einfaches Restaurant gegenüber dem Hotel. Wir bestellten alle das Gleiche: Pommes und Huhn. Nur Paul McCartney orderte einen Hamburger. Und nervte mich mal wieder mit der Frage, wieso diese Dinger in Hamburg nicht auch Hamburger, sondern Frikadellen hießen. Mit vollem Mund klopfte ich ihm auf die Schulter: »Paul, alter Junge, ich weiß es immer noch nicht!«

Es gab viel zu schnacken. Die Jungs fragten mich nach Freunden und ihren Hamburger Mädchen. Ich erzählte ihnen alles, was sie wissen wollten.

Paul meinte, dass wir uns später mit ihrem Manager Brian Epstein treffen könnten. Ihrem Manager? Seit wann hatten die Beatles einen Manager? Ich war enttäuscht. Ein Manager hat so was Offizielles, nichts Freundschaftliches. Dachte, ich würde alles mit den Jungs direkt klären, per Handschlag sozusagen. Was wusste so ein Knilch aus Liverpool schon von St. Pauli? Was wusste der von meiner Freundschaft zu den Jungs? Nichts! Nee, die Sache schmeckte mir nicht. Ändern ließ sie sich aber auch nicht. Weißleder wollte die Beatles unbedingt haben und dann sollte er sie auch bekommen. Egal wie.

Nach eineinhalb Stunden brachen wir auf, gingen die zehn Minuten Richtung Epsteins Büro zu Fuß. Wir fühlten uns ziemlich lässig. Zwei junge Männer in Maßanzügen, flankiert von vier Jungs in Leder. Das machte Aufsehen.

Epsteins Büro lag über seinem Plattenladen NEMS. John meldete uns bei einem der Verkäufer an. Eine Minute später bat man uns in den ersten Stock. In der Mitte des Büros stand ein mit drei Teetassen und einer Schüssel Gebäck gedeckter Tisch. Was bedeuten sollte, ihr Beatles könnt nun gehen, mit Business habt ihr nichts zu tun. So eine Scheiße, ich dachte, sie wären dabei und könnten eingreifen, falls es Probleme gab. Nach ein paar Minuten kam Epstein. Er gab erst mir, dann Roy freundlich, aber förmlich die Hand und verabschiedete die Beatles mit den Worten: »Okay Jungs, das war's für euch, wir hören uns später.«

Ich hatte schon viele Engländer getroffen, aber noch nie so einen wie Epstein. Er sprach und sah aus wie der klassische englische Gentleman, den man aus Alec-Guinness-Filmen kannte. Er trug einen braunen Nadelstreifenanzug, ein smartes Hemd, alles sehr elegant und auch sein ganzes Gehabe war ziemlich vornehm. Wir erklärten ihm euphorisch das Konzept des Star-Clubs. All die wegweisenden Neuerungen, die ja auch den Beatles zugute kommen sollten. Er hörte interessiert zu, stellte kluge Zwischenfragen, womit er mir das Gefühl gab, dass alles in Butter sei. Ganz plötzlich aber sagte er einen Satz, mit dem ich nicht gerechnet hätte: »Das klingt ja alles ganz klasse, Mr. Fascher, aber es gibt da leider ein kleines Problem.« »Ein Problem, was denn für ein Problem?«, fragte ich ein wenig unwirsch.

»Die Beatles sind bei Peter Eckhorn im Wort. Sie versprachen ihm, sollten sie nach Hamburg zurückkommen, in seinem Laden, dem Top Ten, zu spielen.«

Im Top Ten? Bei Eckhorn, dem Arsch? Das wüsst' ich aber! Mit Händen und Füßen versuchte ich ihm klar zu machen, dass das überhaupt nicht in Frage käme: »Sollten die Beatles im Top Ten und nicht im Star-Club spielen, wird es das Top Ten nicht mehr geben!«

»Wie meinen Sie das?«

»Wie ich es gesagt habe – das Top Ten wird es nicht mehr geben.«

Ich ließ so richtig den St. Paulianer raushängen. Wollte ich ja eigentlich nicht, aber manchmal ging es nicht anders.

Epstein zog die Augenbrauen hoch, ließ sich aber von meinem rüden Auftreten sonst nicht weiter beirren. Höflich und ruhig sagte er: »Mr. Fascher, Sir, ich kann das nicht entscheiden. Ich muss darüber erst mit den Jungs sprechen.«

Mit den Jungs sprechen? Gut so. Die Jungs würden alles abnicken. Da war ich todsicher. Die vertrauten mir blind. Zu Recht. Denn in Hamburg ging es ihnen von Gastspiel zu Gastspiel besser. Sie bekamen mehr Geld, bessere Unterkünfte und all das. Das wird auch diesmal so sein, und das wissen sie.

Wieder auf der Straße teilte Roy meinen Optimismus nicht so wirklich. Eigentlich gar nicht. Er befürchtete sogar, mein Verhalten könnte Epstein so sehr verschreckt haben, dass er den Beatles abraten würde, im Star-Club zu spielen: »Mensch Horst, musstest du so aufdrehen? Epstein war regelrecht schockiert. Hast du das denn nicht gemerkt? Du kannst doch mit so einem Mann nicht auf diese Art reden, wir sind doch hier nicht auf der Reeperbahn!«

Ob Roy richtig lag? Vielleicht. Bestimmt sogar …

Zurück im Hotel, rief ich Manfred in Hamburg an. Er machte Druck. Wir bräuchten die Beatles unbedingt exklusiv im Star-Club, koste es, was es wolle: »Zur Not drückst du diesem Eckstein oder wie immer der auch heißen mag, noch einen Tausender in die Hand, Hauptsache, die Jungs sind zur Eröffnung hier.«

Nachdem das Geschäftliche zumindest auf den Weg gebracht war, konnten wir nun zum gemütlichen Teil der Reise übergehen – Ausgehen, Mädchen treffen. Wir waren am Abend mit den Beatles im Cavern Club verabredet. Die hatten in Hamburg ständig von ihrem Laden geschwärmt, vielleicht konnte ich mir dort noch ein paar Anregungen für den Star-Club holen. Es war kurz vor acht, John wartete vor dem Musikclub auf uns. Ich war ziemlich gespannt. Doch kaum drinnen, konnte ich nicht glauben, was ich sah: Diese schummrige Pinte war fieser als die übelste Kaschemme auf der Reeperbahn. Die Luft war sauschlecht, die Wände feucht, es roch nach Schimmel, englischem Lagerbier und vor allem nach altem abgehangenen Männerschweiß. Es gab keine Bar, keinen Tresen, nur einen versifften Ausschank, an dem man sich Getränke holen konnte. Auch Tische gab es nicht. Einfach unvorstellbar. Nur ein paar kaputte Stühle, die verlassen vor etwas standen, das sie hier Bühne nannten. Und das Schärfste: Die Typen machten sich hier noch nicht einmal die Mühe, auf Toilette zu gehen, die pissten einfach in die Ecken. Unfassbar.

Auf der Bühne spielte eine mir unbekannte Band. Sie waren

nicht schlecht, auch nicht gut, aber sie sangen Rock 'n' Roll, und das war die Hauptsache. Die Beatles stellten mir einige Leute vor, Musiker und so, die meisten hatten schon von mir gehört, wussten, dass ich hier war, um Bands zu buchen. Alle waren sehr freundlich. Doch schon bald hatte ich keine Lust auf diese Art Gespräche. Mich interessierten viel mehr die Mädchen hier. Halb im Spaß teilten Roy und ich sie schon mal auf, stupsten uns an: »Na, wär' das nicht eine für dich?«

Horst (Mitte) mit den britischen Rock 'n' Roll-Künstlern Heinz, Johnny Kidd, Bruce Wels, 1961. Rechts Horsts Fahrer Rolf.

Es war höchste Eisenbahn, dass die Jungs für uns was klarmachten: »So Männer, wie sieht's aus? Ich habe euch in Hamburg Mädels besorgt, jetzt seid ihr dran.«

»Kein Problem, Hoddel«, meinte John Lennon, »was hältst du von den beiden da vorn?« Er zeigte auf zwei Mädchen in etwa zehn Metern Entfernung.

»Keine Ahnung, bei eurem Kacklicht hier kann man doch nichts erkennen.«

John winkte die beiden heran. Sie kamen auf uns zu, schnell merkte ich, das Ganze war mal wieder einer von diesen Gags, über die oft nur er lachen konnte. Die eine schien der Geisterbahn entstiegen zu sein, die andere war einen guten Kopf größer als ich. »Willst du mich verarschen, Mann? Wenn du bei der um acht anfängst, bist du um zwölf noch nicht überall gewesen. Nichts für mich, schönen Dank«, flüsterte ich John ins Ohr.

Die Beatles wurden von Mädels umschwirrt, wie ich das nur von Hollywood-Stars aus der Wochenschau im Bambi-Kino kannte. Trotz ihrer dämlichen Frisuren. Oder gerade? Vielleicht sollte ich mir auch so einen Haarschnitt verpassen lassen. Aber irgendwie dämmerte mir, dass so eine Pisspott-Frisur nicht zu mir passen würde, sie wirkte einfach zu weibisch.

Pete stellte mir zwei andere Frauen vor. Mary und Maureen. Und die beiden waren schon ein anderer Schnack. Wir kamen schnell ins Gespräch. Sie schienen interessiert. Fragten mich, ob ich in Hamburg nicht auch für sie einen Job hätte, ob es da Möglichkeiten gäbe.

»Möglichkeiten?! Da gäbe es sogar einige Möglichkeiten«, sagte ich ihnen. Mir fiel zwar gerade keine ein, aber das war ja jetzt auch nicht weiter wichtig. Die Unterhaltung endete damit, dass uns die Mädchen allesamt auf ihr Zimmer einluden.

Wir gingen zu Fuß. Liverpool ist klein. Hier konnte man eigentlich alles ohne Auto erreichen. Auf dem Weg hielten wir noch an einer kleinen illegal betriebenen Kellerbar. Wir kauften eine Buddel braunen Rum und zwei Flaschen Cola. Als wir endlich bei den Mädels ankamen, war der Rum alle und wir schon ziemlich angepichelt. Die beiden wohnten in zwei klammen Kellerzimmern bei einer älteren Dame zur Untermiete. Nächtlicher Herrenbesuch war streng verboten! Was unsere Damen freilich nicht davon abhielt, mitten in der Nacht sechs Männer mit aufs Zimmer zu nehmen. Die Mädels gingen vor, schlossen die Vordertür auf und öffneten uns von innen das Kellerfenster. Natürlich waren wir viel zu laut. Vor allem der halbblinde John hatte Probleme beim Einstieg. Es dauerte keine zwei

Minuten, da klopfte die Vermieterin an die Tür und rief: »Mary, hast du Gäste da?« Um nicht lautstark zu lachen, prusteten wir in unsere Jacken.

Mary legte eine Single auf ihren pinkfarbenen Philips-Plattenspieler. Keine Ahnung, welche, ich war gespannt. Sie hatte schöne schlanke Hände, schöne feingliedrige Finger, ihre lackierten Nägel passten zur Farbe des Plattenspielers. Ganz behutsam ließ sie den Tonarm auf das schwarze Vinyl herabgleiten. Für einen kleinen Moment herrschte absolute Stille, es folgte ein kurzes Knistern und dann begann Rosie von den Originals voller Inbrunst die erste Zeile ihrer prächtigen, fast ein wenig mysteriös anmutenden Ballade »Angel Baby« zu singen:

»It's just like heaven being here with you
You're like an angel too good to be true
But after all, I love you, I do
Angel Baby, my Angel Baby …«

Dann löschte sie das Licht und zündete ein paar Kerzen an. Und an der Wand hing ein Foto von Elvis.

Die Stimmung war erhaben, beinahe magisch. Wann, wenn nicht jetzt, sollte ich versuchen, Mary näher zu kommen? Möglichst noch bevor das Lied vorbei war – einen besseren Dosenöffner als Angel Baby gab's auf der ganzen Welt nicht.

Roy verzog sich mit Maureen ins Nebenzimmer und ich kuschelte mich neben Mary auf die dunkelbraune Couch. Wir schauten uns an, sie lächelte verlegen, ich war sogar zum Lächeln zu verlegen, es war dieser kurze Moment vor dem ersten Kuss, dieser Moment, in dem man nicht genau weiß, ob es überhaupt dazu kommen wird, sich aber nichts auf der Welt mehr wünscht.

Der Moment schien ewig zu dauern und gerade bevor es peinlich wurde, umfasste sie meinen Nacken, zog mich leicht fordernd an sich und gab mir einen Kuss, der unsagbar lecker schmeckte, ungefähr so lecker wie der von Ingrid, damals in der Schrebergartenhütte, und da war ich zwölf. Ich fingerte an ihrem BH, versuchte ihn zu öffnen. Eigentlich eine meiner

Spezialitäten, gelang mir normalerweise einhändig. Als ich ihn aber nach einer vollen Minute voller Scham, die mir wie eine Stunde vorkam, immer noch nicht geöffnet hatte, hauchte sie ganz lieb, dass es wohl besser sei, wenn sie das übernähme.

Inmitten dieser romantischen Szenerie grölte uns John völlig besoffen aus dem Dunkel zu: »Hoddel, gibt's Probleme? Brauchst du Hilfe? Dann gib mir ein Zeichen, Mann.« »Ach, küss meinen Arsch und lass mich in Ruhe!«, erwiderte ich.

Als ich mich nach dem kurzen Schäferstündchen wieder anzog, staubte es mächtig aus meiner Unterhose. Ich muss gerade beim Ficken gewesen sein, als mir irgend so ein Witzbold Marys Puderdose auf meinen nackten Arsch ausgeschüttet hatte. Großes Gejohle, John Lennon grunzte am lautesten. Klar, nur er kam auf solche Ideen. Na, das sollte er wiederkriegen.

Durch Johns Blödeleien hatten wir so einen Radau gemacht, dass die Mädchen uns baten zu gehen. Der geordnete Rückzug durchs Kellerfenster war vor allem für den guten alten John eine schwere Prüfung. Es gab kein Licht. Voll wie 'ne Babywindel und ohne Brille knallte er jedes Mal gegen die Hindernisse, denen er eigentlich ausweichen musste.

Zurück auf der Straße fing er zu allem Überfluss auch noch wie ein Irrer an zu lachen. Ich wollte wissen, was denn so lustig sei.

»Als ihr mit den Mädels beschäftigt wart, hab ich noch einen kleinen Abschiedsgruß hinterlassen!«, lallte er.

»Was denn für einen Scheißgruß?«, fragte ich.

»Scheißgruß! Scheißgruß! Du hast es, Mann! Ich hab ihre Unterwäschekommode aufgezogen, kräftig reingeschissen und sie wieder zugedrückt!« John grinste von Ohr zu Ohr.

Am nächsten Morgen gingen Roy und ich schwer verkatert zu unserem verabredeten Termin mit Epstein. Hoffentlich würde alles glatt laufen. Was sollte Weißleder von mir halten, wenn ich es noch nicht einmal schaffte, eine Nachwuchsband aus Liverpool zu buchen?

Dabei hatte ich auch noch mit meinen glänzenden Kontakten zu den Jungs geprahlt. Ihm erzählt, dass die Beatles ein Garant für einen vollen Laden wären. Dadurch wurde Weißleder erst so richtig heiß.

Epstein ließ sich von uns noch einmal schildern, was am Star-Club so besonders sei. Diesmal legte ich mich richtig ins Zeug. Als ich meinen Monolog beendet hatte, sagte Epstein: »Mr. Fascher, ich habe mit den Jungs gesprochen. Ich habe keine Ahnung, warum, aber sie vertrauen Ihnen, und damit können wir nun zum Abschluss kommen. Was sind Sie bereit zu zahlen?«

Wir einigten uns auf 500 Mark pro Mann und Woche, sechs Wochen lang, vom 13. April bis 31. Mai. So viel hatten sie noch nie zuvor bekommen. Epstein schien sehr zufrieden. Trotzdem drückte ich ihm zum Abschied noch ganz verschwörerisch Weißleders Tausendmarkschein mit den Worten »Star-Club-Boss Manfred Weißleder lässt grüßen!« in die Hand. Er steckte ihn kommentarlos ein. Die Beatles sahen davon keinen Pfennig. So war Epstein.

Auftrag erledigt! Ich war erleichtert. Nun konnten wir richtig loslegen. Mit den Beatles als Hausband waren wir die ersten Wochen auf der sicheren Seite. Wir trafen uns noch einmal mit den Jungs. Sie konnten es kaum abwarten, wieder in Hamburg zu spielen.

»Blue Days, Black Nights«
Aufwachsen in Dunkeldeutschland

Am 5. Februar 1936 begrüßte mich meine Mutter mit den Worten: »Oh, da ist das Baby ja schon!« Mutter saß auf der Toilette des Hamburger Hafenkrankenhauses, ich war schon halb rausgeflutscht, als sie um Hilfe schrie. Um fünf Uhr morgens kam ich dann ganz auf die Welt. Sie war sehr erleichtert, dass sie mich nicht aus Versehen die Toilette runtergespült hatte, erzählte sie mir später.

Mein Vater, Hermann Max Johannis Fascher, war bei meiner Geburt nicht dabei. Das war damals auch nicht üblich. Er war noch nicht einmal in Hamburg. Er fuhr als Heizer zur See. Meine Mutter, Marie Sophie Margarete, genannt Grete, arbeitete in einer Gaststätte in der Dietmar-Köhl-Straße als sogenannte Köksch. Das war so eine Art Mischung aus Köchin und Putzfrau. Dort lernte sie auch meinen Vater kennen. Auf den Knien liegend, den Boden scheuernd. Sie hatten ein kurzes Techtelmechtel und als meine Mutter merkte, dass sie mit meinem acht Jahre älteren Bruder Hans-Werner schwanger war, fuhr mein Vater schon lange wieder über die Ozeane. Er stieg in Amerika aus. Er träumte davon, als Kapitän eines Raddampfers über den Mississippi zu fahren.

Eines Tages kam ein Freund meines Vaters in die Gaststätte. Mutter erkundigte sich nach ihm und erzählte, dass sie schwanger sei. Als der Freund danach Vater in Amerika wiedertraf und ihm von der Schwangerschaft meiner Mutter berichtete, kam er sofort zurück. Ehrensache.

Mein Bruder wurde unehelich geboren, kurz danach heirateten meine Eltern. Zwei Jahre später, 1930, kam Alfred zur

Horst mit Mama, ca. 1938

Welt. Er starb mit nur acht Wochen an Scharlach. Vater fuhr insgesamt 27 Jahre zur See. Immer die langen Routen, meist Hamburg–Amerika. Manchmal sah Mutter ihn monatelang nicht.

Ich wurde mitten im dunkelsten Kapitel der deutschen Geschichte geboren. Und der Nazi-Terror machte auch vor unserer Familie nicht Halt. Onkel Otto, der Mann der Schwester meiner Mutter, war überzeugter Nazi. Er versuchte immer wieder Vater zu überreden, auch in die NSDAP einzutreten. Vater lehnte das ab.

»Lot mi tu Freden mit oll den Schiet!«, sagte er ihm im Hamburger Platt. Er solle ihn damit in Ruhe lassen. Vater war Soldat im Ersten Weltkrieg gewesen und ahnte schon früh, wo das hinführen würde mit diesem »Spinner Hitler«. Doch Onkel Otto wurde immer fordernder und aggressiver. Er setzte ihm sogar ein Ultimatum. Auf das Vater nicht reagierte, worauf Otto ihn bei der Partei denunzierte. Einige Tage später stand die Gestapo bei uns vor der Tür. Er hätte die Wahl. Noch. Parteieintritt oder Ostfront. Dann gehe er lieber an die Ostfront, sagte mein Vater.

1940 wurde er Soldat. Er fuhr in der Transportabteilung die großen Lastwagen. Der Erste sei schon schlimm gewesen, der Zweite Weltkrieg dagegen die reinste Hölle, erzählte er mir Jahre danach. Er hätte so viele grausame Dinge gesehen, die er mir aber lieber ersparen möchte. Nur eines müsste ich wissen: In den ganzen fünf Jahren schoss er nicht auf einen einzigen Menschen. Darauf wäre er stolz. Die Polen oder Russen hätten ihm nichts getan und deshalb gab es für ihn auch keinen Grund, ihnen was zu tun.

Ich sah ihn von nun an sehr selten. Manchmal kam er für eine Woche oder auch mal zehn Tage auf Heimaturlaub. 1943 zum letzten Mal. Die schweren Bombardierungen auf Hamburg gingen gerade los, und das Letzte, was er für uns tun konnte, war, uns nach Ostpreußen verschicken zu lassen. Wir waren inzwischen zu fünft. Mutter, Hans-Werner, mein jüngerer Bruder Uwe, der 1940 geboren wurde, mein Cousin Günter, dessen Eltern verstorben waren, und ich.

Vorher passierte aber noch etwas Schreckliches. Zwei Polizisten klingelten an unserer Tür. Mutter öffnete mit mir am Rockzipfel: »Frau Fascher, Ihr Sohn ist verunglückt, wie schwer, können wir Ihnen nicht sagen, aber es ist ziemlich bedrohlich.« Mutter war der Ohnmacht nahe.

Mein großer Bruder Hans-Werner lernte Dreher in einer Rüstungsfabrik. Er putzte gerade mit einem Lehrling die Drehbank, als die seinen Ärmel erfasste und hineinzog. Immer weiter. Er schrie vor Schmerz. Doch der Lehrling, der die Bank hätte abstellen können, lief vor lauter Angst weg und holte den Gesellen. Als der dann endlich kam, war schon sein halbes Schulterblatt rausgerissen. Nur ein paar Sekunden später wäre alles aus gewesen.

Im Krankenhaus kämpften die Ärzte um sein Leben. Der behandelnde Arzt sagte zu Mutter: »Frau Fascher, ich konnte beide Hände in die Wunde Ihres Sohnes legen. Wir haben alle geglaubt, das überlebt der nicht.« Eineinhalb Jahre lag Hans-Werner im Krankenhaus. Die erste Zeit ging es immer um Leben und Tod. Als einarmiger Invalide wurde er entlassen. Fürs Leben gezeichnet.

Vater war an der Front, Hans-Werner im Krankenhaus, als wir mit der Eisenbahn nach Ostpreußen zu Tante Metha auf ihren Bauernhof fuhren. Für uns Stadtkinder war ein Bauernhof das Größte. Es gab Kühe, Schafe, Gänse und Hühner. Ich war für das Füttern der Gänse und Hühner zuständig. Ein Huhn war unheimlich aggressiv. Fast jeden Morgen griff es mich an. Dabei wollte ich ihm doch nur etwas Gutes tun. Bald hatte ich solche Angst, dass ich es ablehnte, die Hühner zu füttern. Dafür fing ich im Schweinestall an. Ich sammelte auch Kartoffeln, und sobald das Korn gemäht wurde, band ich Garben. Es gab immer was zu tun.

Im Sommer lernte ich ohne Sattel, mit einer Wäscheleine als Zaumzeug reiten, im Winter Schlittschuhlaufen. Und im April 1944 bekam ich ein ganz besonderes Geschenk, ein kleines Brüderchen – Fredi.

Nach knapp zwei Jahren, im Winter 1944, war es mit der Bauernhofidylle vorbei. Die Sowjetrussen waren auf dem Vormarsch. Und der Russe soll grausam sein, hieß es. Nichts als plündern und vergewaltigen im Sinn. So wurde es uns von der NS-Propaganda eingebläut. Damit begann unser nächstes Abenteuer – die Flucht.

Wir schlossen uns einem Treck Richtung Westen an. Gut vierhundert Menschen aus den umliegenden Dörfern packten zusammen, was sie tragen konnten. Es gab vierzehn Pferdekutschen, doch die meisten mussten zu Fuß gehen, einen Handkarren oder Blockwagen ziehend. Es war ungeheuer aufregend.

Allerdings passierten auch schreckliche Dinge. Zwei kleine Kinder erfroren und auch ein paar ältere Menschen starben, weil sie die Strapazen nicht ertrugen.

Wir hatten keine Kutsche, Mutter war bepackt wie ein Esel. Cousin Günter schleppte auch schwer. Ich zog einen Blockwagen, in dem Uwe und der kleine Fredi saßen. Kamen wir durch Dörfer, gingen die Älteren betteln, brachten von den ortsansässigen Bauern Kartoffeln, Rüben oder Kohl mit und teilten es brüderlich. Dann kochten wir in Waschkesseln an einem großen Lagerfeuer. Das gefiel uns Kindern. Was wir weniger mochten, war die Kälte. Vor allem nachts. Es war ein harter Winter, und wir froren sehr. Oft wachten wir auf und weinten. Wir scharrten uns dann wie kleine Hunde um Mutter und wärmten uns gegenseitig. In diesen Tagen und Nächten wuchsen wir zusammen. Einer war für den anderen da. Vielleicht ein Grund für unseren lebenslangen Familienzusammenhalt.

Abends hörte ich viele Mütter ihre Kinder in den Schlaf singen. Auch meine Mutter sang uns etwas vor. »Schlaf, Kindchen schlaf, der Papa hütet die Schaf …« erinnere ich noch. Danach mussten wir beten, kurz und bündig: »Ich bin klein, mein Herz ist rein. Soll niemand drin wohnen als Jesus allein.«

Kurz vor Sachsen umzingelten uns die Russen. Der Treck wurde aufgelöst. Wir kamen in ein sogenanntes Auffanglager. Das große Abenteuer war vorbei. Von nun an wurde es schrecklich. Die Gerüchte über die Russen bewahrheiteten sich. Sie nahmen uns alles weg. Wir hatten eh nicht viel, aber nun gar nichts mehr.

Es verging keine Nacht, in der sie nicht nach Mädchen und Frauen suchend ins Lager kamen. Unter dem Vorwand, sie müssten befragt werden, verschleppten und vergewaltigten sie sie. Eines Tages schrie ein russischer Soldat ein Mädchen mit einem Baby auf dem Arm an, sie solle ihr Kind loslassen und mitkommen. Sie weigerte sich. Da riss ihr der Russe das Baby aus dem Arm und schmiss es auf den Boden. Das Kind schrie fürchterlich, dann wurde es still.

Ich konnte nicht glauben, was ich da sah. Fredi war doch auch so klein. Nachts wachte ich schreiend auf, weil ich träumte, die Russen hätten mit Fredi das Gleiche gemacht. Ich wünschte, ich hätte ein Gewehr gehabt, um den Russen zu erschießen. Ich sehnte mich nach meinem Vater, naiv wie ich war, glaubte ich, er hätte der Frau helfen können. Niemand half ihr. Wer auch? Es waren nur Frauen, Kinder und alte Männer da.

Nun wusste ich, was Hass bedeutete. Vorher kannte ich dieses Gefühl nicht. Ich kannte nur Liebe. Ich liebte Mutter, Vater, meine Brüder. Stark zu sein, war von da an mein größter Wunsch. So stark, dass ich mir Ungerechtigkeiten nicht gefallen lassen bräuchte.

Uns passierte glücklicherweise nie etwas. Mutter sagte immer, wenn die Russen kämen, sollten wir uns an ihren Rockzipfel klammern, nicht loslassen, auch wenn sie uns oder sie schlügen, und aus voller Kehle schreien. Das mussten wir auch manchmal tun. Und tatsächlich verloren die Russen das Interesse. Vielleicht wollten sie keine Frau, die schon so viele Kinder geboren hatte. Mutter sagte mir kurz vor ihrem Tod, dass sie nie vergewaltigt worden wäre, hätte sie uns Kindern zu verdanken.

Fast sieben Monate mussten wir in dem Lager bleiben. Es gingen keine Transporte in die Heimat, wir waren gefangen. Die Zustände waren katastrophal. Wir schliefen in schäbigen Baracken auf Luftschutzbetten; es gab keine richtigen Toiletten, keine Waschgelegenheiten. Alles war fürchterlich schmutzig. Trinkwasser war knapp, Essen gab es nur einmal am Tag aus Gulaschkanonen, dafür mussten wir uns stundenlang anstellen. Um sechs Uhr morgens wurden wir geweckt, abends ging das spärliche Licht ganz früh aus. Nachts hörten wir Kinder bitterlich weinen, Menschen flehentlich schreien. Viele wurden krank, manche starben. Es war schrecklich.

Eines Tages hieß es endlich, es würde ein Zug nach Westen fahren. Freudig erregt liefen wir zum Bahnhof. Doch als wir ankamen, war es schon zu spät; die Schranke, durch die jeder durchmusste, war zu. Mutter flüsterte uns ins Ohr, wir sollten schreien, so laut wir können, sie fing an zu weinen. Eine Russin kam auf uns zu. »Schreit weiter, immer weiter«, sagte Mutter. Die Russin konnte ein bisschen Deutsch und fragte, ob wir alle zusammengehörten. Mutter bejahte, und dann durften wir unter dem Schlagbaum durchkrabbeln. Von nun an wusste ich, nicht alle Russen sind Unmenschen.

Als die Viehwaggons losfuhren, schrien die Menschen vor Freude. Es war eine Erlösung. Mutter brauchte nun keine Angst mehr zu haben und wir auch nicht. In Helmstedt kamen wir erst mal wieder in ein Auffanglager. Das war aber ein anderer Schnack. Zum ersten Mal seit Monaten gab es leckeres Essen und saubere Bettwäsche. Ein Arzt untersuchte uns, Pestbeulen grassierten gerade. Nach knapp zwei Wochen bekamen wir die erlösende Nachricht, dass wir am nächsten Tag nach Hause durften.

»Home Is Where The Heart Is«
Zurück in meiner Stadt

Hamburg. Durch die große Freude, endlich wieder in der Heimat zu sein, registrierte ich die unglaubliche Zerstörung meiner Stadt nicht so wirklich. Zumal unser Haus noch stand. Allerdings war unsere Wohnung von einer Familie Sinnhard besetzt. Ein sehr alter Vater, über siebzig, eine Mutter und zwei halbwüchsige Kinder. Wir wohnten nun mit neun Menschen in einer Zweieinhalbzimmerwohnung. Es wurde also ziemlich eng. Doch das störte uns in der ersten Zeit nicht. Alles war besser als Flucht und Lager.

Vom Vater hatten wir schon seit über einem Jahr nichts mehr gehört. Wir wussten nicht, ob er überhaupt noch lebt. Mutter machte uns Mut. Vater würde leben, er käme nach Hause, wir bräuchten uns keine Sorgen zu machen, sagte sie uns täglich. Wir glaubten es. Was Mutter sagte, stimmte. Wir hörten auf sie, waren gehorsam.

Heute heißt es, die Trümmerfrauen hätten Deutschland wieder aufgebaut. Aber es gab auch eine Menge Trümmerkinder. Ich war eines von ihnen. Wir sammelten Steine, Altmetall, nicht ganz uneigennützig allerdings, wir verkauften es. Fürs Kilo gab es vier Reichsmark. Ich konnte mir davon ab und an was extra kaufen. Schuhe zum Beispiel, die waren ganz wichtig. Man verbrauchte in den Trümmern unheimlich viele Schuhe. Mit zwei Paar war man schon ziemlich wohlhabend. Manche Klassenkameraden kamen barfuß zur Schule.

Dreimal wurden wir beim »Sammeln« erwischt. Denn wir sammelten, man könnte auch klauten sagen, überall. Auch auf Grundstücken, die irgendwelchen Leuten gehörten, auf denen es also verboten war. Mit Hammer und Meißel stemmten wir ganze Wände auf, um an die Bleirohre der Wasserleitungen zu kommen. Wenn ich's mir recht überlege, haben wir eher kaputtgemacht als aufgebaut. Wurden wir erwischt, gab es meist eine Anzeige. Die verlief aber immer im Sande, die Polizei hatte Verständnis für uns. So fingen wir schon früh an, zu arbeiten und Geld zu verdienen. Gezwungenermaßen. Mutter arbeitete zwar als Putzfrau und Näherin, aber viel blieb nicht übrig.

Die Trümmerlandschaften waren für uns gigantische Abenteuerspielplätze.

Schon bald gründeten wir eine Gang. Die gab es in fast jeder Straße. Immer so zehn, zwölf Jungs, wir waren die Großneumarktgang. Wir spielten Verstecken oder bauten uns Höhlen, die wir dann gegen andere Gangs verteidigten. Unser Versteck war auf dem Großneumarkt im alten Postamt. Wir nannten sie – nach dem berühmten norddeutschen Seeräuber – »Klaus-Störtebeker-Burg«.

Langsam normalisierte sich das Leben wieder. Wir bekamen Lebensmittelkarten, mit denen wir einkaufen konnten. Natürlich nie genug. Wir waren immer hungrig. Einmal in der Woche fuhr ich mit Mutter Richtung Finkenwerder zum Hamstern. Wir fragten die Bauern, ob wir etwas Essbares bekommen könnten, da wir aber nichts mehr zum Tauschen hatten, gab es meist nichts. Klauen war dann oft die einzige Möglichkeit, etwas auf den Tisch zu bekommen.

Doch das war auch nicht immer so einfach. Einmal wurde ich mit Mutter erwischt. Ihr Rucksack war schon voller Kartoffeln, als ein alter Bauer mit der Mistforke auf uns zukam. Mutter schmiss den Rucksack auf den Boden und wir liefen weg. Der Bauer kriegte mich zu fassen und zog mir die Forke dreimal mit voller Wucht übers Kreuz. Da war er wieder, dieser Wunsch, stärker zu sein. Mehr noch als die Schmerzen ärgerte es mich, dass Mutter ihren Rucksack liegen lassen musste.

Ich hatte nie eine richtige Einschulung. In Hamburg ging ich 42/43 knapp zwei Jahre zur Schule. Erst 1946 kam ich in die fünfte Klasse am Holstenwall. Ich war ein mittelmäßiger Schüler. Meine Handschrift war grauenvoll. Das kann man heute noch auf den alten Quittungen, die ich für die Beatles ausstellte, sehen. Chemie und Physik lagen mir auch nicht. Dafür konnte ich gut rechnen und Aufsätze schreiben – und stören. »Horst stört ständig den Unterricht durch seine ewige Unruhe!«, stand in meinen Zeugnissen. Das war wirklich so. Ich konnte nicht stillsitzen.

In der Schule wurde ich nur einmal verprügelt. Ich war ein guter Völkerballspieler; wendig und flink, mit guten Reflexen. Ich konnte fast jedem Ball ausweichen. Das ärgerte einen Mitschüler so sehr, dass er sich auf mich stürzte. Er war ein Jahr älter als ich und viel größer. Wir rangen, ich lag unten, er schlug mir auf die Nase, bis das Blut spritzte. Damit kam ich überhaupt nicht klar. Ich kannte das nicht. Wurde vorher noch nie auf diese Art geschlagen. Ich machte etwas, was ich nur meinem jungen Alter, ich war 13, zuschreiben kann. Zuschreiben muss. Sonst müsste ich mir eingestehen, einen Schaden gehabt zu haben. Ich holte von zu Hause einen Hammer, einen Schiffszimmererhammer, aus Holz zwar, aber von einem Eisenring umrandet, ging zurück in die Schule und haute dem Jungen damit auf den Kopf.

Er war ziemlich schwer verletzt. Im Krankenhaus konnte man noch den Abdruck des Hammers sehen. Meine Mutter musste zum Direktor. Es gab aber keine Strafe, keinen Verweis, nichts. Als er wieder zur Schule kam, gaben wir uns die Hand und vertrugen uns. Nach dieser Geschichte tat mir in der Schule nie wieder jemand etwas. Durch die Kriegs- und Nachkriegswirren kam ich maximal auf sieben Schuljahre.

In der Zwischenzeit stieg ich zum Bandenführer der Großneumarktgang auf. Als nunmehr Stärkster wurde ich auf diesen Posten gewählt. Die Hauereien wurden rauer. Sie begannen mit Steinschlachten aus der Ferne und gingen dann mit Knüppeln im Nahkampf weiter. Andere Straßenzüge verbündeten sich gegen uns, waren aber trotzdem meist chancenlos. Schwer verletzt wurde aber glücklicherweise nie jemand.

Die finanzielle Situation und damit auch unsere Ernährung hatte sich zwar inzwischen im Vergleich zu den ersten Nachkriegsjahren merklich verbessert, aber das eine oder andere Obst zusätzlich konnte man immer gebrauchen. So spezialisierten wir uns bei unseren »Raubzügen« auf Südfrüchteläden. Wir klauten aber auch in Warenhäusern Schuhe oder Strümpfe, was man halt so brauchte. Oder auf Schiffen. Wir schlichen uns in Kajüten und stahlen schwer zu bekommende und damit sehr begehrte Sachen, wie T-Shirts oder Jeans. Unsere spektakulärste Aktion brachten wir bei einem Weinhändler auf dem Großneumarkt. Dort standen im Keller große Fässer, aus denen man Wein zapfen konnte. Einer kam auf die Idee, einen Gasschlauch von zu Hause mitzubringen und damit das Fass anzuzapfen. Es klappte sogar. Vierzig Liter Wein schleppten wir raus. Die Shore brachten wir immer erst mal in unsere Burg und verteilten sie dort. Bei solchen »Kavaliersdelikten« blieb es dann aber auch. Für richtige Einbrüche oder gar Raubüberfälle fehlte uns die kriminelle Energie.

Aufgrund seiner Behinderung hatte mein großer Bruder keine leichte Jugend. Er fühlte sich oft ausgegrenzt, konnte mit seinen Kumpel nicht mithalten. Besorgten sie im Hafen Zigaretten, blieb er am Zaun hängen, solche Sachen. Einmal kam Hans-Werner weinend nach Hause. Ich wollte wissen, was los sei, aber er sagte, das wäre egal, ich könne ihm doch nicht helfen. Ich ließ nicht locker und irgendwann spuckte er es aus. Ein Gleichaltriger, mit dem er Schwarzmarktgeschäfte machte, hätte ihn geschlagen und ihm seine Ware geklaut. Das war wieder so etwas, was ich nicht begriff. Wie konnte man meinen behinderten Bruder schlagen? Wut und Hilflosigkeit stiegen in mir auf.

»Wenn ich groß bin, schnapp ich mir den Typen!«, sagte ich. Mein Bruder lächelte nur. Doch ich sollte mein Versprechen einlösen.

Ein Jahr später wusste ich auch, wie. Ich war immer noch sehr schmächtig, wollte aber wie jeder Junge groß und stark sein. Auf die Größe hatte ich keinen Einfluss, aber an meiner Stärke konnte ich arbeiten. Und so trat ich mit meinen drei besten Freunden in den Polizeiboxclub ein. Mein Vater war immer noch in Kriegsgefangenschaft. Mein großer Bruder konnte sich noch nicht einmal selber helfen; und meine Mutter wollte ich nicht belästigen, wenn ich Ärger hatte, sie war mit ihren vierundvierzig Kilo noch schmächtiger als ich. Ich musste mich allein durchsetzen.

Bald wechselte ich den Verein. Beim »BC Sportmann« kämpften echte Boxgrößen. Er war in der Seilerstraße auf St. Pauli, also näher und viel interessanter. Ich ging zweimal in der Woche von 20 bis 22 Uhr zum Training. Eigentlich musste ich um zehn zu Hause sein. An Trainingstagen eine Stunde später. Da hielt ich mich dran. Sonst gab es Stubenarrest. Den anderen Kindern aus dem Fenster beim Spielen zugucken zu müssen – das war die härteste Strafe. Arrest bekamen wir für kleinere und größere »Vergehen«. Erwischte mich Mutter mit meinem einzigen Paar Schuhe beim Fußballspielen – eine Woche. Zwei Wochen bekam ich, als ich mich ins Kinotheater Kurbel am Berliner Tor schmuggelte. »Die Frau gehört mir« war erst ab achtzehn, und Eintritt zahlte ich auch nicht. Der Kartenabreißer erwischte mich und rief die Polizei.

Auf die Wache musste ich in diesen Jahren so drei-, viermal. Es ging immer glimpflich aus. »Passen Sie auf Ihren Jungen auf!«, sagten die Polizisten zu meiner Mutter, wenn sie mich abholte.

»51er Kapitän«

Vater kommt!

Im Winter 1946 kam ein Brief vom Roten Kreuz. Vater lebte! In russischer Kriegsgefangenschaft in Sibirien. Fast zwei Jahre hörten wir nichts von ihm und obwohl uns Mutter immer wieder sagte, er würde zurückkommen, schwand unser Glaube langsam. Es sollten allerdings noch über vier Jahre vergehen, bis er dann tatsächlich wieder bei uns war. Das war das Gemeine an der Sache. Anders als bei einer Gefängnisstrafe wusste man nicht, wie lange die Gefangenschaft dauern würde. Vater schrieb, die Russen sprächen von circa zwei Jahren, aber der Russe schien ein anderes Zeitgefühl zu haben. Er bat Mutter, ein Foto zu schicken, auf dem er 1928 in freundschaftlicher Umarmung mit russischen Seeleuten in Wladiwostok zu sehen ist. Dieses Bild half ihm. Die Deutschen waren für die Russen alles Nazis, Kriegsverbrecher. Mein Vater versuchte seine Bewacher davon zu überzeugen, dass er gezwungen wurde, in den Krieg zu ziehen. Das verkürzte seine Gefangenschaft zwar nicht, ließ sie aber etwas erträglicher werden.

Die Sinnhards zogen 1949 aus. Endlich hatten wir unsere Wohnung wieder für uns allein. Ein Segen. Der alte Sinnhard war kein guter Mensch. Er fuhr alle zwei Wochen auf den Bauernhof eines Verwandten und kam immer mit einem vollen Rucksack Lebensmittel zurück. Schinken und Speck, Kartoffeln, Steckrüben und Kohl. Und kein einziges Mal gab er uns etwas ab. Zu allem Überfluss konnte er furchtbar jähzornig und brutal werden. Einmal schlich ich mich nachts vor Hunger in die Küche und klaute ein Stückchen Speck. Weil es nicht fachgerecht abgeschnitten war, bemerkte er es. Er be-

Konfirmand Horst, ca. 1950

fragte uns, alle leugneten. Als er beteuerte, dem »Täter« würde schon nichts passieren, er wolle es nur wissen, gab ich es schließlich zu. Ein Fehler. Er brach sein Wort, forderte mich auf, mit ins Wohnzimmer zu kommen, schloss die Tür und verdrosch mich, wie ich nie zuvor oder danach in meinem Leben verdroschen wurde. Sogar mit den Fäusten prügelte er auf mich, einen zehnjährigen Jungen, ein. Ich weinte, schrie nach meiner Mama, sie hämmerte an die Tür, kam aber nicht rein, weil er nicht aufschloss. Erst als mein Wimmern langsam verstummte, öffnete er. Mutter nahm mich in den Arm. Sie wirkte so hilflos, sie hätte bestimmt etwas unternommen, wäre sie nicht so klein, so schwach gewesen.

Dass es mal unsere Wohnung gewesen war, sie also eigentlich bei uns lebten, zählte nicht. Es gab immer Ärger. Wir waren jung, wollten in der Wohnung spielen, sie ihre Ruhe haben.

Es war im Frühjahr 1951, als Vater endlich nach Hause kam. Mutter war erst mal sprachlos. Nach ein paar Sekunden schrie sie: »Nein, nein, nein, ich glaub das nicht, Papa ist da!« Wir kamen an die Tür gelaufen – und erkannten unseren Vater nicht. Er sah elend aus. In seinen zerlumpten Klamotten und russischen Filzstiefeln wirkte er wie ein Bettler. Ich stotterte »Pa, Pa, Pa«, »Papa« konnte ich nicht sagen. Er stand noch immer vor der Tür, Mutter vergaß in der Aufregung, ihn hereinzubitten.

Er war furchtbar abgemagert, wog noch 49 Kilo, zwanzig weniger als früher. Er wäre wohl noch dünner gewesen, hätte er nicht Unmengen Wasser im Körper gespeichert. Sechs Jahre russische Gefangenschaft hatten ein Wrack aus ihm gemacht. Die erste Zeit lag er fast nur im Bett. Mutter versuchte, ihn so gut es ging hochzupäppeln. Doch ganz erholte er sich nie.

Mein kleiner Bruder Fredi sah seinen Vater mit sechs Jahren das erste Mal. »Wann geht der Onkel wieder? Was will der hier?«, fragte er ständig. Es dauerte Monate, bis Fredi sich mit ihm arrangierte. Es muss auch für Vater schrecklich gewesen sein. Einmal sagte er zu Fredi, er möge den Müll runterbringen. »Du hast mir gar nichts zu sagen, du bist nicht mein Vater!«, antwortete Fredi, der bis heute ein kleiner Frechdachs geblieben ist. Doch allmählich gewöhnten wir uns an unseren Vater. Ich bekam als Erster ein normales Verhältnis zu ihm. Staunend saß ich nach Feierabend neben seinem dunkelgrünen Ohrensessel auf dem Boden und lauschte seinen Horrorgeschichten aus der Gefangenschaft …

Als Vater und seine Kameraden von den Russen gefangen genommen wurden, mussten sie sich splitternackt ausziehen und in Reih und Glied aufstellen. Man nahm ihnen alles weg. Ringe, Ketten, Uhren, einfach alles. Vater trug eine Silberkette mit einem Amulett, in dem ein Babyfoto von mir steckte. Ich war Vaters Liebling, sagte Mutter. Als Vater an die Reihe kam, weigerte er sich, die Kette abzunehmen. Der Russe griff ihm an die Kehle, um sie abzureißen. Schützend legte mein Vater seine Hände um die Kette. Er wollte damit sagen, die bekommst du nicht. Da nahm der Soldat seinen Gewehrkolben und schlug meinem Vater mit voller Wucht ins Gesicht. Er spuckte zwölf Zähne und gab trotzdem nicht auf, riss die Kette ab und verschluckte das Amulett. Nachdem er es nach ein paar Tagen wieder ausgeschieden hatte, versteckte er es, bis er das Amulett sechs Jahre später voller Stolz nach Hause brachte. Es war zerkratzt, mein Bild vergilbt, doch das zählte nicht. Mein Vater trug es bis zu seinem Tod.

Im russischen Winter erfror sein rechter Zeh. Sie mussten ihn amputieren. Mit einer Kneifzange. Sie konnten ihn nicht mit der Hand durchdrücken, so dass sie mit einem Hammer auf die Zange schlugen, um den Knochen zu durchtrennen. Das war alles nicht so schlimm, meinte Vater. Ein Kamerad fiel beim Tannenbaumschlagen vom Baum, brach sich seinen Oberschenkel, den sie darauf ohne Betäubung mit einem Fuchsschwanz absägten. Das sei wirklich schlimm gewesen.

Auch ich hatte Vater viel zu erzählen. Dass ich inzwischen ein ganz guter Boxer geworden war zum Beispiel. Das freute ihn sehr. Er teilte meine Begeisterung für den Sport und sah mir, wann immer er konnte, beim Kämpfen zu. Mutter kam dagegen fast nie. Ich fing auch mal einen kräftigen Schlag ein, und das ertrug sie nicht. Aber Vater war voller Stolz dabei. Dadurch hatte er auch immer einen Grund, einen Kleinen zu trinken. Was er gern tat. Hauptsächlich, um sich zu betäuben. Eigentlich konnte er vor Schmerzen kaum arbeiten, ging aber trotzdem tagaus, tagein in den Hafen, um uns zu ernähren.

Vater trank schon während der Arbeit. Weil es im Maschinenraum so heiß wäre, er deshalb immer durstig sei, sagte er anfangs. Nach Feierabend trank er in Hafenkneipen weiter. Manchmal, wenn es zu spät wurde, ließ Mutter ihn nicht mehr rein. Dann musste er vor unserer Tür auf der Treppe schlafen, bis er dann um kurz nach fünf Uhr morgens wieder zur Arbeit ging. Oft schickte sie aber auch Fredi los, damit er Vater aus der Kneipe nach Hause holte. Ein Fehler mit Folgen. Um noch einen weiteren Lütten heben zu können, gab Vater dem kleinen Fredi ein paar Mark für den Spielautomaten. Daraus wurde eine Sucht.

Jahrzehnte später ging Fredi angeknallt manchmal mit einem Sack voller Heiermänner in seine Lieblingsspielhalle auf der Reeperbahn. Dort verlangte er, dass man alle anderen Gäste rausschmiss und die Tür abschloss. Dann stopfte er seine Fünfmarkstücke in jeden einzelnen Automaten. Sie sollten nur für ihn blinken, blitzen und klimpern.

Das Training war inzwischen hart und professionell geworden; mein Trainer Alfred Rehn, deutscher und Europameister, war ein exzellenter Lehrmeister. 1953 nahm ich siebzehnjährig zum ersten Mal an der Hamburger Jugendmeisterschaft teil und gewann im Federgewicht bis 114 Pfund. Ich war Hamburger Meister!

Und damit gewann ich nicht nur einen Titel, sondern auch den Mut, etwas in Angriff zu nehmen, worauf ich jahrelang gewartet hatte.

»So und nun zeig mir mal den Typen, der dich damals verhauen hat.« Keine gute Idee, fand mein Bruder Hans-Werner. Ich wäre noch zu jung, sollte besser noch ein wenig warten, eines Tages würde er ihn mir zeigen.

Am gleichen Abend schickte mich Mutter los, um Hans-Werner zum Essen zu holen. Er saß im Halber Liter am Großneumarkt, gleich bei uns um die Ecke. Mein Bruder hatte wohl ein bisschen mit mir geprahlt, denn als ich reinkam, fragte ein Typ aus seiner Skatrunde, ob ich der Hamburger Meister wäre. Draußen sagte mir Hans-Werner, einer der Typen wäre es damals gewesen. Ich ließ ihn mir beschreiben, ging zurück und bat ihn vor die Tür. Noch auf der Treppe verpasste ich ihm wortlos einen linken und einen rechten Haken. Er wirkte nicht sonderlich überrascht, schien zu wissen, worum es ging. Von diesem Tag an hatte mein Bruder nie wieder Ärger.

Kurz nach dem Gewinn der Hamburger Meisterschaft reiste ich zum ersten Mal zu einem Städtekampf ins Ausland. Nach Dänemark. Wir brauchten Reisepässe, Mann, was war ich Stolz, mit siebzehn schon so einen Pass zu bekommen! So kurz nach dem Krieg als junger Deutscher ins Ausland zu fahren, war etwas ganz Besonderes. Wir waren zu zwölft in unserer Staffel. Vier gewannen, sechs verloren, bei zweien ging es unentschieden aus. Ich boxte im Federgewicht und gewann meine beiden Kämpfe.

Ich war als Rechtshänder der klassische Linksausleger. Mit meinem linken Haken schlug ich die meisten Gegner K.O. Mein Stil war nicht aggressiv, eher aufs Kontern ausgerichtet. Ich tänzelte so lange um den Gegner herum, bis sich die Chance für einen sicheren Treffer bot. Dem Boxen ordnete ich alles unter. Ich war der Trainingsfleißigste, rauchte nicht, trank nicht, schlief genug. Und jeden Abend lief ich mit unserem Hund Blanka durch die Wallanlagen, um Kondition zu bolzen.

Langsam wurde ich immer stärker. Wir trainierten nicht mit Gewichten, nur mit Körperkraft, Klimmzügen, Liegestützen, davon bekam man, anders als Bodybuilder, schöne lange Muskelstränge. Und ein langer Muskel ist immer schneller als ein kurzer. Ich bekam einen unheimlichen Bums. Wir boxten damals noch ohne Kopfschutz. Das Einzige, was uns von den Profis unterschied, war die Anzahl der Runden. Drei statt fünfzehn. Wir trainierten auch mit Profis. Bei uns boxten Max Resch, Butsche Wohlers, Heini Meinhardt – alles Deutsche Meister.

Ich merkte, wie gut mir der Sport tat, dass ich immer selbstbewusster wurde. Und so begeisterte ich auch meine beiden jüngeren Brüder fürs Boxen. Sie nahmen die ganze Sache genauso ernst wie ich, wurden beide Hamburger Meister.

Boxer Horst, 1957

Fünfzehnjährig bekam ich 1951 meinen Volksschulabschluss. Einen eher mittelprächtigen. Was nicht so schlimm war, schließlich wollte ich zur See fahren. Etwas von der Welt sehen, wie mein Vater. Der sagte aber auch, ich sollte erst einen Beruf erlernen, damit ich es nicht so schwer wie er hätte. Einen

Beruf, in dem ich nur einen Vorgesetzten, den 1. Offizier, haben würde. Da kam eigentlich nur Schiffszimmermann in Frage. Dem konnte an Bord keiner etwas vormachen. Das hörte sich gut an. Dann lernte ich eben Zimmermann, bevor ich zur See fuhr. Doch erst mal musste ein Ausbildungsplatz her. Mutter und ich klapperten dutzende Lehrwerkstätten ab. Eine bildete zusätzlich zum Tiefseetaucher aus. Das war es! Tauchen roch nach Abenteuer.

»Taucher Beckedorf« war damals die größte Schiffshebefirma in Hamburg. Als der Meister mich sah, zog er skeptisch die Augenbrauen hoch. Es wäre ja alles ganz gut und schön, sagte er zu Mutter, aber ich sei einfach zu schwach für diesen Beruf. Das war dummes Zeug, ich boxte schon ein paar Jahre, so ganz schwach war ich auch nicht mehr, nur sah man es mir nicht an. Mutter fing an zu weinen, versprach dem Meister, dass ich alles geben würde, und flehte, dass er mir doch bitte eine Chance geben sollte. Er blieb hart. Zu Hause belatscherte ich Mutter unentwegt, sagte ihr, ich könnte es schaffen und würde die Lehre auf alle Fälle durchziehen. Darauf ging sie noch mal hin.

Wahrscheinlich um Ruhe zu haben, willigte der Meister ein, mich vier Wochen auf Probe zu beschäftigen. Er glaubte, mich dann wieder los zu sein, das spürte ich. Doch er sollte sich irren. Und auch dabei half mir das Boxen. Nach meinem ersten Titel wünschte ich mir nichts sehnlicher, als Amateurweltmeister und danach Profi zu werden. Und somit war die Arbeit für mich Training. Ich ackerte wie ein Bekloppter. Nicht nur, um den Ausbildungsplatz zu kriegen, auch um schneller und stärker zu werden. Der Meister sagte einmal: »Fascher, lauf nicht so schnell, wenn du hinfällst und dir was passiert, tritt noch nicht einmal die Berufsgenossenschaft ein.«

Nach zwei Wochen in der Tischlerei kam ich in die Schmiede. Der Lütte kann doch kaum einen Hammer heben, hieß es. Es war anfangs auch schwer, zugegeben, trotzdem meldete ich mich immer freiwillig, wenn ein Zuschläger gesucht wurde. Die erste Zeit konnte ich abends vor Muskelkater kaum die Arme heben, doch das Gefühl, von Tag zu Tag stärker zu werden, glich die Schinderei aus.

Als die vier Wochen auf der Werft um waren, bekam ich einen Zettel für meine Mutter, auf dem nur ein Wort stand: »Eingestellt«. Über diesen Triumph freute ich mich genauso sehr wie über meine erste Meisterschaft. Mutter war wieder den Tränen nah, diesmal vor Freude.

Die praktische Ausbildung bereitete mir keinerlei Probleme. Nur in der Schule haperte es. Wie in der Volksschule fiel mir Konzentration und Mitarbeit schwer. Immer hatte ich andere Dinge im Kopp. Boxen, Mädchen, Musik. Wir mussten zum Beispiel Werkbücher führen, und am Ende der Lehrzeit hatte ich drei zusammen, brauchte aber sieben. Die restlichen vier schrieb ich von anderen ab. Ich bestand meine Gesellenprüfung nach dreieinhalb Jahren mit Befriedigend in Theorie und Praxis. Das war nichts Dolles, aber für mich und meine Eltern zählte nur, dass ich meine Lehre durchgezogen hatte. Vater sagte: »Und nun kannst du machen, was du willst.«

Was ich auch tat. Auf dem Bau gab es für Zimmerleute das Doppelte zu verdienen und so fing ich als Gerüstbauer an. Und stürzte ziemlich bald dreizehn Meter von einem Gerüst, erlitt eine schwere Gehirnerschütterung, einen Nierenriss und eine Rückgradverkrümmung. Klingt schlimm, aber eigentlich war es Glück, dass ich den Sturz überlebte. Nur mit dem Bau war es vorbei. Vor lauter Höhenangst konnte ich nicht mehr auf Gerüste steigen und ging zurück in den Hafen.

»Ich weiß, es wird einmal ein Wunder gescheh'n«

Das erste Mal

Ich war vierzehn, als ich zum ersten Mal mit einer Frau schlief. Nicht mit einem gleichaltrigen Mädchen. Angelique, so nannte sie sich, war eine Hure. Keine vom obersten Regal, aber das war nicht weiter wichtig, sie hätte auch aussehen können wie Frankensteins Braut, einen Mann aus mir zu machen, war das Einzige, was zählte.

Wochenlang diskutierte ich mit meinen beiden besten Freunden, ob wir es wirklich wagen sollten. Als es dann endlich so weit war, wir genügend Geld zusammengespart hatten, verließ uns der Mut. Jeder hatte ein Argument parat, warum wir es doch lieber verschieben sollten. Es war Harald, der aufsprang und fragte, ob wir Männer oder Mäuse seien. Also zumindest ich fühlte mich an diesem Tag einer Maus ähnlicher. Sich auf der Straße mit älteren Jungs zu prügeln, kein Problem, irgendwas zu klauen, auch kein Problem, aber sich auf eine Frau einzulassen, da gehörte schon eine Menge mehr Mut zu.

»Was du heute kannst besorgen, verschiebe nicht auf morgen, Männer!«, setzte Harald nach. Und langsam trauten wir uns nicht mehr gegenzuhalten.

Mit zittrigen Knien schlichen wir uns auf die Reeperbahn. Sie stand in der Erichstraße, parallel zur Herbertstraße, in die wir uns noch nicht trauten, und sprach uns an.

»Na, Jungs, wir wär's?«

Wir drucksten rum. Die Hände in den Hosentaschen, die Füße auf und ab wippend, den Blick verschämt auf den Boden gerichtet. Wir würden schon wollen, klar, aber nicht allein.

»Na, dann kommt alle drei mit.«

Und so gingen wir in ein schäbiges Hotel gleich um die Ecke. Im Treppenhaus roch es nach Muff und Bohnerwachs. Ihr Zimmer war ähnlich einladend. Die Wände notdürftig verputzt, der Teppich verschlissen, von der Decke hing eine nackte rote Glühbirne und das Doppelbett machte den Eindruck, als würde es jeden Moment zusammenkrachen. Das einzige Schmuckstück war ein altes Grammophon. Sie sagte, sie würde nun für ein wenig Stimmung sorgen und eine Schellackplatte auflegen. Ich hoffte auf ein bisschen amerikanischen Jazz, aber das war wohl vermessen und so sollten wir unsere Unschuld zu Zarah Leanders »Ich weiß, es wird einmal ein Wunder gescheh'n« verlieren.

»So, ihr Süßen, wer möchte denn zuerst?«

Stille. Keiner wollte den Anfang machen. Mein Herz pochte, ich rieb meine klitschnassen Hände aneinander, mein Hosenstall drohte zu platzen. Es war ausgerechnet mein Freund Horst, eigentlich der Ängstlichste von uns, der ein kaum hörbares »ich« herausbrachte.

»Na, dann komm mal her, Kleiner.«

Sie fingerte seinen bereits seit zehn Minuten erigierten Schwanz aus der Hose, stülpte geschickt ein Gummi drüber, legte sich aufs Bett und zog Horst auf sich. Gebannt blickten wir dabei auf ihre wackelnden Brüste. Bis Horst fertig war. Also ein paar Sekunden lang.

»Ich weiß, so schnell kann keine Liebe vergeh'n, die so groß ist und so wunderbar!«, sang Zarah. Oh, doch!

Das war schon alles? Zum Enttäuschtsein blieb mir nicht viel Zeit, denn nun kam ich dran. Auch ich kam schnell wie ein Vierhundertmeterläufer. Doch es war ein erhabenes Gefühl. So eine richtige Muschi war schon etwas anders als Handarbeit zu einem Nacktfoto. Hier gehörte ich hin, hier war ich zu Hause, das spürte ich sofort. Zarah sah es auch so: »Und darum wird einmal ein Wunder gescheh'n und ich weiß, dass wir uns wiederseh'n.«

Und dann kam Harald. Leider viel zu früh. Er hatte es nicht ganz bis in ihre Muschi geschafft. Aber, er war knapp davor. Der Fastmann, der er nun war, ließ sich die Enttäuschung aber nicht anmerken. Er hatte diesen grimmig entschlossenen Blick aus den alten Western drauf, dieser Blick, der sagt: »Macht euch keine Sorgen um mich, ich komm schon irgendwie durch.«

Keiner von uns war traurig, dass wir unsere Unschuld an eine Hure verloren hatten. Ganz im Gegenteil. Zu einer Hure zu gehen, gehörte in Hamburg einfach dazu. Vor allem als halber St. Paulianer. Man wusste, die Seemänner gehen dorthin, und die waren ganze Kerle. Und nun waren wir auch ganze Kerle. Nun waren wir Männer. Oder was wir dafür hielten. Mit einem ins Gesicht gemeißelten Grinsen und mit stolzgeschwellter Brust zogen wir von nun an durch die Straßen und erzählten es jedem, der es wissen wollte – oder auch nicht, ganz egal.

»Will You Still Love Me Tomorrow«
Die erste Liebe

Als »ganzer Mann« war ich nun zwar mutiger, doch es sollte noch eine Weile dauern, bis ich das nächste Mal zum »Schuss« kam. Die Mädchen in meinem Alter waren meist noch nicht so weit, und an die älteren trauten wir uns nun doch noch nicht ran. Mit Gleichaltrigen war alles ziemlich spielerisch. Wir trafen uns meist beim Bismarckdenkmal und spielten dort Verstecken. Wer ein Mädchen fand, durfte es küssen. Und wer sie am besten küsste oder befummelte, ging dann ein paar Tage mit ihr, bis einer kam, der es noch ein wenig besser drauf hatte.

Diese Kindereien änderten sich erst, als ich 1954 Lotti kennen lernte. Ein Mördermädchen. Das hübscheste in der ganzen Neustadt. Lotti war schon fast zwanzig und wenn sie auf hohen Hacken übers Kopfsteinpflaster stöckelte, klang das wie exotische Musik. Wenn sie dazu mit den Hüften wackelte und kokett ihre Brüste hervorstreckte, sah sie aus wie einem prächtigen Hollywoodfilm entsprungen.

Lotti durfte nur zu bestimmten Zeiten raus, ihr Vater wusste genau, dass sie von fast jedem Jungen angeflirtet wurde. Nur einen kurzen Moment von ihr zu erhaschen, war das allergrößte. Davon zehrte ich manchmal Tage und vor allem Nächte. Nach einigen Wochen traute ich mich dann endlich, sie anzusprechen. Ich wollte sie ins Kino einladen, aber sie sagte, das würde nicht gehen, sie hätte einen Freund. Das wäre mir egal, erwiderte ich. Aber der würde bestimmt handgreiflich werden, er sei nämlich Boxer. Sie kannte mich nicht richtig, wusste nicht, dass ich auch boxte. Also versohlte ich erst mal ihren Freund »Guggi«, um an sie ranzukommen.

Würde heute wohl nicht mehr klappen, Lotti machte mir auch Vorhaltungen, als sie davon erfuhr, aber ich merkte, ihr Interesse wuchs. Wir gingen dann ein paar Mal aus. Bis ihre Mutter davon Wind bekam. Die wusste, dass ich ein kleiner Rowdy war, und verbot Lotti, mit mir zu gehen. Damit kam ich so gar nicht klar. Um Aufmerksamkeit zu erregen, schmiss ich kleine Steine an ihr Fenster, was alles nur noch schlimmer machte. Eine Zeit lang durfte sie gar nicht mehr raus.

Doch schon bald trafen wir uns wieder. Die Wiedersehensfreude war so groß, dass wir gleich im Treppenhaus miteinander schliefen. Mir zitterten vor Aufregung die Knie, was immer schlecht ist, wenn man im Stehen fickt. Fast wurden wir dabei auch noch erwischt. Trotz allem war es ein unglaubliches Erlebnis und die Zeit danach eine der schönsten meines Lebens. Wir waren bis über beide Ohren verliebt. Aber dann hörte ich wochenlang nichts von ihr. Sie durfte einfach nicht runter. Stubenarrest bis zum Sankt Nimmerleinstag. Ich war so verzweifelt. Zum ersten Mal richtig verliebt und dann so etwas! Ich hätte durchdrehen können.

Irgendwann kam sie mir mit ihrem älteren Bruder entgegen. Ich freute mich so sehr. Ich wollte sie umarmen, küssen, mit ihr reden, alles, was mir in den Wochen zuvor verwehrt wurde. Doch ihr Bruder sah das anders. Sie solle von mir wegbleiben und mit ihm mitkommen, befahl er ihr. In meiner Wut drohte ich ihm Prügel an, worauf er weglief. Lotti schaute mich traurig an, löste sich von mir und wollte hinterher. Darauf machte ich gleich zwei kapitale Fehler.

In meiner Verzweiflung, ich wusste immer noch nicht, was das Problem war, wir hatten kein Wort miteinander gesprochen, gab ich ihr eine leichte Ohrfeige. Das war Fehler Nummer eins. Hätte ich damals schon wissen sollen, dass man so etwas nicht tut. Das fanden auch zwei Männer mittleren Alters. Ich solle das Mädchen loslassen, meinten sie. Auf die beiden hatte ich in dieser eh schon beschissenen Situation nun gerade noch gewartet. Kümmert euch um euren eigenen Scheiß, pöbelte ich. Und damit waren wir mittendrin in Fehler Nummer zwei.

Die beiden wollten sich nämlich nicht um ihren Scheiß kümmern, sondern sagten, sie würden mich erst mal mitnehmen. Wieso mitnehmen? Wohin? Und wer sind die beiden überhaupt? Dachte ich, während ich sie kurzerhand K.O. schlug. Blöd war nur, dass die beiden Polizisten waren, noch blöder, dass sie mich erkannten und anzeigten. Nun war ich zum ersten Mal als Schläger auffällig geworden. Ich bekam zweieinhalb Monate Jugendstrafe auf vier Jahre Bewährung. Doch das war nicht so schlimm. Für mich zählte: Lotti war wieder da! Obwohl sie noch nicht volljährig war, setzte sie sich über ihre Eltern hinweg und kam zu mir zurück.

Da wir uns weder bei ihr noch bei mir wirklich näher kommen konnten, fuhren wir mit meinem neuen Heinkel-Roller fast täglich ins Blaue. Mal an einen See, in einen Wald oder auch nur die paar Meter in den Freihafen und trieben es dort in einem Schuppen nächtelang. Das blieb nicht ohne Folgen. Von Verhütung hatte ich keine Ahnung. Bis sie eines Tages schwanger wurde. Mann, was war ich stolz! Und so wurde ich 1955 mit neunzehn Jahren zum ersten Mal Vater.

Doch der anfängliche Stolz über die kleine Brigitte wich schnell der Erkenntnis, dass mir zu einem guten Vater noch einiges fehlte. Ich war selbst fast noch ein Kind. Vollkommen unselbstständig. Lotti zog in der Zwischenzeit zu einer Tante. Eigentlich wollten wir heiraten, sobald ich einundzwanzig wurde. Doch ich trieb mich immer häufiger auf St. Pauli rum und merkte dort schnell, dass auch andere Mütter schöne Töchter hatten, die sich für mich interessierten.

Meine Liebe kühlte ab und nach einem Jahr trennten wir uns. Klingt gemein, aber so war es nun mal, da gibt's nichts zu beschönigen. Um Brigitte kümmerte ich mich weiterhin. Aber lange nicht so, wie es sich für einen verantwortungsbewussten Vater gehört hätte.

»Rock Around The Clock«
Vom Rock 'n' Roll-Virus infiziert

Seit frühen Jugendtagen war Amerika das Land meiner Träume und Sehnsüchte. Alles, was ich liebte, entsprang der Neuen Welt. Amerika wirkte wie ein prächtiger Kinofarbfilm. Das triste Nachkriegshamburg glich dagegen eher dem gerade aufkommenden Schwarzweißfernsehen.

Im Sommer 1949 schlich ich heimlich auf die Reeperbahn. Eigentlich um barbusige Schönheiten in den Schaukästen der Etablissements zu bewundern, doch aus der offenen Tür des Trichter klang etwas, das mich magisch anzog. Dort saß ein dicker schwarzer Mann am Piano, George Maycock. Ein phantastischer Musiker mit einem für mich vollkommen neuen Sound – Rhythm & Blues. Diese Musik – ein Vorläufer des Rock 'n' Roll – war eine Erweckung für mich. Von nun an wurde Musik ein ganz wichtiger Teil meines Lebens. Vor allem die Musik der Schwarzen. Wenn ich es mir leisten konnte, sah ich in der Ernst-Merck-Halle amerikanische Jazz- und Swing-Giganten wie Ella Fitzgerald und Lionel Hampton. Oh Mann, das waren große Abende. Doch irgendwie fehlte der letzte Kick.

Wie sich der anfühlte, begriff ich erst, als mich eines Abends Harald Richter besuchte. Ich müsse unbedingt das Radio aus der Küche holen, er wolle mir etwas ganz Wichtiges vorspielen. Meine Eltern hatte ihr Telefunken »Concertino« gerade erst gekauft, heimlich trug ich es ins Schlafzimmer.

Der britische Soldatensender kam nur verzerrt aus dem Äther. Doch das war spätestens, als der Diskjockey voller Inbrunst Bill Haleys »Crazy, Man, Crazy« ankündigte, so was von egal. Ich kannte Haley nicht, ich kannte das Lied nicht, aber schon nach den ersten paar Takten war es um mich geschehen. Dieser treibende druckvolle Beat – eine Offenbarung! Harald grinste selbstzufrieden: »Na, was hab ich dir gesagt! Die spielen nur so was!«

Ein eigenes Radio musste her! Es dauerte allerdings fast ein Jahr, bis ich das Geld zusammenhatte. Der brandneue 1955er »Radiophonokoffer Philetta« von Philips, ein echtes Schmuckstück, kostete stattliche 298 Mark. Dafür war ein Plattenspieler dabei. Meine erste Single war »Heartbreak Hotel« von Elvis Presley.

Auch auf der Leinwand begann der Siegeszug des Rock 'n' Roll. Dabei hatte »The Blackboard Jungle« (»Saat der Gewalt«) mit Glen Ford und Sidney Poitier vordergründig nichts mit dem neuen Sound zu tun. In diesem Streifen traten keine Bands auf, doch das Lebensgefühl, dieses Rebellische, das Aufbegehren gegen gesellschaftliche Zwänge erahnte ich zumindest. Und dann kam der Abspann. Das Beste am ganzen Film. Bill Haley sang »Rock Around The Clock«. Vollkommen aufgewühlt kam ich aus dem Kino. Rock 'n' Roll hatte irgendetwas Sexuelles. Nicht umsonst war der Begriff ursprünglich ein schwarzer Slangausdruck für Beischlaf.

Uns jungen Leuten wurde die Liebe zum Rock 'n' Roll nicht gerade leicht gemacht. Für die Erwachsenen war unsere Musik anstößig, geradezu unmoralisch. Wohl auch, weil sie zum ersten Mal in der Popmusik die Rassenschranken überwand. Mich ärgerte das. Es war nichts anderes als die »Swing tanzen verboten!«-Kampagne im Dritten Reich fünfzehn Jahre zuvor. Heute weiß ich, viele alte Nazis saßen schon lange wieder an den Schaltzentralen unserer jungen Republik. Doch was diese konservativen Reaktionäre auch versuchten, sie erreichten das genaue Gegenteil. Unaufhaltsam brach die gewaltige Flutwelle über uns Jugendliche herein und spülte den ganzen Mief aus unseren Köpfen.

Und doch versuchten sie alles, um uns den Spaß zu rauben. Bis auf wenige Ausnahmen setzen sie uns im Radio und Fernsehen eine Schlagergrütze vor, die zwar den Erwachsenen schmeckte, für die Jugend dagegen ungenießbar war. Und wenn sich doch mal eine Nische auftat, versauten sie uns auch die. So wie auf dem Hamburger Dom, einem großen Jahrmarkt. Dort trafen wir uns oft in der »4-Loops-Mars-Rakete«. Zum Karussellfahren, Flirten und eben Rock 'n' Roll-Hören. Bis beschlossen wurde, diese Art Musik nicht mehr zu spielen.

Doch dann sollte Bill Haley kommen! Unfassbar. Ein unglaubliches Gefühl, als würde der Weihnachtsmann einem kleinen Kind all seine Wünsche auf einmal erfüllen.

Am 27. Oktober 1958 war der große Tag! Ich ahnte nicht, dass er eine große Enttäuschung werden würde. Für mich trug der Veranstalter die Hauptschuld. Es fing schon mit dem Ort an. Die Ernst-Merck-Halle war eng bestuhlt – tanzen unmöglich. Eine miese Voraussetzung für ein Rock 'n' Roll-Konzert. Und wie man überhaupt auf die Idee kommen konnte, das Schlagerorchester Kurt Edelhagen als Vorgruppe zu buchen, ist mir bis heute schleierhaft. Das grenzt an Fahrlässigkeit oder einfach nur Dummheit. Die übertriebene Polizeipräsenz im Saal trug auch nicht gerade zu einer entspannten Stimmung bei.

Es kam, wie es kommen musste. Bill Haley & The Comets hatten kaum angefangen – vor lauter Geschrei und Gejohle verstand man von der Musik kein Wort –, schon gingen die ersten Stühle zu Bruch und einige versuchten, zu ihrem Idol auf die Bühne zu klettern. Die Polizei knüppelte wahllos dazwischen. Wer glaubt, mir wäre eine zünftige Schlägerei gerade recht gewesen, irrt. Konsterniert stand ich an der Seite, blickte ungläubig auf das Geschehen. Nach nur zwanzig Minuten gab Bill entnervt auf. Nun ging der Rumble erst richtig los. Nicht für mich. Enttäuscht ging ich nach Hause. Fühlte mich um ein großes Erlebnis betrogen.

Danach war erst mal alles vorbei. Das Establishment hatte gewonnen. Die Rock 'n' Roll-Musik brauchte Jahre, um sich von diesem Schlag zu erholen. Dass ich dabei eine kleine Rolle spielen würde, wusste ich damals natürlich noch nicht.

»Crying, Waiting, Hoping«

Ein Schlag zu viel

Weltmeister werden! Deshalb trainierte ich jahrelang wie ein Verrückter. Alles, was Jungs in meinem Alter wichtig war, vernachlässigte ich für mein großes Ziel.

Horst im Ring, Hamburger Meisterschaft, 1959

Inzwischen gewann ich fast jeden Kampf. Einmal boxte ich gegen einen Schlachter, schlug ihn haushoch nach Punkten. Beim Rückkampf knockte er mich in der zweiten Runde aus. So schwer – ich wusste eine Stunde danach noch nicht, dass ich überhaupt geboxt hatte. Die seltenen Niederlagen machten mir nichts aus, sie ließen mich eher noch stärker werden.

Doch dann passierte etwas, was all meine Träume, all meine Wünsche und all meine Pläne über den Haufen warf. Etwas so Schreckliches, dass es mir bis heute schwer fällt, drüber zu sprechen …

Der 20. Mai 1959, ein milder Frühlingsabend. Ich war mit meiner neuen Freundin Renate im Smoky-Eck am Neuen Pferdemarkt verabredet. Dort verkehrten viele meiner Boxkameraden, es gab eine Musikbox und manchmal wurde sogar Rock 'n' Roll aufgelegt.

Ich überzog mein Training maßlos, verspätete mich zwei Stunden. Ein Boxkumpel stürzte mit den Worten »Du, Hoddel, deine Freundin amüsiert sich schon den ganzen Abend mit so einem Seemann!« auf mich zu. Unsere Beziehung war noch nicht so weit fortgeschritten. Wir hatten ein bisschen geknutscht, aber noch nicht miteinander geschlafen. Aber ich war schon ein wenig verliebt. Deshalb ging ich zu ihr und stellte sie zur Rede. Sie ließ sich auf keine große Diskussion ein, sagte nur, ich wäre schließlich zu spät gekommen und sie wolle jetzt eh nach Hause. Ich ließ sie gehen. Dabei hätte ich es auch belassen sollen. Doch ein anderer Kumpel sagte, ich solle doch mal hinterhergehen, sie wäre bestimmt traurig.

Vor der Tür sah ich, dass neben ihr ein mir unbekannter Junge ging. Das ist wohl der besagte Seemann, dachte ich. Ich lief ihr nach, beachtete den Jungen nicht, umfasste ihre Hüfte, um mich mit ihr zu vertragen.

»Lass das Mädchen los!«, sagte der Junge.

»Misch dich hier nicht ein!«, erwiderte ich.

»Was willst du kleiner Piepel denn!«, schnauzte er mich an und schlug mir dabei mit der flachen Hand gegen die Schulter, damit ich sie losließ. Ich erwartete einen zweiten Schlag, reagierte instinktiv, ging in Position und schlug eine Kombination. Erst gegen den Solarplexus und, als er runterging, noch mal einen rechten Haken aufs Kinn. Das reichte. Der 1,89 Meter große Hüne sackte zusammen, fiel auf den Hintern und knallte ungebremst mit dem Kopf auf den Steinboden.

Als er auf der Erde lag, fragte ich ihn, ob alles okay sei. Denn nun tat er mir schon wieder leid. Er war nicht in der Lage zu antworten. Noch benommen, stammelte er etwas mir Unverständliches. Ich zog ihn hoch und gab ihm einen Händedruck. Seine beiden Freunde kamen hinzu und kümmerten sich um ihn. Sie fragten, ob er woanders hingehen möchte. Nein, er wolle nur zurück aufs Schiff. Sie setzten ihn in ein Taxi und nannten dem Fahrer den Liegeplatz des Schiffes. Damit war die Sache für mich gegessen. Es war nichts Ungewöhnliches. Er konnte sich wieder artikulieren; ich wusste nicht, wie schwer er verletzt war, ob überhaupt, es war nichts zu sehen, er blutete nicht einmal.

»Das wäre doch nun wirklich nicht nötig gewesen!«, sagte Renate. Dann ging sie weg und ich ging zurück in den Laden. Ich prahlte nicht, ich erzählte noch nicht einmal, was vor der Tür geschehen war, es war, wie gesagt, nichts Besonderes in diesen Tagen.

Ich hatte die Sache schon fast vergessen, als ich eine knappe Woche später ins Smoky-Eck kam. Zwei Männer mittleren Alters zeigten auf mich und fragten zwei Jungs, ob ich der Mann gewesen sei. Ich wusste nicht, was los war, erkannte die beiden nicht wieder. Ja, ich wäre es, sagten sie. Die Männer wiesen sich als Kriminalbeamte aus. Ich müsse mit auf die Wache kommen, weil ich hier vor einer Woche eine Schlägerei gehabt hätte.

Auf der Wache änderte sich mein Leben mit einem Schlag. Nichts sollte mehr so sein wie zuvor. Der junge Mann, der nichts weiter getan hatte, als sich für meine Freundin zu interessieren, war tot.

Die Polizisten erzählten mir die Einzelheiten. Der Neunzehnjährige schaffte es noch, an Bord seines Schiffes zu gehen und sich schlafen zu legen. Doch als seine Freunde am nächsten Morgen zurück aufs Schiff kamen, lag er bewusstlos in seiner

Koje. Im Hafenkrankenhaus kämpften die Ärzte um sein junges Leben. Vergeblich. Bei der Obduktion stellten sie fest, dass er eine ungewöhnlich dünne und damit sehr verletzliche Schädeldecke hatte. Nach vier Tagen im Koma starb er am 24. Mai an einer Gehirnblutung, Hirnschwellung und einer Lungenentzündung.

In mir brach alles zusammen. Ich hatte einen Menschen getötet. Ich weinte. Tränen der Trauer, Tränen des Selbstmitleids. Dass durch mich ein Mensch starb, war mir noch nicht so wirklich bewusst. Wohl aber, dass mein Leben nun auch vorbei sei. Die würden mich lebenslang ins Gefängnis stecken. Auch wenn es theatralisch klingt, in diesem Moment wünschte ich mir, anstelle des Seemanns tot zu sein.

Den Polizisten blieb meine Bestürzung nicht verborgen. Sie begannen, mich zu trösten, etwas, womit ich überhaupt nicht gerechnet hatte. Ich sollte nach Hause gehen, und daran könnte ich schon sehen, dass alles nicht so schlimm wäre. Alles nicht so schlimm? Scheiße, durch mich starb ein Mensch! Was kann es Schlimmeres geben?

Es sei doch schließlich ein Unglücksfall gewesen, meinten sie. Ich sollte morgen früh zur Arbeit gehen, ganz normal weiterleben und mich von Renate fern halten.

Die gingen furchtbar nüchtern mit der Sache um. Kunststück, sie waren auch nicht betroffen. Trotzdem war ich ihnen dankbar, aber Erleichterung verschafften sie mir nicht. Zu groß waren meine Schuldgefühle. Und die Angst vor dem Gefängnis.

Zu Hause weckte ich meine Eltern und meine Brüder. Meine Mutter schlug die Hände vors Gesicht und sagte immer wieder: »Oh, mein Gott, oh, mein Gott, was hast du nur getan?«

Dadurch fühlte ich mich noch ein Stückchen mieser. Aber was hätte sie auch anderes sagen sollen? Mein Vater verwechselte den Pferdemarkt mit der Reeperbahn: »Junge, ich hab dir immer gesagt, du sollst nicht nach St. Pauli gehen! Nun kann ich dir auch nicht mehr helfen.«

Horst im Kreis der Familie, ca. 1958

Meine Brüder versuchten, mich zu trösten, was ein hoffnungsloses Unterfangen war. Nach zwei Stunden legte ich mich ins Bett. Ohne eine Sekunde Schlaf ging ich am nächsten Tag zur Arbeit.

Ich weiß heute nicht mehr genau, wie ich die folgende Zeit überstand. Das Gefühl, ein Menschenleben auf dem Gewissen zu haben, ist schwer zu beschreiben. Es ist ein bisschen wie die Angst vor dem Tod. Es hat so etwas Unausweichliches. Dieses Nicht-mehr-rückgängig-machen-Können war das Allerschlimmste. Alles war so sinnlos geworden. Dabei musste ich überall so tun, als ob nichts gewesen wäre. Jemanden halb totgeschlagen zu haben, ist nichts, womit man hausieren geht. Ich ging sogar weiter zum Training. Mein Ehrgeiz siegte über mein schlechtes Gewissen, über die vollkommene Leere, die ich in mir spürte. Denn mein bisher größter Kampf war in nur zwei Wochen …

Die Ernst-Merck-Halle war mit 5000 Menschen ausverkauft; Amateurboxen – eine Riesensache damals. Meine komplette Familie war da, meine Kumpel, alle drückten mir die Daumen. Ich hatte die Nacht zuvor zum ersten Mal seit Wochen wieder durchgeschlafen, gut gefrühstückt, war in glänzender Verfassung, unheimlich selbstsicher. Das musste ich auch. Denn mein Gegner beim Städtekampf Hamburg gegen Leningrad war Wladimir Jengibarjan. Der amtierende Olympiasieger in meiner Gewichtsklasse, dem Halbweltergewicht, bis 63,5 Kilo, war der beste Boxer der Welt und galt als unschlagbar.

Aber ich rechnete mir Chancen aus. Ich trainierte in den Wochen zuvor wie ein Besessener. War in Hochform. Schneller und stärker als je zuvor. Ich fürchtete, dieser Kampf würde mein letzter sein, deshalb wollte ich noch mal alles geben. Und sollte ich wider Erwarten nicht in den Knast müssen, hätte ein Sieg den Durchbruch bedeutet. Dann wäre ich in der Nationalmannschaft unantastbar, bei meinem großen Ziel, den Olympischen Spielen 1960, dabei gewesen.

Ich zog mich um, ging zum Wiegen, band mir in der Umkleide die Bandagen. Mein Trainer, Felix Fehlhaber, gab mir letzte Instruktionen. Eine halbe Stunde noch. Dann wurde er rausgerufen. Noch zwanzig Minuten. Als er nach einer Viertelstunde zurückkam, hatte er einen Offiziellen und noch jemanden an seiner Seite und blickte ernst.

»Horst, komm mal mit«, sagte er. Das war's. Das spürte ich sofort. Keine Ahnung, warum, aber ich wusste, boxen würde ich heute Abend nicht mehr. Vielleicht nie mehr.

»Dieser Herr hier behauptet, gegen dich läuft ein Verfahren wegen Totschlags, ist da was dran?«

Leugnen hätte nichts genutzt. Sie wussten es. Ich stammelte irgendwas von: »Da wäre schon noch so eine Sache offen, das würde stimmen, ob es Totschlag wäre, könnte ich nicht sagen …«

Es war egal, was ich sagte oder nicht sagte. Der Entschluss der Boxkommission stand fest. Das machte mir der Offizielle unmissverständlich klar. »Horst, du musst verstehen, dass wir dich damit heute nicht boxen lassen können. Das würde einen Riesenskandal geben. Mir tut es leid, für dich und auch für die Stadt. Du bist einer unserer Besten und ich hoffe, du kommst zurück, wenn die Sache geklärt ist.«

Ich blieb ganz ruhig. Innerlich und äußerlich. Auf diesen Moment war ich vorbereitet, wusste zwar nicht, wann er kommen würde, aber dass ich ihm nicht wie einem Gegner im Ring ausweichen konnte, war klar.

Mein großes Ziel, Weltmeister zu werden – ausgeträumt! Die aufmunternden Worte meines Trainers brachten nichts. Ich machte mir keine Illusionen, eines Tages zurückzukommen.

Später erfuhr ich, dass der damalige Boxreporter der Hamburger Morgenpost kurz vor Kampfbeginn zur Boxkommission gegangen war und gesagt hatte: »Wissen Sie überhaupt, dass Horst Fascher ein schwebendes Verfahren wegen Totschlag laufen hat?«

Wie mein Leben wohl verlaufen wäre, wenn ich gekämpft und auch noch gewonnen hätte?

Für mich stieg Ulfo Peters in den Ring. Der auf diesen Kampf nicht vorbereitete schwarze Boxkamerad ging chancenlos K. O.

»Hamburger Meisterboxer schlägt Schiffsjungen tot!«, titelte die Hamburger Morgenpost am nächsten Tag auf der ersten Seite.

Mein Anwalt, ein sehr beeindruckender Mann, war Jude. Ich wunderte mich ein wenig, dass er nur vierzehn Jahre nach der Nazizeit schon wieder die Größe besaß, in Deutschland zu praktizieren. Aber das passte zu ihm. Nachdem ich ihm den Fall geschildert hatte, sagte er: »Herr Fascher, machen Sie sich keine Sorgen, das war Notwehr. Und sollte das Gericht darauf nicht anspringen, plädieren wir auf Putativnotwehr.«

»Ja, genau! Ich weiß zwar nicht, was das heißt, aber Sie haben sicher Recht.«

Er erklärte mir, das würde bedeuten, dass ich irrigerweise, aber im guten Glauben angenommen hätte, in Notwehr handeln zu müssen.

Mein Anwalt mochte mich und hängte sich richtig rein. Er beantragte sogar, Boxlegende Max Schmeling als Sachverständigen zu laden. Er sollte einschätzen, ob meine Form der Verteidigung angemessen war. Es kam nicht dazu. Bei der Verhandlung, fünf Tage nach meiner Sperre, wurden alle Beweisanträge der Staatsanwaltschaft und der Verteidigung abgelehnt.

Ich machte die Nacht davor kein Auge zu. Eine meiner größten Ängste war, auf die Familie meines Opfers zu treffen. Der Gerichtssaal war bis auf den letzten Platz besetzt. Durch meine Familie, Freunde, Boxkameraden, unzählige Journalisten und die Eltern des Seemannes. Ich konnte ihnen nicht in die Augen blicken. Guckte die ganze Zeit verschämt auf die Erde. In einem anderen Moment hätte ich ihnen gern gesagt, wie leid mir alles tut. Doch mein Anwalt riet mir davon ab. Warum, weiß ich nicht mehr. Ich hätte es später tun können, tun müssen eigentlich, aber ich hab's nie getan.

Die Anklage lautete »Körperverletzung mit Todesfolge«. Der Staatsanwalt beantragte zwei Jahre Gefängnis und einen sofort zu erlassenden Haftbefehl. Mein Anwalt plädierte auf Notwehr, also Freispruch.

Anfangs dachte ich, mein Fall würde für den vorsitzenden Richter des Schwurgerichts ziemlich klar liegen. Notwehr kaufte er mir nicht ab: »Sie handelten aus Vergeltung. Als kleiner Mann hatten Sie das Gefühl, dass Sie die Beleidigung des 1,89 Meter großen Mannes im Beisein des Mädchens durch Boxschläge rächen müssten.«

Doch das Schwurgericht zog sich viermal zur Beratung zurück. Und kam zu keinem Ergebnis. Mein Anwalt machte mir Mut. Ich hoffte zwar noch, aber mein Glaube an einen Freispruch war nicht mehr allzu groß. Der nächste und letzte Verhandlungstag gab mir Recht.

Freitagmorgen, 9.30 Uhr. Nun ging alles ganz schnell.

»Ich habe wirklich geglaubt, dass ich angegriffen würde. Dass es so tragisch ausgegangen ist, tut mir aufrichtig leid«, waren meine letzten Worte.

Der Richter glaubte mir meine Reue, dafür bekam ich mildernde Umstände, die Notwehr allerdings immer noch nicht. Er meinte, mein unbeherrschtes Verhalten stelle eine Gefährdung der Öffentlichkeit dar. Im Hinblick auf den tragischen Tod des jungen Seemanns müsse ich die Tat sühnen. In seiner Urteilsbegründung sagte er: »Der Tod des jungen Seemanns ist bedingt gewesen durch die beiden Faustschläge des Boxers. Als der Seemann ihm die Hand auf die Schultern legte und in Gegenwart der jungen Renate, mit der Horst Fascher verabredet war, sagte: ›Was willst du kleiner Piepel denn?‹, empfand der Angeklagte das als Missachtung und Angriff auf seine persönliche Ehre. Er vergalt die Beleidigung mit zwei Faustschlägen. Aber diese Schlagkombination war kein Akt der Verteidigung, sondern der Vergeltung. Die harten Schläge waren in dieser Form nicht notwendig.«

Er verurteilte mich zu »neun Monaten Gefängnis ohne Bewährung wegen Körperverletzung mit Todesfolge«. Voller Selbstmitleid brach ich in Tränen aus. Dafür schämte ich mich gegenüber der Familie des Opfers. Was waren neun Monate Gefängnis gegen ein Menschenleben?

Mein Anwalt legte Revision ein. Mir war das gar nicht so recht. Ich wollte, dass der ganze Spuk endlich vorbei war.

Auf dem Gerichtsflur diskutierten meine Familie, Freunde und Boxkameraden über das Urteil. Sie hatten einen Freispruch erhofft. Mir war das sehr unangenehm. Denn die Angehörigen des Seemanns kriegten das alles mit, als sie gebrochen und wortlos den Saal verließen.

Die Strafe musste ich nicht gleich antreten. Ich sollte erst mal meine persönlichen Angelegenheiten klären. Ich würde einen Strafantritt bekommen, den müsste ich aber befolgen und dürfte mich nicht entziehen. Aber an so etwas dachte ich damals noch nicht einmal. Das kam erst Jahre später.

Am nächsten Morgen überschlugen sich die Zeitungen: »Schwurgericht entschied: Meisterboxer Fascher handelte unfair – Es war keine Notwehr!« – »Hartes Urteil gegen Horst

Fascher – Neun Monate ins Gefängnis« – »Boxer Fascher muss neun Monate ins Gefängnis«.

Die Gerichtsreporter waren sich alle einig. Das Urteil war nicht gerecht. Aber was ist schon gerecht? Ich wusste es schon lang nicht mehr. Es begann auch eine Grundsatzdiskussion: »Was dürfen Boxer? Sind sie Freiwild? Müssen sie sich alles gefallen lassen?« Doch das alles interessierte mich nicht mehr. Ich las es nicht einmal. Erst bei den Recherchen zu diesem Buch bekam ich so richtig mit, was Menschen vor über vierzig Jahren über mich schrieben. Ein komisches Gefühl.

Renate sah ich nie wieder. Verständlich, dass sie nichts mehr von mir wissen wollte. Das war aber mein geringstes Problem. Denn ich hatte in der Zwischenzeit ein neues Mädchen kennen gelernt – Vera.

»Money, Honey«

Vom Freier zum Verehrer

Es gab damals mitten in der Innenstadt, ein paar Kilometer von der Reeperbahn entfernt, die Ulrikusstraße. Die war genau wie die berühmte Herbertstraße abgesperrt und in ihr saßen käufliche Damen an offenen Fenstern.

Ich sah sie. Sie lächelte. Sagte aber nichts. Brauchte sie auch nicht. Ich war so fasziniert von ihrer Schönheit, ihrem langen kastanienbraunen Haar, sie war die schönste Hure, die ich bis dahin gesehen hatte.

»Ich würde gern mit dir schlafen!«, sagte ich. Etwas Besseres fiel mir nicht ein.

»Na, dann komm doch rein.«

Sie hatte so gar nichts Ordinäres an sich. Und sie tat lauter Dinge, die Huren entweder gar nicht oder nur für viel Geld machen. Sie bat mich höflich aufs Bett. Stellte sich direkt vor mich und zog sich langsam ganz aus. Sie streichelte mich zärtlich überall, küsste mich sogar.

Als wir nach nur zehn Minuten fertig waren, fragte sie: »Kommst du wieder?«

Ich würde gern wiederkommen, antwortete ich, hätte aber nicht so viel Geld.

»Das macht nichts. Beim nächsten Mal brauchst du nichts zu bezahlen.«

Hatte ich richtig gehört? Ich konnte es nicht glauben. Nahm mir aber vor, es auf einen Versuch ankommen zu lassen. Ich dachte die ganze Nacht und den folgenden Tag nur noch an sie. Ich hatte mich verknallt. In eine Hure! Ich ließ einfach nichts aus.

Gleich am nächsten Abend ging ich wieder hin. Nicht gleich direkt, ich beobachtete sie aus der Ferne. Ich sah, wie sie einen Mann ansprach und mit hoch nahm. Das passte mir so gar nicht. Als er nach knapp 20 Minuten wieder rauskam, spürte ich Eifersucht in mir. Ich ging zu ihr. Sie freute sich. »Puschel, da bist du ja wieder! Komm doch rein«, sagte sie.

Sie nannte mich Puschel vom ersten Tag an. Diesmal war sie noch liebevoller, noch zärtlicher. Nur konnte ich es nicht so richtig genießen, weil ich so eifersüchtig war. Obwohl ich es genau wusste, fragte ich sie, ob sie heute Abend schon mit anderen Männer geschlafen hätte. Natürlich, antwortete sie, das müsse sie doch, ich würde ihr Geschäft doch kennen.

Wir trafen uns von nun an fast jeden Tag. Auch sie hatte sich in mich verliebt. Wir waren nun ein richtiges Paar. So weit das mit einer Hure möglich war.

Ein paar Mal steckte sie mir heimlich Geld zu. Mal 'n Zehner, 'n Zwanziger oder auch mal 'n Fuffi. Ich wollte das nicht, es war mir unangenehm. Sagte aber auch nichts, das wäre mir noch peinlicher gewesen. Beim vierten Mal fragte ich sie, was das sollte. Ich müsste doch so hart für mein Geld arbeiten und es würde mich doch bestimmt freuen, wenn ich ein paar Mark mehr in der Tasche hätte, meinte sie. Ich möchte das trotzdem nicht, sagte ich.

Es kam noch schlimmer: »Was hältst du von einem Auto?« Davon hielt ich erst mal gar nichts. Ich hatte zwar schon seit vier Jahren meinen Führerschein, aber kein Geld für einen Wagen. Ich fuhr immer noch meinen Heinkel-Roller und der reichte mir auch vorerst.

»Ich würde dir aber sooo gern einen kleinen süßen Wagen schenken, Puschel!«, bettelte sie. »Dann können wir am Wochenende gemeinsam ins Grüne oder ans Meer fahren. Bitte, bitte, bitte!«

Langsam wurde es kriminell. Ich schien nur noch ein paar Zentimeter von einem Zuhälter entfernt zu sein. Doch natürlich wurde ich schwach. Ein Auto war damals etwas ganz Besonderes. Nur wenige betuchte Bürger oder Gangster fuhren eines. Und die 3000 Mark, die sie für den VW-Käfer in bar auf den Tisch legte – waren ein Haufen Geld.

Horst in seinem ersten Auto, ca. 1958

Ein wenig unsicher, mir fehlte die Fahrpraxis, aber wahnsinnig stolz fuhr ich mit ihr den Wagen vom Hof. Und sie war glücklich.

An den Wochenenden fuhren wir nun häufig zum Großensee in der Nähe von Hamburg. Dort trafen wir viele andere St. Paulianer. Und Veras Milieufreundinnen mit deren Freunden. Mit denen wollte ich aber nichts zu tun haben. (Was für ein Unsinn aus heutiger Sicht.) Und auch sonst unternahmen wir viel zusammen. Wir gingen ins Kino oder zum Tanzen. Ich nahm sie sogar mit nach Hause. Irgendwann wohnte sie halb bei uns. Sie hatte keine eigene Wohnung, sie schlief in ihrem Puffzimmer, wollte aber nicht, dass ich dort übernachtete. Morgens sahen häufig Behördenmitarbeiter nach dem Rechten. Das wollte sie mir ersparen.

Um uns nah zu sein, gingen wir meist ins Hotel. Meine Eltern nahmen sie sehr herzlich auf. Sie mochten sie. Vera brachte häufig kleine Geschenke mit. Nichts Großes, sie wollte sich nicht einkaufen, nur kleine Aufmerksamkeiten.

Ich erzählte meinem Vater, womit sie ihr Geld verdiente. Ihm war das schietegol. Sie sei eine Nette und benähme sich anständig. Aber wie das so seine Art war, gab er mir noch einen Rat: »Jung, fall annern Lüüt nich ob de Tasch.« Ich sollte also meine Arbeit behalten, mich nicht von ihr abhängig machen.

Meinen Brüdern erzählte ich es erst später. Aber dem kleinen Fredi fiel auf, dass sie immer viel Geld in der Handtasche hatte. Wenn sie nachts nach Hause kam, schlief ich meist schon. Fredi wachte häufig auf und stibitzte ihr hier und da mal einen Zehner oder Zwanziger. Das erzählte er mir aber aus guten Gründen erst Jahre später.

Vater und Mutter schliefen im Schlafzimmer. Uwe und Fredi auf der einen, Vera und ich auf der anderen Couch. Sie mochte unsere familiäre Atmosphäre. Sie kam nicht aus Hamburg und vermisste genau so etwas.

Von meinen Freunden und Kumpel wusste keiner, womit Vera ihr Geld verdiente. Ihnen fiel nur auf, dass ich plötzlich mehr Geld in der Tasche hatte. Ich war freigebig, lud sie ins Kino oder auf eine gelbe Brause ein. Denn inzwischen änderten sich unsere finanziellen Verhältnisse grundlegend. Vor allem meine. Sie war ein altmodisches Mädchen, war der Meinung, wo wir doch nun fest zusammen wären, müsste ich als der Mann das Geld verwalten. Und so steckte sie mir jeden Morgen zwei- bis dreihundert Mark in die Tasche. Mir war das immer noch nicht so wirklich recht, aber ich rutschte da irgendwie rein und irgendwann gewöhnte ich mich dran. Das ging so weit, dass sie mich fragte, ob es in Ordnung wäre, wenn sie sich in der Stadt etwas kaufen würde.

»Was fragst du mich? Geh doch los!« Ich war immer großzügig. Mit ihrem Geld. Aber mal wieder im Ernst. Wenn man diese Zeilen liest, könnte man glauben, ich wäre der klassische Zuhälter gewesen. War ich aber nicht. Ich habe sie nie zum Anschaffen gedrängt. Hätte sie von heute auf morgen aufgehört, wäre ich der Letzte gewesen, der etwas dagegen gehabt hätte.

Als ich am Tag nach meiner Boxsperre zu Vera kam, wusste sie schon Bescheid. Die MOPO mit meiner Schlagzeile lag auf ihrem Schoß.

»Was ist denn das hier? Na, komm erst mal rein, Puschel.« Sie würde heute nicht mehr arbeiten können, sie machte Feierabend. Wir gingen in ein Hotel, liebten uns und sie tröstete mich.

Mit der Zeit kühlte meine Liebe ab. Wir waren nun schon fast drei Jahre zusammen, und erstens kam ich mit ihrem Job immer noch nicht so wirklich klar, zweitens wollte ich wieder frei sein. Die Mädchen interessierten sich immer mehr für mich. Verlockende Sache für einen jungen Mann. Obendrein konnte ich mir eine Anzeige wegen Zuhälterei nicht leisten. Ich hatte noch nicht einmal meine erste Strafe verbüßt. Mein Misstrauen wuchs. Was, wenn ich ihr mal Anlass zur Eifersucht gab? Es wäre ein Leichtes für sie gewesen, mir große Schwierigkeiten zu bereiten. Deshalb konnte ich auch nicht so einfach Schluss machen. Schlitzohrig oder in diesem Fall wohl eher hinterhältig setzte ich Ali auf sie an. Der wurde später zweiter Geschäftsführer im Star-Club und war ein guter Freund. Er sollte versuchen, bei ihr zu landen, und wenn sie drauf einginge, hätte ich einen guten Grund, Schluss zu machen. Klappte nur nicht. Noch nicht.

»Race With The Devil«
Einstieg ins Rock 'n' Roll-Geschäft

Meine Boxkameraden ließen sich immer seltener blicken. Unangenehme Sache. Schließlich bestand fast mein gesamter Freundeskreis aus Boxern. Ich musste mir neue Freunde suchen. Was mir nicht schwer fiel. In meiner Nachbarschaft war ich inzwischen ein kleiner Held. Gerade bei uns in der Neustadt und am Hafen prügelte man sich, das war gang und gäbe. Der Tod des Seemannes war ein Unglücksfall, jeder andere wäre gesund wieder aufgestanden, meinten die meisten.

Das Boxen musste ich ganz aufgeben. Es sei besser, wenn ich erst mal nicht kommen würde, sagten mir die Vereinsoffiziellen. »Erst mal«, sagten sie. Und meinten »für immer«. Denn trotz des milden Urteils blieb ich auf Lebenszeit gesperrt. Vielleicht dürfte ich inzwischen wieder in den Ring, schätzte aber, für ein Comeback sei es ein bisschen spät. Heute kann ich drüber lachen. Damals war es hart. Noch Jahre danach. »St.-Pauli-Schläger brach in Tränen aus, als er von seiner verpfuschten Boxkarriere erzählte«, schrieb eine Zeitung während des großen St.-Pauli-Prozesses 1965.

Uwe und Fredi, beide hochtalentierte Hamburger Meister, empfanden meine Sperre als ungerecht. Obwohl ich ihnen abriet, traten sie aus dem Hamburger Boxverband aus und kämpften nie wieder im Ring.

Einen Vorteil hatte mein Abschied vom Boxsport. Mir blieb mehr Zeit für die Musik. Mein Stammlokal wurde das Semmelhack abseits der Reeperbahn. Der Laden war immer gerappelt voll. Hauptsächlich Jugendliche zwischen fünfzehn und achtzehn Jahren tanzten sich dort die Hacken wund. Das faszinierte mich fast genauso wie die Musik selbst. Der Soundtrack zu unseren Verrenkungen kam aus der Musikbox. Mit Livemusik sah es nach wie vor dürftig aus. Doch dann hieß es plötzlich: »In der Großen Freiheit ist ein neuer Laden, dort spielen echte Rock 'n' Roll-Bands.«

Gemeint war der Kaiserkeller. Und das war natürlich das Allergrößte: Rock 'n' Roll live! Das musste was ganz Besonderes sein. Dachten wir. Es wurde eine große Enttäuschung. Ted Herold trat auf. Der war zwar ein großer Star, galt als »Deutscher Elvis«, aber das war nicht das, was wir wollten. Nämlich englischsprachigen Rock 'n' Roll! Also zurück zur Musikbox ins Semmelhack. Einige Wochen später, das nächste Gerücht: Nun sollte wirklich eine authentische Gruppe spielen – Rory Storm & The Hurricanes (mit dem späteren Beatle Ringo Starr am Schlagzeug) aus England.

Der befreundete Sohn eines Nachbarn vermittelte mir einen Job in der neuen Kneipe seines Vaters. »Nimm Hoddel, den kennen alle, dann hast du den ganzen Laden voller junger Leute.«

Ich begann als Kellner. Mir fehlte zwar jegliche Erfahrung, aber mit meiner burschikosen Art schlug ich mich ganz gut durch. Schon nach kurzer Zeit gab man mir die Schicht hinterm Tresen. Ein kleiner Aufstieg.

Nach Feierabend zog es mich immer wieder nach St. Pauli. Im Kaiserkeller spielte inzwischen die Musik. Ein irischer Sänger namens Tony Sheridan rockte das Haus und uns junge Leute um den Verstand.

Das war es, was ich wollte. Endlich gab es jemanden, der so fühlte wie wir und genau das auf die Bühne brachte – puren Rock 'n' Roll.

Geschäftsführer Willi Limpinsel machte mir ein verlockendes Angebot. Ich bräuchte nur ein bisschen aufpassen und dafür würde er mir am Abend 30 Mark bezahlen. Ruckzuck verlor ich die Lust am Bierzapfen. Ich trieb mich eh gern im Kaiserkeller rum, etwas Besseres konnte mir gar nicht passieren. Und so arbei-

Horst mit früheren Hafen-Arbeitskollegen im Lido (St. Pauli)

tete ich zum ersten Mal in einem Laden, in dem Rock 'n' Roll-Musik live gespielt wurde.

Ich hatte von Anfang an einen guten Draht zu den Musikern. Die waren alle unheimlich freundlich zu mir. Jahre später erfuhr ich, warum. Es war Rosi, die Barfrau, die ihnen sagte: »Seid nett zu Horst, dann kriegt ihr keine Probleme, der passt auf euch auf.«

Doch vor allem mit Tony Sheridan entwickelte sich eine echte Freundschaft. Der Ire hatte bereits eine legendäre Rock 'n' Roll-Vergangenheit. Er trat in der englischen Fernsehshow »Oh, Boy« auf; begleitete amerikanische Top-Acts wie Conway Twitty und war auf der letzten Tournee Eddie Cochrans dabei. Nach einem Gig wollte er mit Eddie und Gene Vincent zum nächsten Auftrittsort fahren. Das würde nicht gehen, sagten beide. Frustriert und hungrig stand er ohne Geld an irgendeinem Provinzbahnhof. Am nächsten Tag las er in der Zeitung: »Zwei Rock 'n' Roll-Stars verunglückt«. Eddie war tot, Gene schwer verletzt.

Tony war der typische Künstler. Er kümmerte sich ausschließlich um seine Musik. Alles andere kriegte er nicht auf die Reihe. Einmal bekam er was auf die Fresse, weil er sein Bier nicht bezahlen konnte. »Ich bring den Leuten mit meiner Musik so viel Freude, die geben mir das bestimmt aus.« So waren seine Gedankengänge. Der Witz daran: Er hatte genügend dabei. 7000 Mark in seinem Gitarrenkoffer! Nur hatte er das vergessen. So musste er den Koffer, samt Gitarre und der Kohle, als Pfand dalassen. Sein Schwiegervater löste ihn später aus. Das Geld war noch drin. Solche Sachen passierten ihm laufend.

Der Erfolg des Kaiserkellers ließ Betreiber Bruno Koschmider gierig werden. Aus dem Indra, Große Freiheit 58, wollte er einen zweiten Kaiserkeller machen. Dazu brauchte er eine neue Band. Mangels besserer Gruppen schickte ihm der Agent, Allan Williams, die Silver Beatles aus Liverpool. Derry & The Seniors waren empört: »Die Silver Beatles versauen den guten Ruf der englischen Bands in Hamburg!«, schrieben sie an Williams.

Nach sechsunddreißigstündiger Höllentour kamen Williams und die Beatles am Abend des 16. August 1960 in der Großen Freiheit an.

Ein lustiges Schauspiel. Nicht nur die fünf Beatles – Stuart Sutcliffe, Paul McCartney, John Lennon, George Harrison und Pete Best –, auch Williams selbst und noch vier weitere Personen saßen in seinem altersschwachen Austin-Lieferwagen. Dazu kamen Instrumente, Verstärker und das persönliche Gepäck, das auf dem Dach verstaut war. Wir winkten, sie grüßten freundlich zurück. Dann ging Koschmider mit ihnen ins Indra. Große Enttäuschung. »Das Indra war so lebendig wie eine Kapelle auf einem Friedhof, es waren gerade mal zwei Gäste da und selbst die Musikbox zog es vor zu schweigen«, erinnerte sich Pete Best in seinen Memoiren*.

* »Beatle – The Pete Best Story«, Pete Best & Patrick Doncaster, Plexus, England 1985

Am nächsten Abend wollten wir natürlich die neue Band sehen. Ich war alles andere als begeistert. Die Musik war schrammiger Schrott. So gar nicht der elektrisierende Rock 'n' Roll-Sound, den ich liebte. Es kreischten zwar ein paar Mädels, aber eher aus Verzückung über die niedlichen Jungs auf der Bühne. Musikalisch war das noch nichts. Sie sahen scharf aus, trotz ihrer etwas lächerlichen lila Jacketts, das war ihr Plus. Zurück im Kaiserkeller berichtete ich Tony: »Die kannst du vergessen.«

Koschmiders Publikum teilte sich langsam. Der Kaiserkeller war nur noch drei viertel voll, das Indra zur Hälfte gefüllt. Als dann auch noch Tony Sheridan kündigte, holte er die Beatles nach achtundvierzig Nächten im Indra in den Kaiserkeller. Dort spielten sie nun im stündlichen Wechsel mit Rory Storm & The Hurricanes.

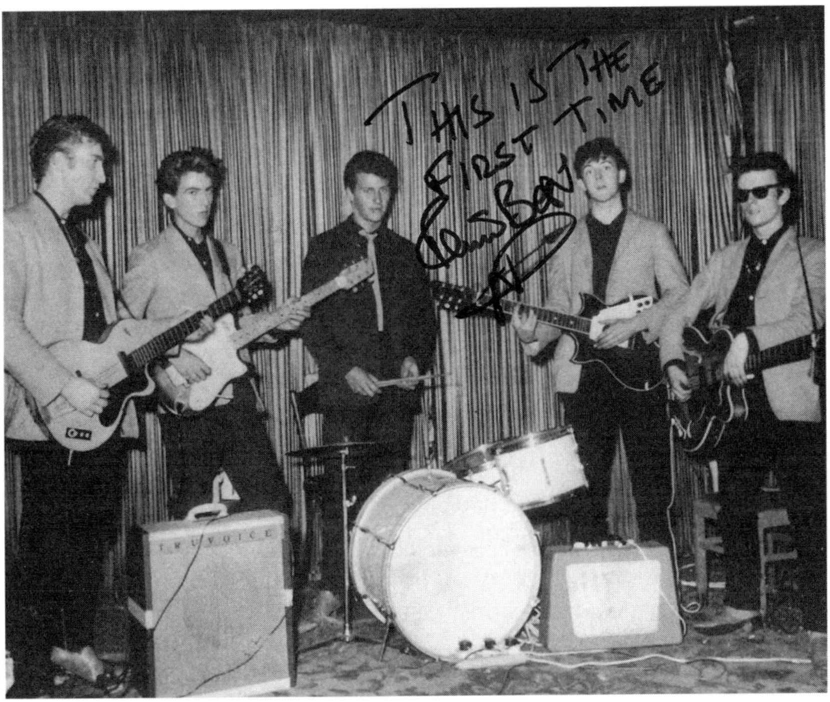

Die Beatles im Indra, Autogramm von Pete Best, dem 1. Schlagzeuger

Die Musiker und ich gingen meist im Haralds essen. Dort gab es leckere Suppen, gut und günstig. Haralds Spezialität war Hühnersuppe mit Einlage. Die aßen sie am liebsten – auch Paul, damals noch kein Vegetarier. Im Lauf der Zeit wurde mein Englisch immer besser. Ich verstand langsam, worüber die Jungs beim Essen redeten. Es ging um miese Arbeitsbedingungen, dass sie nicht genügend Geld hätten, solche Sachen. Ich sog alles auf, war aber noch nicht in der Lage, ihnen zu helfen. Es gab keinen Laden, in dem ich sie zu besseren Bedingungen hätte unterbringen können. Wichtig waren diese Momente trotzdem, in ihnen entstand meine Freundschaft zu den Beatles.

Und dann kam eines Abends ein Typ in den Kaiserkeller – Peter Eckhorn. Er fragte Tony direkt, ob er in seinem neuen Laden spielen würde.

»Frag Horst, der ist mein Manager«, antwortete Tony zu meiner Verblüffung. Manager? Ich wusste gar nicht, was das war, hatte keine Ahnung, welche Aufgaben so ein Manager hatte. Geehrt fühlte ich mich dennoch. Vor allem, als Monate danach Tonys neue Autogrammkarten herauskamen. »Personal Manager – Horst Fascher« stand unten links auf der Vorderseite. Und nach folgendem Dialog mit Ray Charles im Star-Club einige Jahre später platzte ich fast vor Stolz …

Ray: »Wer ist der Kerl auf der Bühne?«

Ich: »Tony Sheridan.«

Ray: »Der ist gut.«

Ich: »Bin sein Manager!«

Eckhorn erzählte, sein Vater wollte das Hippodrom auf der Reeperbahn aufgeben. Dieser altehrwürdige Schuppen war in der Nazizeit durch den Hans-Albers-Film »Große Freiheit Nummer 7« deutschlandweit bekannt geworden (obwohl der wegen des Krieges in einem Prager Studio gedreht wurde). Doch die Zeiten, in denen man sich in Hamburg an schuhplattlernden Bayern und Eselreiten erfreute, waren ein für alle Mal vorbei. Er sollte nun den Laden mit einem neuen Konzept übernehmen. Und sein Konzept hieß Rock 'n' Roll. Selbst kein Rocker, war er mehr der vornehme Typ, sehr seriös, immer gut gekleidet, nie ohne Schlips und Kragen.

Ich pokerte mit Eckhorn. Wollte das gleiche Geld wie die Musiker und dazu noch den Geschäftsführerposten in seinem neuen Club. Zu meiner Überraschung nickte er beides ab.

Am nächsten Tag schaute ich mir seinen Laden an. Es gab viel zu tun. Es galt, aus einem bayrischen Hofbräuhaus einen authentischen Rock 'n' Roll-Schuppen zu machen. Als Schiffszimmermann kannte ich mich ein bisschen aus. Gemeinsam konzipierten wir die Inneneinrichtung. Wir mussten uns jedoch für die Sparversion entscheiden. Ich kannte einige Handwerker, besorgte Tischler, Klempner, Elektriker, Maler. Die arbeiteten alle schwarz, manche klauten auf ihren anderen Baustellen Farben oder was wir gerade so brauchten. Manches Material musste allerdings bezahlt werden. Und da Eckhorn zu der Zeit unheimlich klamm war, brachte seine Frau einiges ins Pfandhaus, damit wir weiterarbeiten konnten.

Was noch fehlte, war ein schmissiger Name. In London gab es bereits einen Laden, der Top Ten hieß. Der Begriff wurde als Synonym für diverse Hitparaden auch in Deutschland immer bekannter und so hielt ich ihn für eine gute Idee.

»Twist & Shout«

Sechs Monate »Urlaub«

Das Top Ten lief dem Kaiserkeller von einem Tag auf den anderen den Rang ab. Koschmider hatte die Beatles. Aber wir Tony Sheridan! Und der war besser. Um Längen. Die Beatles selbst blickten zu ihm auf, versuchten ihn zu kopieren und kamen in ihren Pausen zu uns, um ihr Idol zu hören.

Horst, Mädchen & Rolf vor dem Top Ten, ca. 1961

Doch auch die Fangemeinde der Beatles wurde größer. Nicht, dass sie sich musikalisch groß verbessert hätten, das war in der kurzen Zeit nicht möglich, aber sie wurden vor allem bei den Mädels immer beliebter. Jeder sah auf seine Weise gut aus. Sie waren nicht zusammengecastet, es steckte kein Produzent dahinter, aber sie hatten schon etwas von einer Boygroup. Außerdem fehlten den Leuten Vergleichsmöglichkeiten. Viel anderes gab es nicht. Und das wenige, was es gab, war meist genauso schlecht. Mit den meisten deutschen Interpreten konnten sie es allemal aufnehmen.

So kam es uns gerade recht, dass sich die Beatles mit Koschmider zerstritten. Aus reiner Zerstörungswut hatten sie und Rory Storms Band seine zusammengezimmerte Bühne zerlegt, was Koschmider gar nicht lustig fand. Weil sie nun auch noch fast jeden Abend bei uns rumhingen, wurde er so wütend, dass er die Jungs bei der Ausländerpolizei anzeigte.

Koschmider drohte ihnen zwar angeblich mit gebrochenen Fingern, falls sie zur direkten Konkurrenz ins Top Ten wechseln würden, doch darüber konnten wir nur lachen. Zumal Koschmider selbst es war, der ihren Vertrag nicht verlängerte.

Ab April 1961 spielten Tony und die Beatles bei uns.

Wir richteten den Jungs im Top Ten zwei Zimmer unterm Dach ein. Auch nicht gerade das Ritz, aber immerhin schon weitaus besser als ihre Unterkunft bei Koschmider. Dort schliefen sie zu fünft in einem fensterlosen Raum hinter der Leinwand des Bambi-Kinos.

»KZ-ähnliche Zustände!«, wie John Lennon sich einmal in der für ihn typischen Art ausdrückte. Die Jungs waren froh, endlich mal aus ihrem Zimmer ins Freie schauen zu können. Und wenn es auch nur durch eine Dachluke war. Die Dankbarkeit ging allerdings nicht so weit, dass sie mit ihrer Behausung so umgingen, wie es sich für zivilisierte Menschen gehörte. John Lennons Lieblingsbeschäftigung schien in diesen Tagen das Rotzen zu sein. Jeden Morgen hingen mindestens vierzig getrocknete Rotzfahnen wie Eiszapfen an der Wand.

Nun begann die härteste Zeit ihrer ganzen Karriere. Sie waren die einzige Band, spielten jede Nacht sieben Stunden. Zwar mal mit Tony Sheridan oder Roy Young als Gastmusiker, aber sie mussten immer auf der Bühne stehen. Jede Stunde durften sie fünfzehn Minuten pausieren. Und manchmal noch nicht einmal das. Die Kiezgrößen akzeptierten keine Unterbrechungen. Die wollten durchgehend Musik hören. So spielten sie auch mal zwei Stunden durch. Wobei ein Lied auch gern mal über eine Dreiviertelstunde ging. Die St.-Pauli-Bosse liebten zum Beispiel »What'd I Say« von Ray Charles, weil sie dabei immer so schön mitgrölen konnten. Wenn die dann aus dem Laden wankten, waren sie oft so heiser, dass sie kaum noch sprechen konnten.

Die Jungs hatten ein unglaublich großes Repertoire. Das müssen weit über 100 Songs gewesen sein. Sie spielten einfach alles: Rock 'n' Roll, Rockabilly, Rhythm & Blues, Standards, Soundtracks. Sie übten auch ständig neue Songs ein. Einer hörte ein Lied, schlug es vor, es wurde kurz geprobt – manchmal erst auf der Bühne, am Anfang, wenn noch nicht so viel los war – und schon hatten sie ein neues Lied drauf. Das war nachher auch immer so eine Art Wettkampf zwischen den einzelnen Gruppen – wer den aktuellen Tageshit am schnellsten draufhatte. Es gab ja noch keine Diskotheken damals und die Musik in den Boxen der Kneipen lief nicht so richtig laut. Wenn man also zu einem Hit tanzen wollte oder ihn auch nur mal richtig laut hören wollte, ging das eigentlich nur über die Livebands.

Man könnte also fast sagen, diese ganzen Coverbands, wie die Beatles zu Beginn ihrer Karriere, waren so eine Art Vorläufer der späteren DJs. Denn hätten die Beatles nur eigene, unbekannte Songs gespielt, hätte man sie wohl von der Bühne geprügelt oder zumindest gepfiffen. Es kam auch häufig vor, dass sich Gäste Songs wünschten. Sie brüllten dann einfach auf die Bühne: »Spielt mal Sweet Little Sixteen!« Das machten die Bands dann auch meist, selbst wenn sie das Lied noch gar nicht wirklich draufhatten. Denn häufig bekamen sie dafür ein Bier

Fans im Star-Club

oder so ausgegeben. Die Beatles spielten – bis ihr späterer Manager Brian Epstein kam und ein bisschen Struktur reinbrachte – auch immer komplett ohne Playlist. Einer fing an und die anderen stimmten ein. Was den Vorteil hatte, dass kein Set dem anderen glich.

Eines Abends nahm John mich beiseite und bat mich, auf seine Freundin Cynthia aufzupassen. Die war zu Besuch aus England, sprach kein Wort Deutsch und der sehr eifersüchtige John befürchtete, dass sie von Gästen blöd angesabbelt werden könnte.

Gleich am ersten Abend sprach mich John über Mikro auf Englisch an: »Horst, da ist ein Typ bei Cynthia, kümmere dich bitte drum!«

Der besagte Typ redete auf sie ein, versuchte, sie am Ärmel auf die Tanzfläche zu zerren. Ich erklärte ihm freundlich, dass er sie lieber in Ruhe lassen sollte. Aber er wusste nicht, wer ich war, nahm mich nicht ernst, sagte nur, ich sollte abhauen. Kurzerhand knockte ich ihn aus. Das war mal wieder ziemlich unklug. Schließlich standen mir noch neun Monate Knast wegen einer ähnlichen Sache bevor. Hätte ich noch eine Lampe obendrauf bekommen, wäre das sicherlich nicht zu meinen Gunsten ausgelegt worden. Aber glücklicherweise kam nichts nach. Man rannte damals auch nicht gleich zu den Bullen.

Johns große Klappe, die größte von allen Musikern, die ich je kennen lernte, brachte mich ein paarmal in Schwierigkeiten. Körperlich steckte bei ihm nichts dahinter. Rein gar nichts. Er konnte sich nicht wehren. Wir mussten ihn immer aus allem rausboxen. Und wenn wir gerade nicht da waren, bekam er eben was auf die Fresse. Aber so was von! Doch das machte ihn nicht schlauer. Es schien ihm allerdings auch nicht viel auszumachen. Wenn er auf der Bühne mit einem Gast Streit bekam, beschimpfte er ihn so heftig, meist als Nazi-Bastard oder etwas in der Art, bis der dann auf die Bühne stürmen wollte. Dann rief John blitzschnell über Mikro nach mir. Und manchmal, wenn John wütend war – und er war häufig wütend, fast jähzornig –, sprang er runter, schlug einen Gast, der nicht vorbereitet war, rannte zur Bühne zurück, immer in der Hoffnung, dass ich ihn wieder raushauen würde. Und das habe ich auch meist gemacht. Obwohl es eine echt feige Nummer und er fast immer im Unrecht war.

Aber die Beatles waren unser Kapital. Die Gäste kamen ihretwegen, also mussten wir sie schützen. Mir fiel das noch leichter als meinen Kollegen, weil ich in John einen Freund sah. Und natürlich hing Johns ständiger Kontrollverlust auch mit seinem immensen Alkohol- und Pillenkonsum zusammen. Aber das entschuldigte sein Verhalten natürlich nicht. Er hat uns schon ziemlich häufig in die Scheiße geritten. Jahre später, als all diese Sachen zusammengezählt wurden, sollte ich noch dafür büßen müssen.

Immer noch hing das Gefängnis wie ein Damoklesschwert über mir. Was mir so gar nicht passte. Dank mir brummte der Laden, ich befürchtete, ohne mich würde er vielleicht nicht gerade den Bach runtergehen, aber zumindest nicht so reibungslos weiterlaufen. Ich arbeitete vor. Buchte gute Bands, wie Gerry & The Pacemakers, die später mit »You Never Walk Alone« zu Weltstars wurden, für die nächsten Monate, stellte die richtigen Leute ein und versuchte, meinen Strafantritt immer wieder hinauszuschieben. Bis es nicht mehr ging.

Falls ich mich gut führte, würde ich nach »zwei Dritteln«, also sechs Monaten, rauskommen. Das war eine absehbare Zeit. Eckhorn versicherte mir, dass ich direkt nach meiner Entlassung meinen alten Job wiederbekäme. Er war zufrieden mit mir.

Ich kam ins Gefängnis Neuengamme. Das frühere Konzentrationslager war inzwischen eine halboffene Anstalt, in der es relativ locker zuging. Es gab Urlaub bei Feiertagen, man durfte häufig Besuch empfangen und in Begleitung eines Beamten zur Arbeit gehen.

Das ehemalige Konzentrationslager Neuengamme war kein geschlossener Komplex, wie man sich ein Gefängnis normalerweise vorstellt, wir lebten in einzelnen Baracken. Ich arbeitete für neunzig Pfennig am Tag in der Tischlerei. Dafür konnte ich mir am Ende des Monats ein paar Kleinigkeiten kaufen. Zahnpasta zum Beispiel. Die knasteigene war furchtbar sandig.

Am ersten Abend traf ich mich mit anderen Häftlingen im Hof. Plötzlich rief einer von drinnen: »Ey, Fascher, du Spinner!«

Ich wusste nicht, woher das kam. Einer meiner Kumpel zeigte auf ein Stubenfenster. Ohne groß nachzudenken, rannte ich los und sprang mit einem Satz in das Fenster. Drinnen saßen vier Mann. Drei sagten gleich: »Wir war'n das nicht!« Darauf gab ich dem Vierten eine Kopfnuss und sprang wieder raus.

So war ich damals drauf. Bis zum Hals voll mit falschem Stolz und immer in der irrigen Annahme, mich beweisen zu müssen. Dazu kam: Ich hasste es, gedemütigt zu werden und wenn es nur mit Worten war. Wir wurden als Kinder so häufig erniedrigt, mussten immer wieder zurückstecken, weil Vater nicht da war, es keinen großen Bruder gab, der hätte helfen können.

Ein ehemaliger Boxeuropameister nahm mich zur Brust: »Hoddel, das war eine Scheißaktion! Da musst du doch drüberstehen, Mann. Damit hast du deine Entlassung nach zwei Dritteln aber mal ganz stark gefährdet. Falls der dich anzeigt, brummst du die volle Strafe!«

Ich müsste etwas tun. Aber was? Ich sollte ihn machen lassen. Er nahm es in die Hand und meine Unbeherrschtheit kostete mich zehn Koffer. Zigarettenschachteln, die klassische Knastwährung. Das war mir eine Lehre. Ich wurde ein Musterhäftling, hatte nie wieder Ärger.

Ein Neuzugang erzählte mir, dass Ali inzwischen mit meiner Vera zusammen wäre. Das alte Spiel. Die guten Freunde sind immer die Ersten, die sich wie die Geier auf dein ungeschütztes Mädchen stürzen. Aber in diesem ganz speziellen Fall konnte ich ihm nicht böse sein. Schließlich hatte ich ihn dazu animiert. Ich war froh, dass es mit ihr zu Ende war.

Weihnachten 1960 bekam ich Urlaub. Nach einer schönen Familienfeier ging ich mit meinen Brüdern ins Top Ten. An diesem Abend sah ich Gerry & The Pacemakers zum ersten Mal. Meine Brüder passten auf, dass ich keinen Ärger bekam und am nächsten Morgen brav zurück in den Knast ging.

Immer wieder baten mich Jungs, ihnen draußen zu helfen. Sie würden gern arbeiten, aber es wäre nicht so einfach, wenn man frisch aus dem Knast käme. Einigen besorgte ich Jobs. Unter anderem auch Gerhard »Kolle« Kollmann, der später mit ein Grund für meinen Bruch mit Eckhorn wurde.

Wie erhofft, kam ich nach sechs Monaten frei. Ein schönes, aber nicht so ein spektakuläres Gefühl wie Jahre später, dafür war die Zeit zu kurz, der Knast zu locker. Das Top Ten lief immer noch bombig. Als ob ich nie weggewesen wäre, nahm ich meine Arbeit wieder auf.

Als Erstes stellte ich Kolle als Kellner ein. Er war ein einfacher Hamburger Jung. Vielleicht mochte ich ihn gerade deshalb so gern. Als ich ihn mal mit nach Hause nahm, stellte sich heraus, dass er früher eine Zeit lang mit meinem Vater zur See gefahren war. Er sprach Englisch und Schwedisch. Das war doch was. Wir hatten viele ausländische Gäste und Auseinandersetzungen beruhten häufig auf sprachlichen Missverständnissen. Kolle freute sich sehr über seinen neuen Job. Er war mächtig stolz, im angesagtesten Laden der Stadt arbeiten zu dürfen.

Eines Abends kam eine Engländerin ins Top Ten, Brenda. Sie gefiel mir sofort. Dass sie verheiratet war, gestand sie mir erst am nächsten Morgen. Weil es mit ihr so schön war, brach ich mein Prinzip, niemals einen Künstler zu buchen, ohne ihn vorher gesehen zu haben. Der Modetanz Twist wurde gerade eine große Nummer und ihr Mann, Sonny Stewart, würde dazu den passenden Soundtrack auf die Bühne bringen. Sie versprach nicht zu viel. Das sprach sich rum. Im Hafen lag der amerikanische Flugzeugträger Essex. Als die hörten, im Top Ten spielte eine Twistband, kamen sie in Scharen. Es wurde die größte Massenschlägerei in der Geschichte St. Paulis. Richtig schlimm wurde es, als die Militärpolizei einschritt. Das waren ganz harte Jungs, die alles niederknüppelten. Ganz egal, ob Freund oder Feind. Ich zog mich zurück. Da konnte man nur verlieren.

Im Gegensatz zu meinem Vater lehnte meine Mutter nicht alles ab, was auf St. Pauli spielte. Sie war sogar sehr interessiert, wie ich mein Geld verdiente: »Jung, ich würd' gern heute Abend mal zu dir ins Top Ten kommen.«

Ich gab ihr den besten Platz im Laden. Direkt an der Bühne. Unglaublicherweise konnte sie sich in ihrem Alter, inzwischen siebenundfünfzig, für Rock 'n' Roll begeistern. Sie blieb nicht die ganze Nacht, klar, so nach ein, zwei Stunden führte ich sie voller Stolz aus dem Laden und setzte sie in ein Taxi.

Am nächsten Tag wollte sie wissen, wer den Jungs die Wäsche machen würde, die schwitzten doch so auf der Bühne, da käme bestimmt einiges zusammen. Die Jungs würden ihre Wäsche im Waschbecken selbst waschen, sagte ich. Ach, das wäre doch kein Zustand, ich sollte ihre Sachen mal mitbringen, sie würde sie mal richtig durchkochen. Und so kam es, dass die schmutzige Unterwäsche von Gerry & The Pacemakers und den Beatles von nun auf unserem Ofen in der Küche in Mutters großem Waschkessel gekocht wurde.

Eines Morgens kam Eckhorn nach der Abrechnung zu mir. Kolle würde kaum eins und eins zusammenzählen können, beschwerte er sich. Solche Leute bräuchte er nicht. Ich sollte ihn rausschmeißen. In Wahrheit war er ihm nicht fein genug. Es passte ihm nicht, dass er Gäste mit »Wat wullt ju drinken?« ansprach. Dabei kam das gar nicht mal schlecht an.

Meinen Freund rausschmeißen? Das konnte ich nicht. Ich versuchte, Eckhorn umzustimmen: »Peter, ich würde ihn gern behalten. Kolle ist ein guter Junge. Verlässlich und ehrlich. Und darum geht's doch, oder?«

»Hier bestimme immer noch ich, wer arbeitet und wer nicht!«, blaffte er mich an. Einmal zu viel. Mir ging seine arrogante Art schon lange auf den Wecker.

»Du, pass mal auf: Mach meine Papiere gleich mit fertig«, erwiderte ich kühl.

»Was soll das denn jetzt?«

»Für mich ist Daddeldu. Mach deinen Scheißladen hier alleine. Wirst schon sehen, was du davon hast!«

Und damit war die Ära Top Ten für mich beendet.

Um ihn nicht zu kränken, verschwieg ich dem enttäuschten Kolle den wahren Grund für seinen Rausschmiss.

Ich bin nicht sonderlich nachtragend, darum tat es mir leid, als Peter Eckhorn nur ein paar Jahre später mit 33 Jahren an Nierenversagen starb. Die Todesursache war kein Wunder. Eckhorn fraß Aufputschpillen wie das Krümelmonster Kekse.

»A Young Man Is Gone«
Wie die Beatles einen guten Freund verloren

Ich fuhr also für Weißleder nach Liverpool und buchte die Beatles für den neuen Club. Zurück in Hamburg konnte ich gar nicht schnell genug in Weißleders Büro kommen. Stolz zeigte ich ihm den unterschriebenen Vertrag. Manfred Weißleder war ein höflicher Mensch. Nur mit Lob war er sparsam und das Wort »Danke« war ihm gänzlich unbekannt. Er zahlte und erwartete, dass man seinen Job korrekt erledigte. Doch auch wenn er es nicht aussprach, ich spürte, er freute sich. Und ein bisschen zeigte er das sogar: An diesem Nachmittag bot er mir das »Du« an. Und dann ging es zurück an die Arbeit.

Es gab noch eine Menge zu tun. Gemeinsam kreierten wir das heute legendäre Eröffnungsplakat. Der Slogan »Die Not hat ein Ende« kam von mir. Das war auch persönlich gemeint. Ich kam aus dem Lachenden Vagabunden raus und konnte mich endlich wieder mit Musik befassen. Den zweiten Spruch, »Die Zeit der Dorfmusik ist vorbei«, dichtete Weißleder. Die Bandnamen darunter setzten wir bewusst so klein. Es waren zwar alles gute Leute, aber es waren noch keine wirklichen Stars dabei. Für uns war der Club der Star des Abends.

Weißleder beaufsichtigte den Umbau. Wenn er keine Zeit hatte, ließ ich mich blicken. Aber meist war ich nachtaktiv. Ab Mitte März fuhr ich nachts durch die Stadt und klebte Plakate. Es war so eine Art vorsintflutliche Guerillawerbung. Es wusste ja keiner, was das überhaupt ist: Star-Club. Und unser Slogan war ja auch ziemlich selbstbewusst, fast provokant. Zumindest den anderen Läden wie dem Top Ten gegenüber. Die Plakatierung sorgte für Aufsehen. Was uns natürlich nur recht war.

Am Tag, als die Beatles kamen, erreichte mich eine schreckliche Nachricht: Stuart Sutcliffe war in Hamburg an einer Gehirnblutung gestorben. Mit nur 21 Jahren. Mir ging das nicht sonderlich nah. Ich hatte nie wirklich einen Draht zu ihm gehabt. Aber ich wusste natürlich, was für ein Schock das für die Beatles sein würde, die ja nach wie vor mit ihm befreundet waren.

Weißleder, Ali, unser zweiter Geschäftsführer, und ich fuhren zum Flughafen. Astrid Kirchherr, mit der wir eigentlich nichts mehr zu tun hatten, kam mit einigen Freunden im eigenem Wagen. Wir ließen sie vorgehen. Das war eine Sache zwischen ihr und den Jungs und somit hielten wir uns im Hintergrund. Ich hatte den Eindruck, Astrid und ihre Existenzialistenclique waren dem Anlass entsprechend noch dunkler gekleidet als sonst. Sie trugen schwarze Sonnenbrillen. Aus der Entfernung sah ich, wie sie und ihre Freunde die Beatles mit Küsschen links, Küsschen rechts begrüßten und dann mit ihnen sprachen.

Bestürzung.

Tränen.

Die Jungs konnten nicht fassen, dass ein so junger Mensch, ihr Freund, Astrids Freund, nicht mehr unter ihnen sein sollte.

John Lennon traf es am härtesten. Ich sah ihn nie wieder so traurig wie an diesem Tag. Merkwürdig war nur, dass er anfangs nicht etwa weinte, sondern fast hysterisch lachte.

Nun begrüßten auch wir die Beatles. Ein mitfühlend freundliches Zunicken, kurzer Händedruck, das war's diesmal. Verständlich. Paul und Pete mussten John auf dem Weg in unser Auto stützen. Die Stimmung auf der Fahrt zur Großen Freiheit war dementsprechend. Keiner sagte auch nur ein Wort.

Wir hatten den Jungs im Haus von Gretel & Alfons gegenüber des Star-Clubs zwei Zimmer hergerichtet. Sie wollten zu zweit in einem Zimmer schlafen, und so legten wir John mit George, der erst einen Tag später kam, und Paul mit Pete zusammen. Sie stellten ihr Gepäck ab und verschwanden mit

Astrid. Keine Ahnung, wohin. Es ging das Gerücht, dass sie Stuart noch mal sahen, aber das kann ich nicht bezeugen.

Ich war mir an diesem Nachmittag nicht sicher, ob die Jungs in dem Zustand an unserem Eröffnungsabend in drei Tagen überhaupt spielen konnten oder wollten. Ich machte mir Sorgen. Und schämte mich ein bisschen dafür. Nach so einem schrecklichen Ereignis nur an unseren Vorteil zu denken.

Dazu kam: Ich wollte den Beatles unbedingt unseren neuen Club zeigen. Sie sollten sehen, was wir hier aufgebaut hatten. Klar war aber auch, dass ich damit noch einen Tag warten musste.

> Auszug aus den »Star-Club NEWS« (November 1965):
> »Jährlich einige Male besucht ein schweigsamer, stiller Mann den Star-Club. Ein Mann, der sowohl nach Alter wie auch nach Gesichtsausdruck sich stark von den übrigen Besuchern abhebt. Es ist der Vater des fünften Beatle, Stuart Sutcliffe. Zwar hat sein Sohn Stuart die Eröffnung des Star-Clubs nicht mehr miterlebt, weil er drei Tage zuvor an einer Gehirnblutung starb. Doch zieht es Vater Sutcliffe immer wieder zu diesem Ort hin, wo die Beatles in ihrer heutigen Besetzung länger als in jedem anderen Haus der Welt gespielt haben. Wenn er versonnen den jungen englischen Musikern zuschaut, mag er vor seinem geistigen Auge Stuart unter ihnen sehen. Man merkt ihm jedenfalls an, daß dieser regelmäßige Gang in einen turbulenten Tanzclub für ihn eine Gedenkstunde ist. Eine Erinnerung an seinen Stuart.«
> Manfred Weißleder.

Am übernächsten Tag war es dann so weit: Ich konnte den Beatles unser Baby zeigen. Gespannt und auch ein wenig stolz führte ich sie durch den Club. Sie waren begeistert, wenn zugleich auch zwischen Freude und Trauer hin- und hergerissen. So etwas hatten sie noch nie gesehen. Auf so einer Bühne noch nie gestanden, so einen Sound noch nie gehört. Ihre Vorfreude auf den kommenden Abend wuchs. Nicht nur bei ihnen. Nun konnte es endlich losgehen.

»Let's Go, Let's Go, Let's Go«
Die Star-Club-Eröffnung

April 1962. Die Jahrhundertsturmflut mit über dreihundert Toten lag gerade zwei Monate hinter uns. Im Kino bewunderten wir die lässigen New Yorker Gangs in »West Side Story« und an der Spitze der Charts sang Conny über »Zwei kleine Italiener«.

Der 13. April war ein leicht kühler Frühlingsabend. Die Stadt erstrahlte in leuchtendem Rot. Von der Neustadt bis Barmbek und natürlich auf der Reeperbahn – überall hing unser mittlerweile legendäres Eröffnungsplakat.

Weißleder hatte eine Menge Geld investiert, keine Ahnung, wie viel genau, einen Haufen Kraft und Zeit, so wie ich und unsere anderen Mitarbeiter. Nun hing es nicht mehr an uns. Nun hing es an den Hamburgern, ob sie unseren Club annehmen würden oder nicht. Und da waren wir uns keineswegs sicher. Die Anspannung wuchs. Von Minute zur Minute. Als ich um halb sieben zum ersten Mal einen Blick auf die Große Freiheit warf, traf es mich wie ein Schlag in die Magengrube. Da war niemand! Dort stand kein Mensch! Mir wurde schlecht. Ich fing an zu schwitzen. Ich fühlte mich, als hätte ich all meine Freunde zu einer großen Geburtstagsparty eingeladen und würde nun ganz allein in einem geschmückten Raum vor einer riesigen Torte sitzen. Dazu kam die nackte Angst: »Was hast du da nur gemacht? Weißleder zu etwas überredet, das wohlmöglich überhaupt nicht funktioniert!« Unruhig lief ich im Club hin und her, guckte hier, guckte da, checkte dies, checkte das, nur um mich abzulenken.

Ganz anders Manfred Weißleder. Vielleicht war er innerlich erregt, aber er ließ es sich nie anmerken. So war er. Immer. Bis

Star-Club
Rock n' Twist-Parade 1962
Hamburg-St. Pauli, Große Freiheit 39

Getränkeauswahl

Drinks Grand choix de boissons Stor sortering i drycker

Flasche Bier	0,33 l	1,50	Eierlikör	2 cl	1,50
Kännchen Kaffee		1,50	Curacao	2 cl	1,50
Glas Wein		1,50	Cherry Brandy	2 cl	1,50
Rum-Grog	4 cl	3,00	Pfefferminzlikör	2 cl	1,50
Steinhäger	2 cl	1,50	Cacao mit Nuß	2 cl	1,50
Doornkaat	2 cl	1,50	Apricot Brandy	2 cl	1,50
Aquavit	2 cl	1,50	Triple Sec	2 cl	1,50
Gin	2 cl	1,50	Cassis-Likör	2 cl	1,50
Jamaica-Rumverschnitt	2 cl	1,50	Cordial-Medoc	2 cl	1,50
Reiner Weinbrand	2 cl	1,50	Masuren-Kaffee	2 cl	1,50
Flensburger Dokator	2 cl	1,50	Bärenfang	2 cl	1,50
Underberg	2 cl	1,50	Jägermeister	2 cl	1,50
Wodka	2 cl	1,50	Mampe Halb und Halb	2 cl	1,50
Old Skotch Whisky	2 cl	2,50	Cointreau, orig. franz.	2 cl	2,50
Orig. Franz. Cognac	2 cl	2,50	Cartreuse, orig. franz.	2 cl	2,50
Orig. Pernod Fils	2 cl	2,50			

dazu Soda . . . . . . DM 0,50

Coca-Cola	1,20	Zitronen-Limonade	1,20
Fanta	1,20	Apfelsaft	1,20

Preise zuzüglich 10 % Personalzuschlag.
Extra charge for staff 10 %.
Supplement pour personnel 10 %.
Till priserna räknas 10 % Personalavgift.

Das Personal ist angewiesen, Rechnung zu erteilen, auf den Pfennig abzurechnen und berechtigt, sofort zu kassieren.
Waiters are instructed to submit accounts, they must not round off amounts and they are authorized to collect accounts immediately.
Le personnel est tenu de remettre une note en rendant compte par addition jusqu'au pfennig, et est autorisée à demander un règlement immédiat.
Personalen är anvisad att lämna en nota och räkna mycket noga samt berättigad att genast inkassera beloppet.

Flaschenware umseitig. For bottled beverages see reverse side.
Tarif des boissons en bouteilles au verso. Drycker i flaskor se omstaende sida.

Star-Club-Getränkekarte

er dann ganz plötzlich explodierte. Doch nicht an diesem Abend.

Ich traute mich nicht mehr nach draußen. Ich wollte dieses Gefühl nicht noch einmal erleben.

Die nächste Stunde wurde eine der längsten meines Lebens.

Um zwanzig vor acht kam Weißleder auf mich zu: »Geh mal vor die Tür, das solltest du dir ansehen.«

Was sollte ich mir ansehen? Gähnende Leere? Ängstlich

schlich ich mich nach draußen. Und glaubte nicht, was ich da sah – die Menschenschlange ging bis runter zur Reeperbahn!

Um 20 Uhr öffneten wir das Tor. Die Massen überrannten uns beinahe.

Nun kam der nächste Hammer. Weißleder wollte, dass ich die Ansage machte. Mir passte das gar nicht. Ich war kein versierter Redner. Woher auch? Mir wurde heiß und kalt. Ob er das nicht machen könnte, flehte ich fast. Aber er meinte, ach, das wäre doch keine große Sache, ich müsste einfach nur die Gäste begrüßen, die Band ankündigen und sagen, dass ich mich freue, dass der Star-Club nun eröffnet sei.

Star-Club

Keine große Sache? Für mich schon. Ich hatte noch nie vor so vielen Leuten gesprochen. Ich fing an zu schwitzen. Ich legte mir einen genauen Wortlaut zurecht, den ich mir laufend vorsagte und trotzdem immer wieder vergaß. Ich sprach sehr schnell, stolperte fast über meine Zunge, aber ich wollte, dass es schnell vorbeiging. Noch im Reden drückte ich auf einen Knopf und der gelbe Vorhang ging langsam auf.

Ich hörte mein eigenes Wort nicht, mir zitterten die Knie, ich drehte mich zu unserem Bühnentechniker Adrian Barber um, der mich genauso ungläubig und leicht verängstigt anstarrte.

»One, two, tree, four …« Wie ein Pistolenschuss knallte mir der erste Schlagzeugbeat um die Ohren. Tex Roberg & The Graduates spielten Eddie Cochrans »20 Flight Rock« und der ganze Saal rockte mit.

Darauf hatten sie so lange gewartet. Und ihre Ungeduld, ihre unbändige Freude schrien sie nun hinaus. Ich nahm die Tanzfläche nur noch als pulsierende Masse war, die Menschen standen so eng beieinander und trotzdem gelang es ihnen zu tanzen. Niemand saß mehr, alle klatschten, alle johlten oder stampften mit den Füßen.

Irgendwann entdeckte ich auch Astrid Kirchherr im Publikum. Ich wunderte mich ein wenig, schließlich war ihre große Liebe, Stuart Sutcliffe, erst vier Tage tot. Später erfuhr ich, dass John sie überredete hatte zu kommen.

»Zu Hause trauern, bringt dir Stu auch nicht zurück …«, soll er gesagt haben.

Und dann betraten die Beatles die Bühne. Vor Verzückung kreischten sich manche Mädchen die Höschen feucht. Die vier waren aber auch gut wie nie zuvor. Die ständigen Auftritte in Hamburg und Liverpool zeigten Wirkung. Routiniert, aber immer noch rau und wild sangen sie die klassischen Rock 'n' Roll-Nummern, die schon bei ihren früheren Hamburger Gastspielen ankamen – Little Richards »Long Tall Sally«, Chuck Berrys »Roll Over Beethoven«, Gene Vincents »Be Bob A Lula«.

Dabei sahen sie unheimlich scharf aus; trugen noch nicht ihre komischen Anzüge, sondern kamen ganz im schweren, schwarzen Leder auf die Bühne. Lederhose, Lederjacke. Sie hatten sich bei Erdmann auf der Reeperbahn eingekleidet.

Manfred Weißleder mit Barfrau

Beides zusammen kostete ungefähr 500 Mark. Man könnte also sagen, sie spielten eine Woche nur für ihre Klamotten. Aber das war es wert.

In der Garderobe herrschte ein ziemlich wildes Treiben. Alle waren unglaublich aufgekratzt. Voller Euphorie. Denn mit so einem Erfolg hatten auch sie nicht gerechnet. Wir teilten unsere Fassungslosigkeit. Umarmten und beglückwünschten uns. Line-ups wurden abgesprochen: »Nee, wir spielen schon ›What'd I Say‹, dann könnt ihr das nicht machen.« Man stritt sich scherzhaft darum, bei wem die meisten Mädchen gekreischt hatten, solche Sachen. Alles sehr kameradschaftlich, wenn nicht sogar freundschaftlich. Auch wenn's abgedroschen klingen mag: An diesem Abend waren wir wie eine große Familie.

»Papa« Manfred Weißleder bewies einmal mehr seine Großzügigkeit. Er schenkte jedem Künstler ein goldenes Armband. Auf der Vorderseite war der Vorname eingraviert, auf der Rückseite »Star-Club«.

Doch wo war Manfred eigentlich? Ich hatte ihn schon seit Stunden nicht gesehen. Im Büro war er nicht. Ich ging nach draußen auf die Große Freiheit. Und da stand er. Einsam und allein. Ich fragte, was los sei, warum er denn nicht reinkomme, um mitzufeiern. Es sei alles in Ordnung, er würde gleich kommen, sagte er und lächelte. Was selten vorkam.

»Too Much Monkey Business«
Lauter Beatles-Blödsinn

Die skurrilsten Situationen erlebte ich mit den Beatles während ihrer Zeit im Star-Club. Brian Epstein war zwar schon ihr Manager, doch der war in England wohl mehr damit beschäftigt, ihnen einen Plattendeal zu besorgen, als darauf zu achten, dass sie nicht allzu viel Unsinn anstellten. Vielleicht spürten sie auch, dass es mit ihren pubertären Streichen bald vorbei sein sollte. Ich kann nicht genau sagen, woran es lag. Auffällig ist nur: In den Star-Club-Tagen gab es fast keinen Tag, an dem nicht

Kurz vor dem Durchbruch: Die Beatles auf der Star-Club-Bühne

irgendwas Sonderbares passierte. Mehr als in den Jahren zuvor zusammen.

Meist spielte John Lennon dabei eine tragende Rolle …

Die Barfrauen im Star-Club schliefen nicht nur mit einem Musiker. Sie nudelten sie reihenweise durch. Die Künstler waren kaum im Laden, da waren sie auch schon aufgeteilt. Es war ein zügelloses Kreuz- und Quergeficke. Was nichts Ungewöhnliches war. Wir waren alle so. Dafür stand St. Pauli. Wer auf die Reeperbahn ging, wollte etwas erleben. Und »erleben« war das Synonym für Geschlechtsverkehr.

Auch die Beatles lernten einige der Barfrauen näher kennen. John Lennon stand zum Beispiel auf die blonde Betty. Sie entsprach nicht gerade dem klassischen Schönheitsideal. Sie hatte zwar ein hübsches Gesicht, schöne lange Haare, war sehr gepflegt, aber ein wenig unförmig, dick, könnte man uncharmanterweise auch sagen. Ihr liebes Wesen faszinierte John. Sie gab unheimlich viel. Vielleicht war sie für ihn eine Art Muttersatz.

Ein weiteres großes Plus waren ihre samtweichen Lippen. Die hatten es John besonders angetan. Nicht nur einmal schwärmte er von ihren Künsten. Und das hörte ich auch von einigen anderen. Betty war die Blaskönigin von St. Pauli.

Ich kann nicht mit absoluter Sicherheit sagen, ob John in seinen Hamburger Tagen fickte oder es sich nur mit dem Mund machen ließ. Er stand aufs Blasen. So viel ist sicher. Egal ob von Männern oder Frauen, wie ich eines Abends feststellte.

Monika, die Betreiberin der Monika Bar, ein stadtbekannter Transvestitenschuppen neben dem Star-Club, winkte mich heran, als ich gerade aus dem Laden kam: »Horst, einer von deinen Musikern sitzt bei mir im Separée.«

»Wer denn?«, fragte ich.

»Weiß ich nicht, ich kenn die doch nicht so genau.«

Neugierig, wie ich war, ging ich nach hinten und zog den roten Samtvorhang des Separées auf. Und da saß John! Breitbeinig im Sessel ließ er sich genüsslich von einem Transvestiten einen blasen.

Als er mich sah, schreckte er zusammen. Die Transe ließ von ihm ab, John bedeckte seinen Schwanz mit beiden Händen und starrte mich peinlich berührt an. Das war das erste und letzte Mal, dass ich John Lennon sprachlos erlebte. Um die Situation zu entschärfen, ihm ein gutes Gefühl zu geben (und weil es stimmte), sagte ich: »John, mach dir keine Sorgen, ich hab das alles schon lange vor dir gemacht.«

Dann zog ich den Vorhang wieder zu. Ob sie es zu Ende gebracht, sich für später verabredet haben oder was auch immer, weiß ich nicht, ist ja auch nicht so wichtig.

Ich vermute, John war bisexuell. Nicht nur dieser Episode wegen. Als wir beide in der Star-Club-Eröffnungsnacht Beatles-Manager Brian Epstein friedlich schlafend bei Sascha am Tresen antrafen, goss er ihm ein halbes Glas Bier in den Nacken, anstatt ihn mit ein paar netten Worten aufzuwecken. Und als ich empört fragte: »John, wie kannst du das machen, Brian ist doch dein Manager?!«, antwortete er: »Manager?! Dem hab ich schon in den Arsch gefickt, dann kann ich ihm ja wohl auch ein Glas Bier in den Nacken schütten!«

Ob das stimmte? Schwer zu sagen. Dass John keine Hemmungen hatte, was Schwänze anging, weiß ich. Dass Brian Epstein schwul war, steht auch fest. Er soll auch nicht nur ihrer Musik wegen in den Liverpooler Cavern Club gegangen sein.

Dazu kam eine Geschichte, die häufig als PR-Märchen dargestellt wird. Jemand soll in seinem Plattenladen nach der Beatles-Single »My Boonie« gefragt haben. Es war eine deutsche Pressung, er hatte sie nicht und versprach, sie zu bestellen. So soll er auf die Beatles aufmerksam geworden sein. Diese Geschichte stimmt. Ich weiß es genau, denn unter anderem fragten die beiden Mädchen, mit denen Roy Young und ich uns in Liverpool vergnügten, nach »My Boonie«.

Eine meiner wichtigsten Aufgaben war die Kontrolle der Musikerwohnungen. Jeden Abend machte ich meinen Rundgang auf der Suche nach Mädchen. Dabei ging es nicht nur um Ausreißerinnen oder Minderjährige, es durften grundsätzlich keine Mädchen in verfänglichen Situationen bei den Musikern sein. Nicht weil wir spießig waren oder den Jungs keinen Spaß gönnten – unser hartes Durchgreifen lag an dem unsäglichen Kuppeleiparagraphen, der damals noch angewendet wurde. Es war eine unheimlich verklemmte Zeit. Sogar Eltern hätten ins Gefängnis kommen können, wenn sie dem Freund ihrer minderjährigen Tochter erlaubten, in der elterlichen Wohnung zu übernachten. Kuppelei hätte Weißleder die Konzession kosten können. Das wollten wir nicht riskieren.

Autogrammjäger

Da im Club immer mehrere Gruppen spielten, konnte jede Band zwischen ihren Gigs machen, was sie wollte. Und das nutzten sie auch. Trat nicht gerade ein großer Star auf, gingen sie essen, ins Kino oder eben bumsen. Wo auch immer. Im Auto, irgendwo in einem dunklen Hausflur und leider auch immer wieder in den Musikerwohnungen.

Wie immer schlich ich mich katzenartig hinein. Ich musste sie in flagranti erwischen, sonst hätten sie sich mit dem üblichen Schwachsinn wie »Hoddel, ich wollte ihr doch nur meine Sammlung schmutziger Socken zeigen!« rausreden können.

Als ich leise die Tür öffnete, lag John Lennon – die Hose in den Kniekehlen – zwischen den Schenkeln eines Mädchens und bewegte sich auf und ab. Sein blanker Arsch blitzte hervor. Was für ein einladender Anblick. Ich erinnerte mich an Liverpool. Wie John mir Puder auf den Hintern gestreut hatte. Da war ja noch was offen. Die Zeit der Rache gekommen. Ich verspürte einen Druck auf der Blase, holte ihn raus und ließ es laufen. John schreckte kreischend und schimpfend hoch. Ich packte ihn schnell wieder ein und lief hinaus. John hinterher.

»Ich hab's dir gesagt, John, und nicht nur einmal – Ficken auf dem Zimmer, das läuft einfach nicht!«

Ich erwartete seine übliche Schimpfkanonade, die üblichen Beleidigungen, aber er grinste nur breit und ging wortlos zurück zu seinem Mädchen. Ein paar Minuten später lief sie leicht verschämt an mir vorbei auf die Straße.

Mit Pissspielen aller Art traf man Johns Humor. Er pisste ja selbst überall hin. Mehrmals vom Balkon der Musikerwohnungen auf die Große Freiheit. Er hatte vor nichts und niemandem Respekt. An einem Sonntagmorgen im Mai pinkelte er von der Brüstung auf vier vorbeilaufende Nonnen, das erzählte er zumindest. »Raindrops from heaven« waren das für ihn. Ob es wirklich einmal Nonnen waren, die er auf dem Weg zur Kirche benässte, kann ich allerdings nicht sagen. Leuten auf den Kopf zu pissen, gehörte aber mit Sicherheit zu John Lennons Standardprogramm.

In seinem Zimmer hing ein von ihm gezeichnetes Jesusbild. Jesus war splitternackt, drei fette Blutstropfen liefen über seine rechte Wange und in sein Glied war ein dicker Knoten gebunden. Ich bin gläubig erzogen worden, so dass ich das Bild von der Wand riss und in den Ascheimer stopfte.

John ließ sich immer neue Dinge einfallen, um Leute zu belustigen oder zu schocken. Weißleder hatte von einer seiner

Afrikareisen ein Affenfell aus Borneo mitgebracht. Weil er wusste, John ist für jeden Scheiß zu haben, gab er es ihm für einen Auftritt. Begeistert schlüpfte John in das Fell und sang das Lied »I Go Ape«. Doch damit war der Spaß für John noch lange nicht vorbei. Nun stülpte er auch noch den Affenkopf über, ließ sich von Paul an einer rotweißen Leine über die Große Freiheit zerren und erschreckte wild umherspringend ahnungslose Passanten. Als er dann auch noch in der Mambo Schenke laut grunzend auf einen Tisch sprang, verließen die Gäste fluchtartig das Lokal, zahlten ihre Zeche nicht. Angeblich: 56 Mark. Die musste ich dann wieder abdrücken, um die Jungs auszulösen.

Von Samstag auf Sonntag hatten wir von acht Uhr abends bis sechs Uhr morgens geöffnet. Die meisten Läden schlossen schon um vier, so dass wir den Laden bis zum Schluss voll hatten. Dann musste aber wirklich Feierabend sein, nebenan in der Kirche fing die Messe an. Der Glockenschlag um Punkt sechs bedeutete für uns »last beat«. Wer dann noch nicht genug hatte, wusste: Auf dem Fischmarkt, unten am Hafen, ist immer noch die Hölle los. Auch die Beatles gingen da häufig hin. Sie kauften allerhand: Zahnpasta, Unterwäsche, Socken, all so'n Zeug, weil es so schön billig war.

An diesem Morgen ging ich nicht mit. Ich war kaputt, legte mich ins Bett. Als ich gerade eingeschlafen war, klingelte das Telefon. Ich nahm den Hörer im Halbschlaf ab: »Guten Morgen, hier ist die Davidwache! Sind Sie Herr Fascher?«

»Ja, bin ich.«

»Gut. Herr Fascher, wir haben hier vier Halbstarke verhaftet, die nennen sich die Piedels …«

Ich dachte, da wollte mich einer flachsen. Piedel hieß auf St. Pauli Pimmel. Ich fand das gar nicht lustig, war eh ungehalten, weil man mich aufgeweckt hatte, wollte schon auflegen, als er sagte: »Wir haben sie wegen Tierquälerei festgenommen. Die können sich nicht ausweisen und die nennen sich Piedels oder so.«

»Ach, jetzt weiß ich, wen sie meinen, sie meinen die Beatles! Also: die Piedels ...« Jetzt kam ich schon selbst durcheinander. »... Äh, die Beatles sind vier Engländer, die arbeiten bei uns im Star-Club als Musiker. Wir haben denen die Pässe abgenommen, weil es schon mal vorkam, dass einer seinen verloren hat. Die Pässe liegen hier bei uns im Safe, wenn Sie wollen, komm ich vorbei und bring sie mit.«

»Das ist schon mal gut. Aber es gibt noch ein Problem. Es liegt eine Anzeige einer älteren Dame vor. Die Piedels haben ein kleines Spanferkel an einer Hundeleine über St. Pauli geführt, das Tier gequält, indem sie es getreten und heftig an der Leine gezogen haben.«

Na, das war ja wieder herrlich.

Auf der Davidwache saßen die vier. Übermüdet, eingeschüchtert, immer noch leicht angetrunken, der eine mehr, der

Polizeieinsatz vor dem Star-Club

andere weniger. Sie wussten gar nicht, was los war. Mir wurde die Anzeige vorgelesen. Ich erklärte sie den Beatles, die alles abstritten. Sie hätten »Bruno«, dem Schwein – sie nannten es nach ihrem früheren Arbeitgeber Bruno Koschmieder –, nur ein paar leichte Fußstupse in den Hintern gegeben, weil es sich hingesetzt hatte und nicht mehr mitlaufen wollte. Sie seien Tierfreunde und würden niemals ein Schwein quälen. Ich glaubte ihnen. Die Polizisten auch. Die Schmiere wollte nun noch wissen, was mit dem Schwein passieren würde. Wir tragen es zu Schlachter Heinz, sagte ich. Damit waren sie einverstanden. Schlachter Heinz war bekannt auf St. Pauli. Die Musiker sagten oft: »Wir essen bei Schlachter Heinz noch ein Brot mit Brot.« Weil er wesentlich mehr Brot als Fleisch in seinen Buletten verarbeitete.

Diese Idee mit Heinz war allerdings nur so mittel. Denn um diese Uhrzeit war natürlich noch kein Personal in seinem Laden. Und Bruno, das verängstigte Tier, schiss und pisste ihm seinen ganzen Fußboden voll.

Angeblich verarbeitete Heinz Bruno zu seinen berühmten Frikadellen. Die nächsten Wochen hieß es unter den Musikern: »Na, isst'n Stück von Bruno?« Doch damit war die Geschichte noch nicht zu Ende. Es wurde ein Strafbefehl erlassen. Über 750 Mark! Als Spende ans Rote Kreuz. Die zahlte Weißleder. Wir zogen ihnen das Geld jedoch nach und nach von ihrer Gage ab.

Nur ein paar Tage später hätte ich ihnen fast schon wieder etwas abziehen müssen. Und das kam so: Wir hatten eine Reinemachefrau, Putzfrau sagten wir früher. Eine Jugoslawin, ihr Name ist mir entfallen. Die kam nicht jeden Tag, aber so alle drei, vier Tage. Wir waren ja alle Junggesellen, man kann sich also vorstellen, wie es bei uns aussah. Bei mir ging es gerade noch, aber die Musikerwohnungen waren bessere Schweineställe. Man konnte da nur auf spitzen Zehen durchlaufen, es roch wie in einem Affenkäfig. Besonders in den Tagen der Beatles. Der Fußboden war mit Essensresten und Zigarettenkippen übersät. Überall lag dreckige Wäsche rum, schmutzige Schuhe, Instrumente. Kurz: Die Putzfrau hatte einen schweren Job.

Gegen Mittag klopfte es an meiner Tür.

»Herr Fascher, ich mach das nicht mehr mit!«, sagte die Putzfrau aufgelöst. Was denn los sei, fragte ich.

»Die haben die ganze Wohnung voll gekotzt. Ich kann und ich will das nicht wegmachen.«

Natürlich in Johns Zimmer. Er schlief in der oberen Etage eines Luftschutzbetts. George unter ihm. Ich ging gleich rüber, wollte wissen, welches Schwein das war. Kotze ist eine Sache, sie nicht wegzumachen, eine andere, und für die hatte ich überhaupt kein Verständnis. Pete sagte mir, sie hätten die Nacht zuvor mal wieder kräftig gebechert und nachdem sie zu Bett gegangen waren, klagte John über Übelkeit. Und anstatt wie jeder normale Mensch aufs Klo zu gehen, hielt er dann einfach den Kopf aus seinem Etagenbett und reiherte auf den Holzfußboden.

Ich versuchte, die Putzfrau zu beruhigen, sie war mit den Nerven runter, da hatte sich wohl in der letzten Zeit einiges angestaut: »Lassen Sie's einfach liegen, ich spreche mit den Jungs, das sollen die gefälligst selbst machen.«

Und das tat ich dann auch. Nur: Nach drei Tagen kam sie erneut und sagte: »Herr Fascher, diese Kotze, die liegt da immer noch! Alle Räume stinken so sauer, ich kann da gar nicht mehr reingehen.«

Ich ging also wieder rüber. Schon in der Tür schlug mir ein bestialischer Gestank entgegen, so schlimm, dass ich selber fast brechen musste. Die Jungs hatten Johns Kotze inzwischen mit Zeitungspapier abgedeckt. Ich schnappte mir John, sagte ihm, er sollte das Papier hochnehmen. Und da bot sich mir ein bizarrer Anblick. Sie hatten in diesen Kotzhaufen hunderte Zigarettenkippen reingestippt. Es war wirklich eklig.

»Was ist denn das schon wieder für ein Schweinkram, Männer? Ihr macht das sofort weg!«

Darauf John: »Horst, we can't kill our hedgehog!«

Ich verstand ihn nicht. Es musste etwas Lustiges sein. Die anderen Beatles lachten. John war immer der Schlagfertigste, mit Worten war er nur selten zu fassen. Ich ließ es mir übersetzen: »Wir können doch nicht unseren Igel töten!«

Das fand ich schon wieder lustig. Dieses moderne Kunstwerk hatte wirklich Ähnlichkeit mit einem Igel. Damit nahm er mir die Wut. Trotzdem musste ich handeln: »Jungs, ist ja alles ganz witzig, aber wenn das nicht gleich verschwunden ist, ziehe ich euch 50 Mark Gage ab. Die gebe ich der Putzfrau als Schmerzensgeld.«

Eines Nachts sah ich nur drei Beatles auf der Bühne spielen. John fehlte. Ich ging hinter den Vorhang und fragte Paul: »Wo ist John?«

Er drehte sich kurz zu mir und antwortete aus dem Mundwinkel heraus: »Er ist pissen.«

Das glaubte ich natürlich nicht – ich kannte ja John – und ging in ihre Garderobe. Sie war leer. Die Toilette abgeschlossen. Ich fragte, wer drin sei, bekam keine Antwort, fragte noch mal, diesmal ein bisschen energischer. Als mir beim dritten Mal immer noch keiner antwortete, kletterte ich in der Dusche daneben auf den Hahn, so konnte ich durch einen 30 Zentimeter breiten Spalt zwischen Decke und Mauer in die Klokabine gucken.

Und da saß er. Lennon – die Hose bis zu den Knöcheln heruntergelassen. Vor ihm hockte ein Mädchen auf Knien und blies seinen Schwanz. Ich guckte erst mal ein paar Sekunden zu, war ja nicht ganz unspannend, doch dann reichte es mir. Im doppelten Sinne. Die anderen drei mühten sich auf der Bühne ab und John waren seine Freizeitbeschäftigungen mal wieder wichtiger als sein Publikum. Das konnte, das durfte nicht sein.

Also Wasser marsch! Ich drehte in der Dusche das kalte Wasser an, hielt den Duschkopf in die Kabine und spritze die beiden von oben bis unten nass. Großes Geschrei. John fluchte, sie quiekte. Die Tür sprang auf …

»Und nun auf die Bühne, aber schnell!«, fuhr ich Lennon an.

»Wie denn, du Arsch, ich bin doch total durchnässt!«, brüllte er zurück.

»Das ist mir scheißegal, du gehst jetzt auf die Bühne, und wenn du nackig gehst!«, rief ich bereits im Rausgehen.

Das »nackig« hatte ich natürlich nur so dahergesagt.

Minuten später hörte ich Gekreische und Gelächter aus dem Publikum. Ich guckte auf die Bühne, und da war er wieder – Lennon. Tatsächlich nackt. Na ja, fast nackt. Er trug noch seine Boots und eine dunkle, ziemlich knappe Unterhose. Und dann trug er noch etwas. Etwas, das man nicht zwingend als Kleidungsstück bezeichnen kann: Um seinen Hals hing eine Toilettenbrille! Die hatte er vor Wut abgerissen. Oder aus Spaß. Das wusste man bei ihm nie so genau. Und so spielte er. Die Gäste waren begeistert. Sie dachten, das gehörte zur Show.

Die von mir betreuten Shows begannen fast ausnahmslos pünktlich. Darauf legte ich großen Wert. Alles sollte reibungslos klappen. Das wussten die Musiker. Und sie hielten sich dran. Bis auf ein Mal. Natürlich waren es wieder die Beatles, die mir meinen glatten Schnitt versauten. Aber ich machte ihnen keinen Vorwurf. Es hätte jeder jungen Band passieren können. Doch der Reihe nach …

»Hoddel, kannst du uns deinen Wagen leihen? Wir würden so gern an die Ostsee fahren«, fragte George mich nach einem Gig.

Es fiel mir immer schwer, ihnen etwas abzuschlagen. Und ich habe normalerweise auch kein Problem damit, meinen Wagen zu verleihen. Aber meinen brandneuen Straßenkreuzer, nein, sie hatten gerade erst ihren Führerschein gemacht, da hätte ich ihn gleich selbst in die Elbe fahren können. Das Risiko war mir einfach zu groß. Trotzdem wollte ich die Jungs nicht hängen lassen.

Bei Schlachter Heinz stand eine Fiat-Limousine in der Garage. Er fuhr sie schon eineinhalb Jahre nicht mehr, inzwischen waren die Kiezgrößen auf Mercedes und dergleichen umgestiegen. Wenn ich für die Jungs geradestehen würde, könnten sie ihn haben, sagte Heinz.

Wie ein Vater, der seinem Sohn zum ersten Mal das Auto leiht, hämmerte ich ihnen ein, mit der geliehenen Karre keine Eskapaden zu machen, vorsichtig und vernünftig zu fahren. Sie gaben mir ihr Wort und fuhren los.

Wir hatten im Club eine Regel. Jede Band hatte sich fünf Minuten vor Auftrittsbeginn mit umgeschnallten Gitarren, Trommelstöcken in der Hand backstage einzufinden. Um Punkt neun, sie hätten eigentlich schon auf der Bühne stehen müssen, war von ihnen immer noch nichts zu sehen. Mir schwante Böses. Schnell organisierte ich einen Ersatz, und da liefen sie mir auch schon mit heraushängenden Zungen in die Arme. Vollkommen aufgelöst. Es prasselte ein Entschuldigungsbombardement auf mich herab, mit dem sie mir gleich den Wind aus den Segeln nahmen. Ich konnte ihnen nie lange böse sein. Da sie alle durcheinander sprachen, dauerte es allerdings eine Weile, bis ich begriff, was ihnen passiert war. Der Motor hatte nach der langen Zeit in der Garage Öl verloren. Da sie von Autos keinen blassen Schimmer hatten, wussten sie nicht, dass man so etwas checkt, gerade wenn ein Wagen längere Zeit gestanden hat. So blieben sie mitten auf der Autobahn stehen und mussten zurücktrampen.

Ein paar Freunde schleppten den Wagen ab und stellten ihn zurück in die Garage. Heinz war nicht gerade erfreut, zumal ihm ganz plötzlich einfiel, dass er ihn verkaufen wollte. Da ich für die Beatles »gut« gesagt hatte, lag die Reparatur an mir. Über 800 Mark kostete mich der Spaß. Das Geld habe ich übrigens bis heute nicht wiederbekommen.

Es gibt ja diese berühmte Anekdote über den Plattenmanager von Decca Records, der die Beatles ablehnte, weil er meinte, Gitarrenbands wären nicht mehr angesagt. Auch ich dachte ähnlich. Eines Nachts, 1962, kam Paul McCartney ganz euphorisch in mein Zimmer gegenüber des Clubs. Er hätte mit John endlich einen Song geschrieben, der echtes Hitpotenzial habe, ob er ihn mir mal vorspielen dürfe. »Aber klar doch!«, antwortete ich und erwartete einen schmissigen Rock 'n' Roll-Song.

Paul nahm seine Gitarre und klimperte die ersten Takte von »Love Me Do«. Aus Höflichkeit ließ ich ihn den Song zu Ende spielen. Am liebsten hätte ich ihm schon nach dreißig Sekunden meine Meinung gesagt. Nachdem er fertig war, legte er seine Gitarre beiseite und strahlte mich an.

»Nun, was hältst du von dem Song? Klasse, oder?«

Es war mir ein wenig unangenehm, auf der anderen Seite sagten wir uns immer ganz offen die Meinung und so legte ich los: »Paul, ganz ehrlich – vergiss es! Mit dieser Drehorgelmusik wird das nichts. Bleib lieber beim guten alten Rock 'n' Roll.«

Paul murmelte irgendwas von »Na, wenn du meinst«, und zog konsterniert ab.

Ja, so kann man sich irren.

Heute wird häufig versucht, die Exzesse der Beatles während ihrer Hamburger Tage herunterzuspielen, sie als unschuldige Jungs darzustellen, die sich noch nicht einmal in die Nähe einer Hure getraut hätten, keine Orgien gefeiert, nur in Maßen getrunken und höchstens mal eine Pille hier und da geklinkt hätten.

Sorry, aber da kann ich nur lachen. Und ich weiß auch nicht, was das soll. Mein Gott, sie waren jung, sie waren neugierig, sie wollten sich ausprobieren. Und auf St. Pauli hatten sie die Möglichkeit dazu. Und was war denn auch schon dabei? All denen, die versuchen, die Beatles als Unschuldsengel zu verkaufen, kann ich sagen: Ihr irrt euch.

Selbst der immer so als unheimlich schüchtern beschriebene George war nicht ohne. Einmal erzählte er mir im Star-Club ganz aufgeregt, dass sich ein Mädchen für eine Beatles-Autogrammkarte von allen vieren gleichzeitig ficken ließ.

Wenn John Lennon sich von einer Transe einen blasen ließ, ich habe das mitbekommen. Nicht immer, aber manchmal. Oder wenn ich höre, die Beatles hätten gar kein Geld gehabt, um zu

Huren zu gehen. Was für ein Schwachsinn. Die brauchten doch gar kein Geld! Die mussten nichts bezahlen. Im Gegenteil, die englischen Musiker waren so begehrt, die wurden sogar noch freigehalten. Sie mussten nicht klug sein, sie brauchten nicht hübsch zu sein, sie waren englische Musiker, das reichte, um bei den Mädchen zu landen.

Um dieses leidige Thema abzuschließen, zitiere ich John: »Ich bin in Hamburg erwachsen geworden, nicht in Liverpool.« Das sagt ja wohl alles.

»Hully Gully«

Rumble im Star-Club tonight!

Obwohl ich im Ring nicht mehr boxen durfte, ging ich zweimal in der Woche zum Training. Ich wollte in Form bleiben. Das musste ich auch. Es verging im Star-Club keine Woche ohne Hauerei. Das mag aus heutiger Sicht ein wenig befremdlich klingen, aber es waren andere Zeiten. Vor allem auf St. Pauli. Und es gab keine Türsteher im heutigen Sinne, die für die Drecksarbeit zuständig waren. Es war meine Aufgabe, für Ordnung zu sorgen. Weißleder wollte möglichst wenig Polizeipräsens im Laden haben. Häufig waren es besoffene Ausländer, die Stress machten. Schweden oder Engländer. Einmal sprang ein Engländer zu Gerry & The Pacemakers auf die Bühne. Das war typisch. Der dachte: Die sind Engländer, ich bin Engländer, also kann ich mitsingen.

Ich versuchte, ihn am Ärmel von der Bühne zu führen, und dann ging's auch schon los: »Fass mich nicht an!«, brüllte er und schlug wild um sich. Ich griff ein wenig härter zu.

»Wer bist du überhaupt, du Arschloch?«, fragte er.

»Ich bin hier der Boss!«, antwortete ich.

»Ach ja? Ich bin auch der Boss!«

»Wieso bist du auch der Boss? Was für eine Art Boss bist du denn?«

»Ich bin der Boss von der ganzen Schiffscrew, die du da unten sitzen siehst.«

»Und was heißt das?«

»Das heißt, wenn du mich nicht sofort loslässt, kriegst du Stress mit meiner Crew!«

»Na, das ist ja herrlich. Pass mal auf: Du hast deine Crew, ich hab meine Kellner, lass uns das mal lieber allein austragen.«

»Okay, wenn du meinst, dass dir das gut bekommt, gern.«

Dann gingen wir auf die Tanzfläche, die Menge bildete einen Kreis, die Musik spielte weiter und los ging's. Nur ein paar Sekunden lang. Das klingt vielleicht überheblich, aber ich war einfach gut damals. Mit den Fäusten zumindest.

Ein anderes Mal setzten sich fünf Farbige an einen reservierten Tisch. Fredi wies sie freundlich darauf hin.

»So, du willst wohl nicht, dass ich hier sitze, weil ich schwarz bin!«, sagte der Wortführer latent aggressiv. Worauf Fredi antwortete: »Du, mit solchen Dingern brauchst du mir gar nicht kommen, ich hab nix gegen Schwarze, aber wenn der Platz besetzt ist, ist er besetzt, so einfach ist das.«

»Ja, ich versteh schon. Der Platz ist besetzt, weil ich für dich ein Neger bin!«

»Ach weißt du, das ist mir zu blöd, ich hol den Geschäftsführer.«

Das war ich.

»Wenn der Kellner was sagt, hast du dem Folge zu leisten«, sagte ich.

»Glaubst du, wir hätten Angst vor euch?«

»Wenn du jetzt nicht sofort aufstehst, tragen wir dich hier raus.« Mit solchen Sätzen wollte ich meinen Gegenüber einschüchtern, damit es gar nicht erst zu einer Hauerei kam. In diesem Fall brachte das nichts.

Der Hüne sprang auf, versuchte, mich mit einem rechten Schwinger zu erwischen, ich wich aus, konterte, er fiel in die Bank zurück. Beim Rausziehen passierte etwas Unerwartetes: Der Typ biss sich in meiner Kniescheibe fest! Das waren unbeschreibliche Schmerzen. Wir hauten drauf, wir hauten rein, aber er ließ einfach nicht los.

Ich verpisste mich in diesem Fall nicht wie üblich, konnte kaum laufen und rechnete auch nicht damit, dass er die Bullen holen würde. Ein Irrtum.

Es kam zur Verhandlung. Und da behauptete der Typ doch tatsächlich, ich hätte ihn mit »Hau ab, du dreckiger Neger!« be-

Schlägerei vor dem Star-Club (ohne Horst)

schimpft. Absoluter Blödsinn! »Wichser« sagte ich vielleicht, aber niemals Neger. Das war nicht meine Art. Glücklicherweise hatte ich einen guten schwarzen Freund – Dennis Busby aus dem bekannten Jazzschuppen Dennis' Swing Club.

Einen besseren Zeugen konnte es nicht geben. Er erzählte dem erstaunten Richter einen Vorfall aus meiner Geschäftsführerzeit im Top Ten. Die Türsteher wollten ihn nicht reinlassen. Ich kam zufällig an der Tür vorbei, fragte, was los sei. »Die wollen mich hier nicht reinlassen«, sagte Dennis. Ich kannte ihn vorher nicht, ahnte aber, dass es an seiner Hautfarbe lag. So was gab es in meinem Laden nicht, darum bat ich ihn freundlich herein. Seitdem waren wir Freunde.

Das war vor dem großen St.-Pauli-Prozess meine einzige Verhandlung. Und endlich mal eine, die ich gewann. Freispruch!

Nach Ärger mit Gästen verschwand ich meistens sofort spurlos. Es gab unzählige Schlägereien, aber die meisten gingen nicht zur Polizei. Nicht aus Angst, sie kannten mich gar nicht (und die, die mich kannten, machten meist keinen Ärger), sondern weil sie ihre (Mit-)Schuld einsahen. Sie sind immer zuerst aufgefordert worden, den Laden zu verlassen. Wir schlugen nicht wild drauf los. Wir wussten, jede Anzeige würde es dem Club schwerer machen. »Schlägerei im Star-Club – Täter unbekannt« – das war immer schlecht.

Viele schlugen sich auch gegenseitig. Wir gingen dann nur dazwischen. Andere legten sich mit den Kellnern an. Weil die sagten: »Du nippelst schon seit Stunden an einer Flasche Bier, siehst hier Weltstars, entweder bestellst du noch eine Flasche oder gehst raus.« Es kam auch häufig vor, dass Mädchen unaufgefordert an den Handgelenken gepackt auf die Tanzfläche gezerrt wurden. Die beschwerten sich bei den Kellnern und die kamen zu mir. Kurz: Irgendwas war immer. Und ich immer mittendrin. Dafür sollte ich eines Tages büßen müssen.

»Girls, Girls, Girls (Are Made To Love)«
Von Mädchen und Mördern

Die jungen Mädchen im Star-Club kriegte ich problemlos. Und das nutzte ich auch aus. Ohne zu übertreiben: Allein ging ich fast keine Nacht ins Bett. Manchmal gönnte ich mir auch während der Arbeitszeit ein bisschen Spaß. Verließ ich den Club, sagte ich den Barfrauen, ich käme gleich wieder. Kam ich dann nicht gleich zurück, schickte Betty jemanden auf die Straße, um zu gucken, ob bei mir rotes Licht brennt. Rotes Licht hieß: Horst fickt! Was wiederum bedeutete: Es dauert noch ein paar Minuten, bis er zurück ist. Zeit genug zum Scheißebauen. Betty erzählte mir Jahre später, sie hätten in diesen Momenten immer ihre mitgebrachten Schnapsflaschen aus den Taschen geholt. Jede Nacht. Angeblich waren die nur dafür bestimmt, Musikern und guten Gästen mal ohne Bon einen auszugeben. Na ja. Wer's glaubt …

Es gab allerdings auch schwierigere Fälle. Die gerade deshalb auch reizten. Stripteasetänzerinnen zum Beispiel. Ich besorgte Uwe einen Job als Oberkellner direkt gegenüber im Studio X. Dort tanzte eine unglaubliche Frau, die sich Gloria nannte. Sie war ein Star in der Stripteaseszene. Eine Mörderfrau – groß, Lippen wie Amors Pfeil, Wahnsinnsfigur, zwei Jahre älter als ich.

Ob es eine Möglichkeit gäbe, sie etwas näher kennen zu lernen, wollte ich von Uwe wissen. Da hätte ich mir eine ganz harte Nuss ausgeguckt, meinte er. Die würde nicht mit jedem gehen, sie wäre verheiratet, hätte ein Kind. Doch versuchen könnte ich es natürlich, er schlug vor, ich sollte ab und zu in seinen Laden kommen, vielleicht würde sich was ergeben.

Und es ergab sich was. Warum sie nun gerade mit mir mitging, weiß ich nicht. Doch eines weiß ich: Die Nächte mit Gloria gehörten zu den aufregendsten meines Lebens. Die hat mich gefickt, nicht ich sie. Was damals eher ungewöhnlich war. Es war einfach göttlich. Ich spürte eine regelrechte sexuelle Abhängigkeit von dieser Frau.

Dazu muss ich sagen: Mir und den Typen, die ich so kannte – man sprach ja über so etwas –, war es damals nicht wirklich wichtig, was die Frau empfand. Sie forderten ihren Spaß aber auch nicht ein, wie das heute ist. Das kam erst mit der sexuellen Revolution Ende der Sechzigerjahre. Man steckte ihn rein, rammelte ein bisschen, spritzte ab. Das war's. Das ging nie länger als zehn Minuten. Was das anging, war ich schon ziemlich dusselig damals. Ich wusste es nicht besser. Ich dachte: Wenn diese oder jene immer mal wieder zu mir kam, würde das automatisch bedeuten, es hätte ihr großen Spaß gemacht.

Vielleicht war das auch der Grund, warum Gloria nach drei, vier Wochen Schluss machte. Vielleicht hatte sie auch jemand anderen kennen gelernt, keine Ahnung.

War nicht weiter schlimm. Ich lernte in der Zwischenzeit ein Mädchen kennen, in das ich mich verliebte – Angelika. Süße siebzehn, ein ganz liebes Mädel.

Eines Mittags waren wir bei mir verabredet. Ich kam zu spät, irgendeine Behördensache hielt mich auf. Sie war nicht da. Da ich wusste, sie verbringt ihre Mittagspause meist bei Gretel & Alfons, ging ich rüber. Und da saß sie auch mit ihrer besten Freundin Randy. Weinend. Mein Gott, es war nur eine halbe Stunde, da muss man doch nicht gleich in Tränen ausbrechen. Ich wollte mich entschuldigen, sie trösten, aber sie war irgendwie abweisend. »Was ist denn los?«, fragte ich.

»Nichts«, antwortete sie schluchzend. Es musste einen anderen Grund geben, das spürte ich. Irgendwann spuckte ihn Randy aus. Der Typ in der Männerrunde am Tisch gegenüber hätte Angelika auf dem Weg zur Toilette auf den Hintern gehauen und zwar so geschickt, dass sein Mittelfinger dabei fast in ihre Muschi glitt. Na, das war ja wieder was für mich.

»Steh mal auf – du SACK!«

Er verstand mich nicht so richtig, wusste anscheinend gar nicht, was ich wollte, ich gab ihm mit einer Geste zu verstehen, nun endlich aufzustehen. Und das machte er dann auch. Er stand nicht lang. Dass mir eine komplette österreichische Fußballmannschaft gegenübersaß, wusste ich nicht. Zuerst standen drei seiner Mannschaftskameraden auf. Die konnte ich noch problemlos ausknocken. Dann rannte ich auf die Große Freiheit. Noch nicht wissend, wie viele Gegner ich hatte. Sie hinterher. Bei acht hörte ich auf zu zählen. Wäre wohl chancenlos gewesen, brauchte dringend Verstärkung. Nur woher? Es war mitten am Tag. Rein zu Sascha. Und tatsächlich: Da saßen ein paar verlässliche St. Paulianer!

»Kommt schnell mit raus, ich brauche eure Hilfe!«

Drei kamen mit. Vor uns standen nun noch zwölf Jungs.

Am nächsten Tag titelte eine Tageszeitung: »Horst Fascher schlug Fußballelf K.O.!«

Und das stimmte ausnahmsweise auch mal einhundertprozentig. Die Große Freiheit sah aus wie ein Schlachtfeld. Alle zwölf lagen auf dem Kopfsteinpflaster.

Bevor die Polizei eintraf, war ich längst weg. Nur die anderen drei waren so blöd, bei Sascha weiterzusaufen. Die schnappte sich die Schmiere natürlich als Erste. Was die gar nicht lustig fanden.

Am Abend kamen sie in den Club: »Horst, jetzt haben wir deinetwegen 'ne Lampe und du bist mal wieder fein raus.«

In meiner Naivität – man könnte auch Dummheit sagen – antwortete ich: »Macht euch keine Sorgen, ich erzähl den Bullen, wie es wirklich war.«

Das machte ich dann auch. War mal wieder 'ne Scheißidee. Die mir drei Jahre später ein Jahr Gefängnis einbrachte.

Mit Angelika blieb ich die Star-Club-Zeit über zusammen. Mal mehr, mal weniger. Durch die vielen Geschichten, die ich nebenher laufen hatte, blieb es nicht aus, dass ich mich auch mal in eine andere verguckte. Und eine dieser anderen war Tanja Day. Die Engländerin sang bei uns im Club. Ein fesches Mädchen, blonde lange Haare, immer hübsch zurechtgemacht. Während ihres Gastspiels kam sie jede Nacht zu mir in die Wohnung. Doch dann musste sie zurück, womit unsere Affäre endete. Zwei Monate später rief sie an: »Ich bin schwanger, bekomme ein Baby von dir.«

Oh. Das passte mir ja nun gar nicht. Hatte ich doch bereits eine Tochter, für die ich nicht wirklich da war. Ihr ging es ähnlich. Wenn wir wenigstens fest zusammen wären, aber so, meinte sie. Ob ich nicht eine Idee hätte. Ich fragte Weißleder, was wir machen könnten. Wie immer wusste er Rat: »Hol das Mädel erst mal nach Hamburg, alles andere regelt sich dann schon.«

Es gab einen speziellen Doktor auf St. Pauli. Hauptberuflich Polizeiarzt auf der Davidwache kam er bei Tripper oder Ähnlichem direkt zu uns in den Club. Er war schon etwas älter, während der Nazizeit führte er von oben angeordnete Abtreibungen durch. Ein Euthanasie-Arzt also. Was das wirklich bedeutete, wusste ich damals leider nicht. Sonst hätte ich einen anderen gesucht.

Wir engagierten Tanja noch mal für zwei Wochen.

Danach geschah es. Bei mir in der Wohnung auf dem Küchentisch.

Der blanke Horror.

Ich musste ihr die Beine auseinander halten. Der Arzt öffnete ihren Gebärmuttermund und holte dieses kleine Wesen mit einer Eisenzange raus. Als ich den kleinen Kopf, die Ärmchen und Beinchen sah, fühlte ich mich wie ein Mittäter bei einem Mord. Das war die letzte Abtreibung, schwor ich mir. Und das blieb sie auch.

Warum ich nicht verhütete? Gab's damals nicht. Die Pille war noch nicht erfunden. Kondome zwar schon, nur benutzte die fast niemand. Und rausziehen? Wäre eine Möglichkeit gewesen. Doch rücksichtslos, wie ich damals war, feuerte ich immer mitten hinein.

Angelika blieb mir noch das erste Jahr während meiner folgenden Gefängnisstrafe treu. Sie liebe und warte auf mich, schrieb sie. Auf einmal blieb die Post aus. Sie war inzwischen mit einem Freund von Fredi zusammen.

»Crazy Legs«

Warum Gene Vincent meinen Bruder Fredi umbringen wollte ...

Bereits fünf Wochen nach Eröffnung des Star-Clubs präsentierten wir unseren ersten Rock 'n' Roll-Weltstar – Gene Vincent. Mit »Be Bob A Lula« schuf er eine der Hymnen des Rock 'n' Roll. Der amerikanische Rocker lebte inzwischen in England und wurde von Don Arden vertreten, über den wir in Zukunft die meisten unserer internationalen Künstler buchen sollten. Gene war ein echtes Schnäppchen. Für vierzehn Tage kassierte er inklusive Band 11200 Mark. Zum Vergleich: Fats Domino bekam vier Monate später 12000 Mark – für einen Abend!

Auf der Bühne eine beeindruckende Persönlichkeit, ganz in schwarzem Leder, mit schweren Ketten behängt, war Gene Vincent ansonsten eine tragische Figur. Nach zwei schweren Unfällen mit einem steifen Bein gehandikapt, betäubte er seinen Schmerz mit Alkohol. Unter einer Flasche Whiskey ging er gar nicht erst auf die Bühne. In den Staaten lief es auch nicht mehr so gut – deshalb auch der günstige Kurs –, dafür verehrte man ihn in Europa als einen der letzten authentischen Rocker umso mehr.

Trotz seiner Behinderung war Gene noch immer in der Lage, es allen Zweiflern zu zeigen. Er kokettierte geradezu mit seinem steifen Bein und baute es in seine Bühnenshow ein. Die meiste Zeit blickte er allerdings während des Singens versonnen an die Decke, als ob er Gott ein Ständchen bringen würde. Eine fast mysteriöse Aura umgab ihn, vor allem bei seinen Balladen wie »Somewhere Over The Rainbow«.

Die Beatles spielten zur gleichen Zeit im Club. Für die international noch unbekannten Jungs war es eine Riesensache, ihrem Idol so nahe zu sein. Vor allem John Lennon mochte ihn sehr. Was auf Gegenseitigkeit beruhte. Wahrscheinlich, weil sie sich so ähnlich waren – beide ziemlich durchgeknallt, mit einem Hang zum Selbstzerstörerischen.

Gene liebte den Star-Club. So sehr, dass er schon im August 62 wiederkam. Diesmal brachte er seine junge Frau mit. Margie saß während seiner Auftritte in Fredis Revier. Sie mochte meinen Bruder und beklagte sich bei ihm über ihren Mann. Gene würde immer nur besoffen im Bett liegen, nahezu impotent, dementsprechend sei er nicht mehr fähig, ihr zu geben, was sie bräuchte, und ganz davon abgesehen hätte sie noch gar nichts von St. Pauli gesehen, ob Fredi das nicht übernehmen wollte. Er wollte. Klar. Und noch einiges mehr. Margie war ein hübsches Mädchen, die Frau eines seiner Idole, da wäre auch ich schwach geworden.

Es wäre wohl auch alles glatt gegangen, hätte Fredi nicht vor seinen Kollegen über »eine unvergessliche Nacht im Hotel Europa« geprahlt oder zumindest damit gewartet, bis Gene wieder weg war.

So kam es zum Eklat.

Waffennarr Gene besorgte sich auf dem Kiez eine geladene Pistole. Und kündigte an: »An meinem letzten Tag schnappe ich mir den Bastard!«

Nun bekam Fredi Panik. Nicht nur vor Gene. Um in seinen Läden Ruhe zu haben, besetzte Weißleder die Führungspositionen sehr geschickt. Als Obergeschäftsführer seines Kiezimperiums fungierte Paulchen Müller. Mein Arbeitgeber aus dem Lachenden Vagabunden galt neben Wilfried Schulz als König von St. Pauli. Ihn respektierten alle. Auch ich war inzwischen eine mittelgroße Nummer auf der Großen Freiheit. Weißleder legte Wert darauf, dass seine Mitarbeiter sich körperlich durchsetzen konnten und dabei nicht vollkommen verblödet waren. Es war aber nicht nur Berechnung. Aufgrund seiner sozialen

Ader gab er auch immer wieder gestrauchelten Menschen eine Chance.

Bei Paulchen sollte man sich möglichst keine Fehler erlauben. Vor allem nicht den gleichen zweimal hintereinander. Wie Fredi. Er hatte sich schon einmal an eine Frau aus unserem inneren Kreis rangemacht. Fast eine Todsünde auf St. Pauli, ein heftiger Vertrauensbruch zumindest. Die Freundin von Schweine-Hans sagte ihm, es sei Schluss mit den beiden. War es aber nicht. Nicht für Schweine-Hans. Für diese Aktion kassierte Fredi von Paulchen eine schallende Ohrfeige. So loyal ich Paulchen gegenüber war, das war der Moment, in dem ich überlegte, mir mit ihm einen auszustoßen. Zumal er mir befahl, Fredi aus dem Star-Club zu schmeißen. Meinen Bruder, meinen besten Kellner! Doch was sollte ich machen? Sich mit Paulchen anzulegen, hätte böse ins Auge gehen können. Zähneknirschend musste ich Fredi entlassen. Paulchen setzte noch ein St.-Pauli-Verbot obendrauf.

Nach einigen Wochen beruhigte sich die Lage und ich stellte Fredi wieder ein.

Und nun hatte der Dussel es erneut getan. Denn auch die Musiker gehörten zu unserem inneren Kreis. Es blieb Fredi nichts anderes übrig als zu beichten, bevor Paulchen es von jemand anderem erfuhr. Keine einfache Sache. Doch überraschenderweise nahm der es locker: »Ach, die ficken unsere Hühner auch, was soll's.«

Nun galt es nur noch, Gene ruhig zu stellen. Wir überlegten lange. Ohne Ergebnis. Was hätte Fredi auch sagen sollen? »Tut mir leid, kommt nicht wieder vor«? Oder tun können? Sich selber eine Waffe besorgen und gegen Gene im Morgengrauen am Elbufer antreten? Nee. Das Klügste war, Gene aus dem Weg zu gehen. Vor allem an seinem letzten Tag. Und das machte er dann auch, er nahm sich frei.

Gene lief derweil mit seiner geladenen Wumme die Reeperbahn rauf und runter und fand ihn natürlich nicht. Fredi saß brav zu Hause bei Muttern.

Doch damit war die Geschichte noch nicht vorbei. Margie bekam ein Baby. Und Jahre später hieß es: Die Kleine wäre Fredi wie aus dem Gesicht geschnitten.

»Dim Dim The Lights«
Die Rückkehr der Sechserlocke

Für unseren zweiten großen Star mussten wir schon tiefer in die Tasche greifen – Bill Haley rief für sein zweiwöchiges Gastspiel 38 000 Mark auf. Obwohl er mit seinen Comets eh gerade durch US-Soldaten-Clubs in Deutschland tourte und seine ganz großen Tage bereits gezählt waren.

Haley, einer der Begründer des Rock 'n' Roll – mit seiner Coverversion von »Rock Around The Clock« landete er den ersten weltweiten Rockhit –, war auch der erste Verlierer des neuen Sounds. Mit weit über dreißig fehlte ihm der Sexappeal, die Hipness eines Elvis Presley, um bei der Jugend zu landen.

Uns war das egal. Haley, immer noch ein fetter Name, würde uns den Star-Club zwei Wochen füllen, da waren wir uns sicher.

Wir buchten Haley wieder über »Don Arden Agency«. Arden schickte seinen Tourmanager Henry Henroyd nach Hamburg,

Horst & Bill Haley im Star-Club, 1962

der bei allen Gigs, die über ihn liefen, dabei war. Henroyd verlangte einen Teil der Gage, 4000 Mark, im Voraus.

Weißleder gab ihm das Geld in seinem Büro. Henroyd zählte gerade nach, als Weißleder wortlos seine Pistole aus der Schublade holte und über Henroyds Kopf hinweg in eine alte Schreibmaschine schoss. Es knallte und klingelte. Henry machte sich fast vor Angst in die Hosen, wie er mir später beichtete.

»Das passiert dir, falls du mit meinem Geld stiften gehst und Bill Haley hier nicht erscheint«, sagte Weißleder knochentrocken.

Manfred war eigentlich ein ganz netter Typ, nur was Geld anging, ließ er nicht mit sich spaßen. Nur so schafft man es auf St. Pauli wohl so weit nach oben.

Aufgrund seiner Flugangst kam Bill mit dem Zug aus Frankfurt nach Hamburg. Ali, der zweite Geschäftsführer, Henry Henroid, sogar Weißleder und ich erwarteten ihn nachmittags am Hauptbahnhof. Der Zug fuhr ein, die Leute stiegen aus, nur Haley war nicht zu sehen. Manfred guckte mürrisch und gab uns schon mal ein Zeichen, Henry Henroid, dem der Schweiß buchstäblich auf der Stirn stand, zu umzingeln.

Was denn nun sei, mit Bill, fragten wir ihn. Er wisse es auch nicht, er müsse mal mit Frankfurt telefonieren, vielleicht hätte der den Zug verpasst, stammelte er. Wir gingen die Treppe hoch, immer im Kreis um Henroid rum, Weißleder zwei Meter hinter uns. Oben auf dem Bahnhof beratschlagten wir nun, was zu tun sei. Und auf einmal sah Weißleder einen Schatten. Und dann den Menschen dazu. Es war unverkennbar Bill Haley. Diese Sechserlocke auf der Stirn, die gibt's nur einmal. Aber wo kam er so plötzlich her? Die Erklärung war einfach: Bill stieg aus dem letzten Abteil – deshalb sahen wir ihn nicht – und ging eine andere Treppe hoch.

Wir waren heilfroh. Henry vor allem. Nie wieder sah ich einen so erleichterten Menschen.

Wir quartierten Bill und seine Comets im Hotel Pacific am Neuen Pferdemarkt ein, nicht weit vom Club. Das war einfach, aber es war okay, denn er war ein sehr bescheidener Mensch.

Natürlich erinnerten wir uns alle noch an Haleys Konzert, vier Jahre zuvor, bei dem die Ernst-Merck-Halle zu Bruch ging. Verschärfte Sicherheitsvorkehrungen mussten her. Obwohl die Voraussetzungen andere waren. Bei uns konnten die Leute ja so wild tanzen, wie sie wollten. Aber wir waren trotzdem vorsichtig. Wir besetzten die Notausgänge, was wir sonst nicht machten, und stellten mehr Leute an die Eingangstür.

Bill selbst bewegte sich auf der Bühne gar nicht so viel. Er stand mit seiner Gitarre vor dem Mikro, sang und grinste. Aber die Comets machten ordentlich Dampf. Vor allem der Kontrabassist, Al Rappa. Es war unglaublich, was für Verrenkungen »The Walking Bass Player« mit seinem riesigen Instrument anstellte. Er legte sich auf den Rücken, stemmte den Bass mit den Füßen hoch, Ausnahmesaxophonist Rudy Pompelli sprang drauf, und Al spielte die ganze Zeit dazu auch noch die richtigen Noten. So was kannten wir vorher nur aus der Wochenschau oder dem Kino.

Die Presse schien das Ganze mal wieder mit dem Radetzky-Marsch zu verwechseln. »Bill Haley bietet nichts Neues – Alte Masche« hieß es in der Hamburger Morgenpost. Der Rock 'n' Roll würde nicht mehr laufen, der Twist sei heute angesagt, war der Tenor des Berichts.

Der Autor dieses schon aus damaliger Sicht erbärmlichen Vierzigzeilers brachte zwei Tänze mit einem Musikstil durcheinander. Weiter hieß es: »Manch einer pfiff zwar, manch einer klatschte. Aber die Begeisterung wich schnell der Langeweile.«

Reiner Schwachsinn. Natürlich konnte man bei dem im Gesicht schon etwas feisten 36-jährigen Bill nicht erwarten, dass die Mädchen reihenweise in Ohnmacht fielen. Aber ansonsten? Der Laden war die zwei Wochen über gut gefüllt. Die Stimmung nicht ekstatisch, aber immer noch bombig.

Wenigstens bekamen wir in der MOPO zur Abwechslung mal ein positives Echo von der Ordnungshüterfront: »Der Besitzer des Ladens hatte alle Sicherheitsvorkehrungen getroffen und glänzend organisiert«, sagte ein Sprecher der Polizei.

Ich stellte Bill und seiner Combo auf Wunsch ein Dreißig-Liter-Fass Wein in die Garderobe. Zwei Tage später war es nur noch ein Zwanzig-Liter-Fass. Die hatten einen guten Schluck drauf. Allerdings luden sie auch häufig die anderen Musiker ein. Nach seiner Show am zweiten Abend kam Bill reichlich angesäuselt zu mir.

»Horst, wenn wir auf Tour sind und einer von uns hat Geburtstag, muss er in die Arena«, sagte er.

»Alles klar, Mann. Viel Spaß dabei.« Ich wusste mal wieder überhaupt nicht, was er meinte.

»Und, kannst du uns da helfen?«

»Würde ich gern, wenn ich wüsste, was du von mir willst.«

»Okay, verstehe, also: In die Arena meint, einer von uns muss in unsere Mitte und einen Showfick machen! Und unser Bassist Al Rappa hat heute Geburtstag. Also ist er dran! Kannst du uns dafür ein Mädchen besorgen?«

»Ach so, sag das doch gleich. Klar, ist kein Problem.«

Für so eine Aktion konnte ich natürlich keine solide Frau gewinnen. Wollte ich auch gar nicht. Ich lief neben unserem Club an der Monika Bar vorbei. Und da kam mir eine Idee …

Die Frau, mit der ich zurückkam, war auf Marilyn Monroe gestylt und nannte sich auch so. Groß, blond und prallbrüstig stöckelte sie hinter mir her.

Wir gingen in die Garderobe, wo Bill mit seinen Leuten schon wartete. Ich dimmte das Licht, ordnete die Stühle kreisförmig an, stellte einen Tisch in die Mitte und bat alle, Platz zu nehmen. Marilyn schob sich zwischen den Stühlen durch, lächelte lasziv und legte sich auf den Tisch. Die Jungs klatschten.

Al begann, sie überall zu küssen. Ganz langsam und zärtlich. Er genoss es sichtlich. Und auch Marilyn fing leise an zu stöhnen. Nicht so showartig, da waren schon echte Gefühle dabei. Dann entblätterte er ihre phänomenalen Brüste und die Menge johlte vor Begeisterung. Marilyn hielt ihren Schambereich mit beiden Händen bedeckt. Al dachte anfangs noch, das gehörte zum Spiel, und versuchte krampfhaft zwischen ihre Beine zu gelangen: »Horst, weiß sie nicht, was hier abgehen soll?«, fragte er mich auf Englisch, was Marilyn nicht verstand. »Ich will langsam loslegen, aber sie gibt mir keine Chance!«

»Doch, doch, das geht schon, mach nur weiter, Al«, sagte ich.

Ich wollte das Ganze noch ein wenig ausreizen, bevor die große Bombe platzte. Nach ein paar Minuten sagte ich dann zu ihr: »Marilyn, nimm mal bitte die Hand weg!« Darauf hatte Al nur gewartet, lüstern und gierig steckte er seinen Kopf zwischen ihre Beine. Nur einen Sekundenbruchteil später schreckte er hoch und starrte entsetzt in die Runde und sagte: »Ich glaub es nicht! Sie hat 'nen Schwanz!«

Totenstille.

Alle starren mich ungläubig an.

Mir wurde mulmig. Das war wohl eine Nummer zu heftig, befürchtete ich. Damit hast du dich zu weit aus dem Fenster gelehnt, so was kannst du bei solchen Leuten nicht bringen.

Es war Bill, der als Erster lachte. Und dann brachen alle Dämme! Minuten lang wurde nur noch gelacht. Die einen lagen auf der Erde, die anderen sprangen in die Luft wie kleine Kinder. Sie konnten es immer noch nicht fassen, so etwas hatten sie noch nie gesehen, was es für sie nur noch spaßiger machte.

Nun wollten alle ihre Brüste anfassen. Einer nach dem anderen ging zu Marilyn und betatschte sie, machte ihr Komplimente, was für schöne Titten sie hätte. Ihr war das nun ein bisschen unangenehm und so reichte ich ihr ihre Kleider, damit sie sich wieder anziehen konnte. Wir luden sie noch auf ein Glas Wein ein, was sie dankend ablehnte und schnell verschwand. Kaum war sie draußen, ging das Gelächter von vorne los. Alles wurde noch mal besprochen: »Hast du gesehen, wie Al …«, und so weiter und so fort.

Zwischendurch ging ich noch mal raus in die Monika Bar. Der beste und bekannteste Transenschuppen auf dem Kiez. Bedankte mich bei Monika, weil sie das Ganze ermöglicht hatte, und natürlich bei Marilyn, der ich dann noch 50 Mark schenkte. Sie sagte mir, Al sei ein gutaussehender Typ, der sie wirklich angeturnt hätte. Er könnte gern mal allein vorbeikommen. Als ich das dann im Club ausrichtete, hörte das Lachen überhaupt nicht mehr auf.

Nach den zwei Wochen verabschiedete Bill sich mit den Worten: »Horst, deine Aktion werden wir nie vergessen. Egal, wo wir auch sind in der Welt. Wenn einer in die Arena muss, werden wir an dich denken.«

»I'm Walkin'«
Fats Domino und der St.-Pauli-Marathon

Nach der gelungenen Aktion mit »Marilyn« wollte ich nun bei all unseren Stars irgendetwas anstellen, um ihnen ihren Aufenthalt bei uns unvergesslich zu machen. Das war natürlich nicht immer planbar, doch ich nahm es mir zumindest vor. Und mein nächstes Ding sollte nicht lange auf sich warten lassen.

Fats Domino trug einen grauen Rollkragenpulli und Jeans, als ich ihn auf der Rolltreppe am Flughafen Fuhlsbüttel sah. Er war lustig anzuschauen. Klein und füllig. Wie ein schwarzer Kuschelbär.

Wir begrüßten Fats und seine zehnköpfige Band mit einer Flasche Sekt und ein paar Bieren. Das wollten wir ab nun immer so machen, als eine Art Willkommensgruß. Alle Musiker sollten sich, sobald sie Hamburger Boden betraten, wohlfühlen.

Keine Ahnung, ob die Jungs die Hamburger Spezialität »Kalte Ente« kannten, aber zumindest schütteten sie den Sekt und das Bier zusammen und ruckzuck waren die Gläser leer. Wir lieferten noch eine zweite Runde, und dann ging es Richtung Hotel. Auf der Fahrt erzählte mir einer der Musiker, dass sie gestern nach ihrem Auftritt in Paris durchgemacht hätten. Wie sie denn dann den heutigen Gig vernünftig absolvieren wollten, fragte ich. Ach, das würde schon gehen, antwortete er, wir müssten nur für genügend Getränke sorgen. Na, das konnte was werden.

Um halb drei kamen wir im Hotel Prem an der Alster an. Kaum drinnen, wurde schon wieder nach Getränken gefragt. Und so ging es mit Bier und Sekt weiter. Inzwischen hatte jeder der Musiker mindestens fünf Getränke intus.

Was auch Fats gut drauf brachte: »Wo steht das Klavier? Ich will für meine Hotelrechnung spielen!«

Das war natürlich eher scherzhaft gemeint, aber spielen wollte er wirklich. Links von der Rezeption war ein kleines Empfangszimmer, in dem ein weißer Flügel stand, an den er sich setzte und »Blue Monday« sang. Was passte, es war Montag. Die Angestellten und Gäste, die gerade in der Lobby waren, hörten das und gesellten sich dazu. Dem Anlass entsprechend gab er dann »Be My Guest Tonight«. Die Leute lachten, klatschten begeistert. Es wurde weiter getrunken, aber nach »Blueberry Hill« brach Fats' Manager den kleinen Gig leicht entnervt ab. Er sagte, um acht müsse man schon wieder los, und alle sollten sich bis dahin noch ein wenig ausruhen. Vorher trug man mir noch auf, vor dem Auftritt eine scharfe Gulaschsuppe, Cola, Bier und Whiskey zu besorgen. Die Sauferei sollte also weitergehen.

In seinem Büro berichtete ich Weißleder von der gelungenen Willkommensparty, drückte aber auch meine Besorgnis über den Zustand der Musiker aus. Dass sie jetzt schon blau seien und dazu die letzte Nacht auch noch durchgemacht hätten.

»Der heutige Auftritt wird wohl nicht so dolle werden«, meinte ich.

»Das kommt gar nicht in Frage! Lass dir was einfallen.«

Das war eine klare Ansage. Die Musiker fielen in meinen Aufgabenbereich. Ich musste dafür sorgen, dass auf der Star-Club-Bühne ein hoher Qualitätsstandard gehalten wurde.

Die Jungs mussten bis zum Abend wieder fit sein. Nur wie sollte ich das hinkriegen? Na, mit Amphetaminen natürlich! Benutzten wir doch auch, wenn wir müde wurden, es aber nicht durften oder wollten. Preludin war das Stichwort. Dieses Zaubermittel bringt jeden wieder auf Tour. Aber wie verabreichen? Ich konnte ihnen ja schlecht die Pillen geben und sagen: »Hier, schluckt runter, den Scheiß!« Es musste also heimlich geschehen.

Ich besorgte gleich fünf Riegel. In jedem waren zehn Tabletten. Damit hätte man eine komplette Bärenfamilie aus dem

Winterschlaf holen können. In Weißleders Büro zermahlte ich sie in einer alten Kaffeemühle und verteilte das Pulver auf vier Flaschen Whiskey.

Als Fats und seine Band kurz nach acht eintrafen, stürzten sie sich erst mal auf die Gulaschsuppe. Die kam direkt vom Schlachter Heinz und war eine ziemlich leckere Sache, die einen wieder auf die Beine brachte, wenn man betrunken war. Aber verlassen wollte ich mich nicht darauf, dafür waren die Jungs schon zu hinüber. Die Schärfe der Suppe animierte die Musiker zum Trinken, und kurz vor ihrem Auftritt, um neun, war die erste Flasche Whiskey leer.

»Jetzt kommen wir zum Starauftritt des heutigen Abends, meine Damen und Herren, liebe Freunde – direkt aus den USA: Fats Domino!« Inzwischen kamen mir die Ansagen leichter über die Lippen. Der Star-Club war proppevoll. Trotz des erhöhten Eintrittspreises von fünf Mark. Und Fats gab alles, keine Spur von Müdigkeit. Mit schlafwandlerischer Routine spulte er sein mit unzähligen Hits gespicktes Programm ab. Das begeisterte Publikum grölte die Rhythm & Blues-Perlen lautstark mit.

Um zehn Uhr sollte ich eigentlich den Vorhang schließen. Wie jeden Abend. Es war Zeit für Ausweiskontrollen durch un-

Horst & Fats Domino, 1963

sere Kellner. Ich machte dann immer die gleiche Ansage: »Es ist 22 Uhr. Alle Jugendlichen unter 18 Jahren müssen jetzt das Lokal verlassen. Die Kellner sind berechtigt, eine Ausweiskontrolle durchzuführen, und auf Verlangen der Kellner ist der Ausweis vorzuzeigen.«

Das Problem war nur: Trotz klarer Ansage machte Fats überhaupt keine Anstalten aufzuhören. Ich fing an zu schwitzen, stand hinterm Vorhang und gestikulierte wie wild, machte immer wieder den Halsschnitt, um der Band klar zu machen, sie müssten endlich aufhören. Aber die hörten nicht auf. Sahen oder beachteten mich überhaupt nicht. Spielten – oh, Wunder – wie im Rausch.

Weißleder stürmte hinter die Bühne und schrie mich an: »Wieso ist der Vorhang noch nicht zu?«

Ich versuchte, ihn zu beruhigen: »Mensch, Manfred, ich kann doch diesem Weltstar nicht den Vorhang vor der Nase zumachen, der tritt dann nicht mehr auf. Was ist denn los mit dir?«

Aber er ließ sich nicht beruhigen: »Weltstar hin oder her. Das nützt uns auch nichts, wenn die uns den Laden zugemacht haben, die warten doch nur auf so was. Und jetzt lass dir was einfallen!«

»Lass dir was einfallen!« Das sagte er immer, wenn es brenzlig wurde. Krampfhaft versuchte ich, mich bemerkbar zu machen. Und nach zehn Minuten, die mir wie 'ne Stunde vorkamen, registrierten sie mich dann endlich und hörten um kurz vor halb elf auf.

So konnten wir unsere Ausweiskontrolle zwar verspätet, aber immer noch rechtzeitig durchführen. Um Mitternacht kamen dann die neuen, älteren Gäste und bekamen eine Show geboten, die wohl keiner von ihnen je vergessen hat.

Offiziell sollte die zweite Show bis eins gehen. Das war abgemacht, für diese Zeit wurde Gage gezahlt. Das war Fats aber vollkommen egal. Wie eine wildgewordene Bande Duracelhasen rockten die Jungs aus New Orleans über die Bühne. Und mit einem umwerfenden »The Fat Man« ging dann um zwanzig vor zwei das für meinen Geschmack beste Star-Club-Konzert aller Zeiten zu Ende.

Der Abend allerdings noch lange nicht.

Tony Sheridan & Band im Star-Club

Die Jungs verzogen sich hinter die Bühne, auf der gerade Tony Sheridan spielte.

»Hey, Horst, lass uns Party machen!«, sagte Fats.

Von mir fiel so einiges ab. Erst die Unwissenheit, ob sie überhaupt etwas Vernünftiges zustande bringen, dann der Überziehungsstress, und so brachte ich nur ein nicht sonderlich euphorisches: »Ja, macht doch Party« raus.

»Kannst du uns ein paar Mädchen besorgen?« Das war ja wieder klar. Nix mit Feierabend. Die nächste Aufgabe stand an. Aber egal: Ich sah meine Aufgabe, wie gesagt, unter anderem darin, den Musikern eine gute Zeit zu bereiten.

»Klar, wie viele braucht ihr?«

»Moment. Wir sind zehn in der Band und ich – elf, wir brauchen elf Mädchen …«

Und es war Montag! Damals wie heute der maueste Tag der Woche. Draußen auf der Großen Freiheit war es fast menschenleer, einige Läden hatten sogar schon zu. Aber das Café Lausen, in dem die Mädchen an Tischen mit Telefonen sitzen, war noch auf. Ich erklärte dem Portier die Lage, fragte, ob ich elf Damen abziehen könnte: »Mach ma, is ja eh bald Feierabend«, sagte er netterweise.

Immer den gleichen Spruch auf den Lippen ging ich von Tisch zu Tisch: »Hey Mädels, ich hab Fats Domino im Laden, den Weltstar, kennt ihr doch, Blueberry Hill und so, wir machen gerade ein Fläschchen Sekt leer und ihr seid herzlich eingeladen.«

Ich hätte zwanzig mitnehmen können, entschied mich aber für die elf Schönsten. Und so dackelte ich dann mit den Hühnern, so nannten wir sie damals, die Freiheit runter zurück zum Club.

Die Jungs saßen bereits vorn an der Bar und tranken aufs Haus. Gierig stürzten sie sich auf die Frauen. Ich kam mir ein bisschen wie ein Heroindealer vor, der einen affigen Süchtigen mit einem Schuss versorgt. Innerhalb von Minuten waren die Mädchen aufgeteilt. Man verzog sich in schummrige Ecken oder die Garderobe.

Aber damit war die Party immer noch lange nicht zu Ende!

Um kurz nach vier sagte Fats: »Komm, lass uns eine Jam-Session machen!« Er setzte sich zum vierten Mal in den letzten 13 Stunden ans Klavier und natürlich wollten alle mit ihm spielen. Mit Gerry Marsden, Tony Sheridan und King Size Taylor waren phantastische Musiker im Laden. Sie wechselten sich ab, es war ein wildes Durcheinander. Alle waren betrunken, ein bisschen high und ausnahmslos glücklich. Am Ende standen fast 15 Musiker auf der Bühne.

Um halb sechs kam ein Anruf aus dem Hotel. Fats' Manager war ganz aufgebracht, weil noch keiner seiner Jungs zurück war und sie schon drei Stunden später am Flughafen sein müssten, um zum nächsten Auftritt nach London zu fliegen.

Wir machten Schluss. Die Jungs verabschiedeten sich herzlich, bedankten sich für alles. Noch vollkommen aufgewühlt ging ich ins Bett. Aber schon kurz nachdem ich endlich eingeschlafen war, schreckte mich ein Anruf hoch: Einer der Musiker hatte seinen Pass verloren, ob wir ihn gefunden hätten. Natürlich nicht. Trotzdem ging ich in den Club, um die Putzfrauen zu fragen – nichts. Und das war ein echtes Problem. Man brauchte damals noch Reisepässe, Visa, Arbeitsgenehmigung und all diesen Scheiß. Nach nur einer Stunde Schlaf tigerte ich dann mit dem Musiker zum amerikanischen Konsulat. Dort hängte ich mich richtig rein und schon am Nachmittag kriegte er einen Ersatzpass und flog nach London. Und ich konnte endlich schlafen.

Am Abend, so gegen elf, kam dann noch mal ein Anruf vom Tourmanager Henry Henroyd: »Vielen Dank für alles! Alle waren rechtzeitig auf der Bühne, die Show läuft, die Show ist gut und die Jungs sprechen nur noch über ihre scharfe Zeit in Hamburg.«

Ich hatte also wieder erreicht, was ich erreichen wollte. So konnte es weitergehen.

»Tutti Frutti«
Little Richard und die »verbotene Frucht«

In Amerika hatte Little Richard seine besten Tage bereits hinter sich. Was wir in Hamburg aber nicht so wirklich mitbekommen hatten. Denn trotz der massiven Amerikanisierung durch Radiosender wie AFN oder die amerikanischen Kinofilme hinkten wir in den frühen Sechzigerjahren den Trends aus Übersee wie einbeinige Kriegsversehrte hinterher. Und so hielten wir ihn immer noch für einen absoluten Superstar, als er im Oktober 1962 zu uns in den Star-Club kam.

In den Fünfzigern haute Richard einen Monster-Hit nach dem anderen raus: »Long Tall Sally«, »Rip It Up« oder »Reddy Teddy«. 1955 läutete er mit seinem ersten Chart-Erfolg »Tutti Frutti« und dem unnachahmlichen Einstiegs-Scat »A-wop-bob-a-loo-bob a-lop-bam-boom« als eine Art Erweckungsprediger ein neues Zeitalter ein. Das Zeitalter des Rock. Welches für ihn allerdings schnell wieder vorbei war. Er fand zu Gott, dankte nach einem Beinahe-Flugzeug-Absturz als Heiland des Rock 'n' Roll ab und sang von da an nur noch Gospel-Songs.

Das alles erfuhr ich eher am Rande, dass er inzwischen aber wieder für alles Weltliche offen war, merkte ich jedoch schnell.

Wir buchten ihn gleich für zwei Wochen. Vom 1. bis zum 15. Oktober 1962. Und schon am ersten Abend passierte gegen Ende seiner Show etwas Unglaubliches.

Der Star-Club war mit 800 Leuten komplett ausverkauft. Wir ließen aber 1200 rein. Und alle zahlten 5 Mark Eintritt. Das machte 2000 Mark schwarz in die Tasche. Pro Auftritt, versteht sich. Und wir hatten zwei Gigs pro Abend.

Dank meiner fetten Umsatzbeteiligung erfüllte ich mir einen Traum. Einen amerikanischen Straßenkreuzer. Oh Mann, was war ich stolz auf mein schneeweißes 1958er »Chevrolet Impala«-Cabrio. Automatisches Verdeck, rote Ledersitze und sogar ein Plattenspieler unterm Armaturenbrett. Und was für ein Angeber war ich erst! Sonnenbebrillt cruiste ich im Schritttempo die Reeperbahn entlang, Verdeck rauf, Verdeck runter, bis auch der Letzte begriff: »Dem Hoddel scheint's ganz gut zu gehen.«

Sonntags fingen wir schon nachmittags an. Da standen die ganz jungen Mädchen vor dem Club. Also sagte ich zu unserem Portier: »Heinz, wenn ich komme, hältst du mir die Tür auf.« – »Türlich Hoddel, mach ich!«

Dann brauchte ich nur noch zu fragen: »Will irgendeine von euch Hübschen nicht mitfahren?« Und schon hatte ich den Wagen voll. Verdeck runter, »Pretty Little Angel Eyes« von Curtis Lee aufgelegt und wieder rauf auf die Reeperbahn. Das war das Größte für die jungen Dinger. Und für mich natürlich auch.

Doch zurück zu Richard.

Die Stimmung im Club war an jenem denkwürdigen Abend aufgekratzt, voller Erwartung. Als sich gegen 21 Uhr der knallgelbe Vorhang zum ersten Mal öffnete, bekam Hamburg eine Show geboten, die alles bisher Dagewesene in den Arsch trat.

Wie ein Irrer wirbelte Richard über die Bühne. Mit rollenden Augen und breitem Grinsen sang er seine Songs nicht einfach, er schrie, stöhnte, er jauchzte sie mit voller Inbrunst. Aber es war nicht allein seine Stimme. Bei »Keep A Knocking« traktierte er sein Klavier mit Hintern und Füßen, ohne jemals den Takt zu verlieren. Auch optisch unterschied er sich von all den Rockgrößen. Sein Haarturm stand im Vergleich zu den üblichen Schmalzlocken zuckerwattenwolkenkratzergleich hoch. Sein geckenhaftes Menjou-Bärtchen vollführte bei jeder Kapriole ein Eigenleben. Und er war geschminkt. Mit allem Drum und Dran. Little Richard war, von Transen einmal abgesehen, der erste Mann mit Make-up, den wir hier zu Gesicht bekamen.

Für mich war dieses Konzert eine Offenbarung. Ich erkannte mich in Richards Sound wieder. Er steckte voller Lebensfreude, Kraft, Rebellion und einem unbändigen Freiheitswillen.

Die Beatles spielten zur gleichen Zeit im Star-Club und sie vergötterten ihn. Richard war eines ihrer ganz großen Vorbilder. Obwohl sie zu dieser Zeit bereits ihre erste Single am Start hatten, waren sie noch keine wirklichen Stars. Eher das Gegenteil: Sie waren Fans.

Kurz vor Ende seiner ersten Show, er sang gerade »Ooh! My Soul«, sprang Richard aufs Klavier und stellte mit kreisenden, stoßenden Bewegungen von Hüfte und Körper einen atemberaubenden Geschlechtsakt nach. Eigentlich nichts Ungewöhnliches. Darauf waren wir vorbereitet. Doch plötzlich begann er sich auszuziehen. Mir stockte der Atem. Was machte der da? Der Star-Club war doch kein Striptease-Schuppen! Ein Blick in die Menge beruhigte mich aber wieder. Alle schauten ihm begeistert, fast ekstatisch zu. Also ließen wir ihn weitermachen. Er knöpfte sein Hemd auf, zog es aus, schwang es wie ein Lasso über dem Kopf und schmiss es ins Publikum. Dann riss er sich die Hose vom Leib und bearbeitete das Klavier, nur noch mit einem winzigen Badehöschen bekleidet. Er hatte einen prächtigen Körper, durchtrainiert und muskulös. Und als ob dies nicht gereicht hätte, war er auch noch gut bestückt. Die Mädchen kreischten. Die Jungs grinsten. Die Beatles schauten ihm fasziniert zu.

Es war John, der einen Tag nach dem legendären Little-Richard-Gig auf der Star-Club-Bühne die Gene-Vincent-Nummer »Be Bob A Lula« sang, als Richard mich fragte, wer da gerade spielen würde.

»Das sind gute Freunde von mir, die Beatles aus Liverpool«, antwortete ich.

»Die Jungs sind gut. Und so hübsch dazu. Kannst du sie mir mal vorstellen?«, fragte er.

Am Ende des Abends arrangierte ich ein Treffen. Die Beatles wollten Autogramme und ein paar Fotos von sich mit ihrem

Horst backstage mit Little Richard

großen Idol haben. Richard hatte nichts dagegen. Im Gegenteil, er genoss es. Mal wieder fast nackt und schweißgebadet, zog er die Jungs fürs Foto ganz eng an sich ran.

»Uhhh, du bist aber nass«, ekelte sich Ringo, aber Richard grinste nur breit. Dann gab es für uns alle persönliche Widmungen. Für mich schrieb er: »To my friend Horst, I love working for you and with you.« Wie er das genau meinte, sollte ich erst ein paar Tage später begreifen.

Richard nahm sich viel Zeit für die Beatles. Sie wollten ein paar neue Songs rausbringen und holten sich dafür Tipps vom Großmeister persönlich. Er und die Jungs wohnten in diesen Wochen im Hotel Pacific am Pferdemarkt. Eines Nachts, ich hatte noch irgendwas im Pacific zu erledigen, hörte ich plötzlich jemanden schreien: »Help, help! Der Typ ist verrückt geworden!«

War das nicht Ringos panische Stimme? Ich hastete in den zweiten Stock. Seine Zimmertür stand offen. In der Mitte des Raumes hatte Richard Ringo am Schlafittchen und versuchte, ihn zu küssen. Als er mich sah, ließ er mit seinem typischen Grinsen von Ringo ab. Etwas später kam Ringo, immer noch aufgewühlt, zu mir: »Horst, was für ein Segen, dass du gekommen bist, er hätte mich fast vergewaltigt!«

Irgendwas war immer. Am dritten Abend hatte Richard seine Manschettenknöpfe im Hotel vergessen. Er fragte mich, ob er sich meine ausleihen könnte. Ausgerechnet meine Manschettenknöpfe! Sie waren ein Geburtstagsgeschenk meiner Mutter. Sie waren aus Gold, und ich war mächtig stolz auf sie.

»Okay«, sagte ich, »ich leih sie dir, aber komm ja nicht auf die Idee, sie ins Publikum zu schmeißen!« Trotz meiner klaren Ansage hatte ich ein schlechtes Gefühl. Wusste ich doch, wie er auf der Bühne außer Kontrolle geriet. Kurz vor Show-Ende begann er wieder sich auszuziehen. Das geht nicht gut, dachte ich noch, aber was sollte ich machen? Diesmal waren zuerst die Schuhe dran, dann das lila Rüschchenoberhemd. Und ab ins Publikum. War ja klar. Obwohl ich bereits am äußeren Bühnenrand lauerte, hatte ich gegen die tosenden Fans keine Chance. Meine heißgeliebten Manschettenknöpfe waren ein für alle Mal futsch. Ich war so wütend.

Doch bereits einen Tag später entschädigte mich Little Richard. Er kaufte mir eine schicke Bisonlederjacke bei Erdmann an den Landungsbrücken. Dem Laden, in dem auch die Beatles zwei Jahre zuvor ihre Rocker-Lederkluft gekauft hatten. Richard liebte es, die Beatles in Leder zu sehen, Männer überhaupt, er stand auf Leder-Outfits. Die Kutte kostete 300 Mark, reichlich Schotter damals, und damit war die Sache vergessen.

Für mich zumindest. Richard schien das anders zu sehen. Am vierten Abend bat er mich nach seinem Konzert in seine Garderobe. Im Anschluss an die Gigs war er immer am heißesten. Nachdem er auf der Bühne sein Blut so richtig in Wallung gebracht hatte, empfing er gern Besuch.

»Schließ doch bitte die Tür. Ich will ein paar persönliche Dinge mit dir besprechen.« Persönliche Dinge? Oh, das kann nichts Gutes bedeuten, dachte ich noch. »Horst, I love you«, sagte er lächelnd.

»I love you too!«, antwortete ich. Einfach so. Denn, so vermutete ich naiv, er hatte das bestimmt nur so dahergesagt, überschwänglich, wie die Amerikaner eben sind. Ein kapitaler Fehler. Little Richard nahm meine Antwort wörtlich. Viel zu wörtlich für meinen Geschmack. Hatte ich auch schon in der Vergangenheit in einigen brenzligen Situationen gesteckt, diese hier war mit Abstand die heikelste. Ich fühlte mich hilflos. Er zog mich fest an sich und umarmte mich. Scheiße, was sollte ich tun? Ich stand nicht auf Männer! Aber es gab ja diese Regel, dass sich unsere Stars bei uns wohl fühlen sollten. Wir wollten ihnen all ihre Wünsche erfüllen. Um sie zu motivieren, auf der Bühne ihr Bestes zu geben. Und natürlich auch, damit sie anderen Rock 'n' Rollern von ihrer tollen Zeit im Star-Club erzählten und wir es dann bei der nächsten Buchung einfacher haben würden.

Hätte ich ihn abweisen sollen? Diesen Mann, den ich dazu noch so bewunderte? Vielleicht. Aber ich tat's nicht. Ich ließ es geschehen. Und ein paar Minuten später – und einem Blow-Job, von dem einige Frauen noch etwas lernen könnten, weiter –, war alles vorbei. Ich hatte das erste Mal in meinem Leben Sex mit einem Mann gehabt. Seltsames Gefühl!

Plötzlich hämmerte jemand an die Tür. Ich zog schnell meine Hose hoch und öffnete. Da stand Billy Preston, der erst 16-jährige Organist aus Richards Band. Billy war Richards fester Freund. Mir war das sehr unangenehm. Mit hochrotem Kopf ging ich an ihm vorbei und verdrückte mich erst mal. Die beiden hatten dann noch richtig Zoff, wie mir einer der Abräumer am nächsten Tag ins Ohr flüsterte.

Ach ja, zwei Wochen später ließ Richard den minderjährigen Billy in Hamburg sitzen. Er gab sein Flugticket einfach einem deutschen Jungen, in den er sich verliebt hatte. Wir mussten Billy dann ein Rückreise-Ticket in die USA kaufen. Jahre später avancierte der Betrogene in England selbst zum Star, spielte neben eigenen Soul-Sachen auch als Sessionmusiker auf dem »White Album« der Beatles mit.

Little Richard ist seit jenen wilden Tagen ein guter Kumpel von mir. Wir sehen uns alle paar Jahre, telefonieren ab und an, sprechen über dies und jenes. Nur über diese spezielle Nacht damals im Oktober 1962 nicht. Und das ist mir auch ganz recht so.

»Shout«

Wie Joey Dee den Punkrock erfand

1962 tanzte alle Welt den Twist. Der Hype begann in der New Yorker Peppermint Lounge. Dort ließen junge Hipster, Mobster und sogar Hollywood-Diven wie Greta Garbo und mein alter Schwarm aus Jugendtagen, Mamie van Doren, die Hüften kreisen. Die Peppermint Lounge war der »place to be« der frühen Sechzigerjahre, eine Art Vorläufer des legendären Studio 54.

Carsten Raber, ein guter Kumpel, fuhr als Tellerwäscher auf der Hanseatic die Route Hamburg–New York. Mit drei Freunden nutzte er einen Landgang, um für eine Nacht im heißesten Club der Welt zu twisten. Als Hausband traten allabendlich Joey Dee & The Starlighters auf. Die gingen gerade mit dem »Peppermint Twist« so richtig ab.

Carsten, ein heller Junge, dachte, die haben Joey Dee, und mein Freund Hoddel hat die Beatles. Da muss man doch was drehen können! Und so schnappte er sich Loungemanager Mr. Kay, erzählte vom Star-Club, den Beatles, die dort gerade mächtig Furore machten, dass ich ihr Manager sei, und ob nicht ein Austausch zwischen Joey Dee und den Beatles möglich wäre. Die Beatles brachten gerade ihre erste Single raus, waren demnach in Amerika noch unbekannt. An den Beatles sei er nicht interessiert, sagte Mr. Kay unmissverständlich (diesen großen Fehler wird er spätestens, als die »Britische Invasion« knapp zwei Jahre später Amerika überrollte, erkannt haben), aber über Joey könnte man reden. Abermals überließen wir Don Arden die Verhandlungen.

Wir buchten Joey Dee & The Starlighters für zwei Wochen am Stück, zahlten gut 47 000 Mark. Eine lohnende Investition.

Der New Yorker Twist-Titan war Anfang 1963 auf dem absoluten Höhepunkt seiner Karriere, ein ganz heißes Eisen also. Damit war Joey der erste Künstler, der auf seinem Zenit im Star-Club auftrat. Ein Türöffner, dem etliche folgen sollten.

Gleich am ersten Abend sollte unser Publikum etwas vollkommen Neues erleben. Es fing bei der Besetzung an. Drei Frontmänner, Joey natürlich in der Mitte, sangen abwechselnd Leadstimme und Chor. Die Instrumentierung – nur Orgel und Schlagzeug, keine Gitarren! – spartanisch, aber unheimlich druckvoll. Dazu boten die Jungs eine akrobatische Show, mit der sie auch im Zirkus hätten auftreten können. Mit atemberaubender Geschwindigkeit tobten sie über die Bühne. Wir twisteten auch schon ein paar Monate, aber gegenüber diesen Jungs müssen wir wie Querschnittsgelähmte gewirkt haben.

Joey schmetterte seine rasante »Shout«-Version knapp zehn Minuten lang so dynamisch, das Ganze hatte mit Punkrock mindestens so viel zu tun wie mit klassischem Rock 'n' Roll. Auf der Tanzfläche konnten die wenigsten dieses unglaubliche Tempo über einen so langen Zeitraum mithalten. Während er sang, sprangen seine beiden Sidemen in die Luft und landeten im Spagat. Wie ein Magier legte Joey seine Hände über ihre Köpfe und »zog« sie wie von Zauberhand wieder hoch. Und wieder runter – und wieder hoch. Das hörte überhaupt nicht mehr auf! Hätte ich ihnen, wie Fats Domino, heimlich Aufputschtabletten eingeflößt, die Jungs hätten sich totgetanzt.

Auch der Drummer war 'ne glatte Zehn. Auf der Bühne hielt es ihn nicht lange. Er sprang ins Publikum und trommelte seinen Doppelbeat auf allem, was einen Ton erzeugen konnte – Bierflaschen, Aschenbecher, Tischkanten.

Mich elektrisierte die Show so sehr, die ersten zwei Tage kam ich kaum von der Tanzfläche, vernachlässigte für ein paar wilde Stunden meine geschäftsführerischen Aufgaben. Ich spürte, in diesem Moment ist kein Club der Welt heißer als unserer. Einmalig, das Ganze.

Die Reeperbahn war für unsere amerikanischen Künstler etwas ganz Besonderes. Eine vollkommen neue Welt. Huren auf der Straße, fickende Pärchen auf der Bühne, so etwas hatten sie zuvor noch nicht gesehen. Jeder Star – bis auf Gene Vincent, der besoffen im Hotel lag – ging mit mir auf Kieztour.

Auch Joey Dee, als New Yorker nicht gerade ein Landei, kam aus dem Staunen nicht heraus. Nachdem wir mit seinen Jungs durch die Herbertstraße und diverse Stripschuppen gezogen waren, wollte ich noch einen draufsetzen. Dafür war das Studio X genau das Richtige. Ich gab meinem Bruder Uwe Bescheid, damit er etwas Ausgefallenes auf die Bühne brachte. Auf ihn konnte ich mich verlassen, immer, auch an diesem Abend.

Pärchen, die es auf der Bühne trieben, waren damals selbst auf der Reeperbahn nicht selbstverständlich, ich meine, es war sogar verboten.

»Ich kann es nicht glauben, sie tun es wirklich. Vor unser aller Augen!« Joey Dee hätte am liebsten alles fotografiert. »Sonst glaubt man mir das zu Hause nie!«, meinte er lachend.

Nachdem ich Joey (und all die anderen) im Studio X eingeführt hatte, gingen sie auch alleine hin. Dort fühlten sie sich sicher, fast heimisch, weil auch dort ein Fascher die Geschäfte führte.

»Let's Twist Again«
Chubby Checker und die weiße Frau

Im Sommer '63 war der Twist noch immer eine Riesensache. Es gab spezielle Interpreten, die fast ausschließlich Tanzlieder sangen. Der bekannteste war der ehemalige Hühnchenrupfer Chubby Checker. Er hatte in den Staaten mit »Let's Twist Again« einen Mörderhit, und da wir immer vorne dabei sein wollten, buchten wir ihn im Frühjahr. Am 2. August 1963 hieß es dann endlich »Chubby Checker, King of Twist, im Hamburger Star-Club!«

Chubby Checker im Star-Club, ca. 1963

Anders als Joey Dee kam Chubby mit großer Besetzung. Zehn Mann, mit Bläsern und allem Drum und Dran. Chubby übte den ganzen Nachmittag mit seiner neuen englischen Band und lieferte am Abend eine perfekte Show ab. Vor allem sein »Limbo Rock« verzückte das Publikum. Dabei war das Lied eher durchschnittlich, eigentlich sogar scheiße. Doch der »Limbo« war schon wieder ein neuer Tanz, bei dem man seinen Oberkörper nach hinten bog und unter einer Stange durchtanzte, die dann jedes Mal ein Stückchen tiefer gelegt wurde – »put the limbo lower and lower«, sang er dazu. Und eines kann ich sagen: Es gab im ganzen Club niemanden, der lower tanzte als Chubby!

Das Ganze kam bombastisch an, auch Chubby war hochzufrieden und ein bisschen aufgekratzt. Nach seiner Show wollte er den Abend abrunden: »Horst, wäre es möglich, mir für heute Abend ein Mädchen zu besorgen? Ich würde gern noch ein wenig Liebe machen«, fragte er mich ausgesprochen höflich.

»Schwarz oder weiß?«

Er schaute mich verdutzt an. Er dachte wohl, ich würde ihm ganz selbstverständlich ein schwarzes Mädchen bringen.

»Ein blondes Mädchen wäre nett«, antwortete er und die Vorfreude stand ihm in seine ausgebeulte Hose geschrieben.

Blonde Mädchen waren ja nun gar kein Problem. Wir hatten immer einige käufliche Damen im Laden, die nach ihrer Schicht oder an ihrem freien Tag zu uns kamen. Sie waren jung und sie liebten die Musik, genau wie wir.

Ich hatte auch schon eine im Auge – Inge. Die sah aus wie Hollywood-Star Jane Mansfield. Wunderhübsch und gut bestückt, also eine hochexplosive Sexbombe. Sie saß meist bei unserer Barfrau Betty am Tresen. Die beiden kannten sich gut. Ich bat Betty, Inge auszurichten, dass in der Garderobe jemand warte, der sie kennen lernen möchte. Sie kam sofort.

»Inge, das ist Chubby Checker, der hat dich im Publikum gesehen und würde dich nun gern ein wenig besser kennen lernen.« Das war ein bisschen geflunkert, aber irgendwas musste ich mir ja einfallen lassen.

Wenn irgendetwas sei, könnte er mich übers Haustelefon erreichen, sagte ich Chubby. Nach zehn Minuten war es so weit. Was, schon fertig?! Ich dachte, er hätte mehr Ausdauer.

»Horst, gibt es einen Platz, an dem ich mit Inge so richtig allein sein kann?«, fragte Chubby. Der kleine Romantiker wollte sich Zeit nehmen und nicht nur eine schnelle Nummer zwischen Essensresten, schmutzigen Klamotten und Musikinstrumenten schieben.

»Gar kein Problem, Mann«, antwortete ich. »Du kannst meine Wohnung haben, die ist direkt gegenüber.« Ich gab ihm den Schlüssel.

Chubby Checker amüsiert sich in meiner Wohnung?! In meinem Bett?! Da musste ich dabei sein. Das konnte ich mir nicht entgehen lassen. Wie gut, dass ich noch einen Zweitschlüssel hatte. Nach einer Viertelstunde schlich ich mich in meine Wohnung. Wie eine Schlange kroch ich über den Boden entlang, bis zur Schlafzimmertür. Von unten konnte ich durch den Türspalt sehen, wie er auf ihr lag. Sie stöhnte ziemlich laut, schrie immer wieder: »Oh, mein Gott, ist der groß!« Es schien ihr wirklich Spaß zu machen. Aber vielleicht war es auch nur gespielt, schließlich war sie ein Vollprofi, ich weiß es nicht.

Als er nach einer guten Stunde wieder in den Club kam, lag ein seliges Lächeln auf seinem Gesicht. »Horst, mein Mann, das war groß, das war einfach riesig!«

Ich begriff nicht so richtig, warum er so außer sich vor Freude war. Für einen erfolgreichen Musiker konnte das doch nichts Ungewöhnliches ein.

»Du hast es möglich gemacht, dass ich zum ersten Mal in meinem Leben mit einer weißen Frau schlafen durfte!« Das war es also. Dürfen Schwarze in Amerika nicht mit weißen Frauen schlafen? Davon hatte ich noch nie gehört. Ich wusste zwar, dass sie es nicht einfach haben, es Diskriminierung gibt, aber dass die so weit ging? Wie auch immer: Schwarz oder weiß, das war für mich nie ein Thema. Ich habe immer den Menschen gesehen, alles andere interessierte mich nicht.

Sein Glück befriedigte nun auch mich. So ganz selbstlos war ich in meiner Funktion, als der Typ, der alles möglich machte, auch nicht. Klar, ich verehrte viele meiner Musiker, aber insgeheim hoffte ich auch, dass irgendwann etwas zurückkommen würde. Und das ließ bei Chubby nicht lange auf sich warten.

»Horst, ich soll eine vierzehntägige Deutschland-Tour machen, aber ohne dich möchte ich das nicht!«, sagte er mir tags darauf. Sein Veranstalter, Karl Buchmann, damals einer der größ-

Horst & Chubby Checker, 1963

ten Promoter des Landes – er machte unter anderem »Die Schlagerparade« –, musste mich also mitnehmen. Und mir zähneknirschend auch noch 500 Mark pro Abend dafür bezahlen! Mein Star-Club-Gehalt lief derweil weiter. Zum ersten und letzten Mal gab mir Weißleder Urlaub.

Buchmann engagierte mich, um Chubby bei Laune zu halten. Ich war sein Bodyguard, sein Unterhalter und letztendlich wurde ich auch sein Freund. Wir waren Nacht für Nacht unterwegs. Und wir haben jede Nacht gefickt. Es war so einfach damals. Klar, wir waren jung, wir sahen schnieke aus und er war ein Weltstar – da konnte gar nichts schief gehen.

Als die Tournee vorbei war, sagte er mir, dass er noch nie zuvor so viel Spaß gehabt hatte, diese zwei Wochen niemals vergessen würde. Und das hat er auch nicht. Seit diesen zwei Wochen damals im Herbst 1963 darf ich Chubby Checker als meinen Freund bezeichnen.

»Hallelujah, I Love Her So«
Ein unmoralisches Angebot beim Blindenschach

In den alten Tagen ging ich ein paarmal die Woche ins Kino. Das ist vorbei. Aber als »Ray« Anfang 2005 anlief, stand ich am Erstaufführungstag aufgeregt wie ein Teenager in der langen Kinoschlange. Das Warten lohnte sich. Innerhalb von zwei Wochen sah ich ihn mir noch drei weitere Male an.

Ich verehre Ray seit Beginn seiner langen Karriere. Er war zwar kein Rock 'n' Roller, aber sein einmaliger Rhythm & Blues-Sound elektrisierte mich schon in den Fünfzigerjahren.

1962 traf ich in England zum ersten Mal Don Arden. Der gilt heute neben Col. Tom Parker und Brian Epstein als der größte Agent und Manager seiner Zeit. Um ihn zu testen, sollte ich ihm irgendeinen Namen an den Kopf schmeißen, und er würde mir dann sagen, ob er ihn buchen könnte oder nicht. Ich griff gleich ganz nach oben, war mir sicher, den würde er nie kriegen, und sagte: »Wie wär's mit Ray Charles!«

»Kein Problem, wenn ihr ihn bezahlen könnt …«, antwortete Don trocken. Wir konnten. Und so buchten wir Ray Charles über die Don Arden Agency. In unseren Star-Club! Ich konnte es kaum fassen.

Das mit der Bezahlung war aber wirklich ein kleines Problem. Denn Ray war eine richtig heiße Sache. Er war noch mittendrin. Seine guten Tage noch lange nicht vorbei. Und das ließ er sich bezahlen.

Eine unglaubliche Summe für nur einen Tag. Das war durch Eintritt und Verzehr nicht wieder reinzuholen. Und wir nahmen schon zwanzig Mark, was auch eine Menge war. Da sprechen die Leute mich heute noch drauf an, gerade letzte Woche,

Horst, Ray Charles und der zweite Geschäftsführer Ali

mein alter Kumpel Harald: »Hoddel, die zwanzig Mark, damals für Ray Charles, die musste ich mir eisern zusammensparen.«

Wir durften diesmal auch wirklich nur 1000 Leute reinlassen. Wir wussten, da kommen auch Erwachsene, gesetztere Leute, denen konnten wir nicht zehn Teenager vor die Nase stellen. Wir hätten aber mindestens das Doppelte verkaufen können.

Vorher gab es noch einiges zu tun. Rays Management kündigte ein 24 Mann starkes Orchester an. Wir sollten unsere Bühnenmaße angeben, und obwohl sie schon ausgesprochen groß war, mussten wir sie vergrößern und die Tanzfläche dementsprechend verkleinern lassen.

Ray war nicht nur für mich eine Riesensache. Nie zuvor oder danach hatten wir solch eine positive Resonanz in der Presse. Sie schrieben alle: Stern, Spiegel, Welt, Frankfurter Allgemeine, einfach alle. Für die großen Rock 'n' Roll-Stars interessierten sich die renommierten Blätter nicht sonderlich, aber Ray Char-

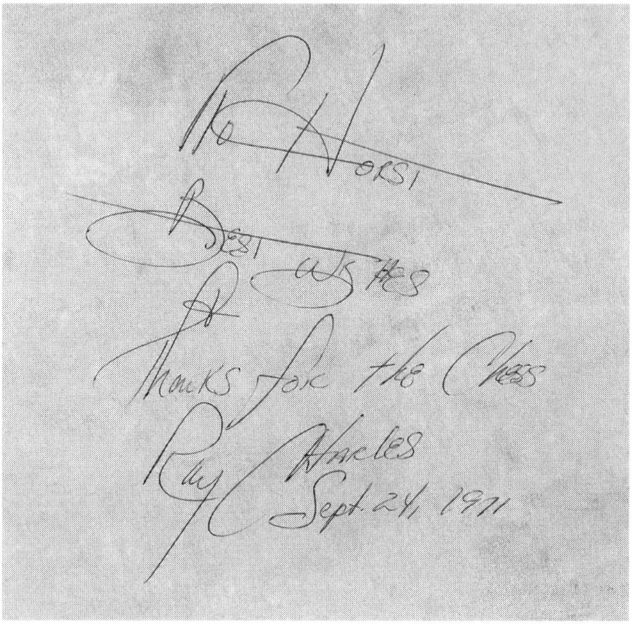

Widmung: Ray Charles bedankt sich bei Horst fürs Schachspielen

les? Das war ein kulturelles Ereignis. Genau das hat Weißleder im Vorfeld geahnt. Deshalb war es ihm auch egal, mit Ray keinen Schnapper machen zu können, er wusste: Allein die Publicity durch seinen Auftritt wäre unbezahlbar.

Wir holten Don, Ray und Band mit mehreren Privatautos vom Flughafen ab, brachten sie standesgemäß im Hotel Atlantik unter. Da zahlt man unter anderem den phantastischen Alsterblick mit, gut, der hätte Ray eigentlich egal sein können, er konnte ja eh nichts sehen, aber er war eben ein Weltstar, und dann ist so eine Unterbringung eine Selbstverständlichkeit.

Genau wie alle anderen schloss Ray sich den Star-Club-Regeln an. Zwei Auftritte, einen vor zehn, einen danach.

Kurz nach neun war es dann so weit. Ich sagte ihn an.

»Und jetzt bringen wir Ihnen das Genie Ray Charles«, tönte es hamburgisch bei noch geschlossenem Vorhang aus den Lautsprechern. »Den König der Könige! Ray Charles«, schrieb Die Welt zwei Tage später.

Ray an der Orgel, seine Band, sein Chor, die Raylettes, das war schon unheimlich beeindruckend. Er sang all seine großen Hits, »I Can't Stop Loving You«, »Hit The Road, Jack« und natürlich seinen Klassiker »What'd I Say«. Viele der Songs kannte das Publikum nicht nur aus dem Radio, sondern auch von vielen Star-Club-Bands, die seine Songs coverten. Er kam schon in der ersten Show wirklich gut an, allerdings hatte ich das Gefühl, die sehr jungen Leute begriffen nicht so richtig, dass vor ihnen ein Ausnahmekünstler stand.

Das war dann um zwölf komplett anders. Und ich glaube, auch Ray merkte das. Gerade weil er blind war, hatte er ein feines Gespür für die Atmosphäre in den Clubs. Er genoss seinen Auftritt sichtlich, sein berühmtes Grinsen wirkte noch ein wenig breiter als sonst. Er gab Zugaben ohne Ende, sang über eine halbe Stunde länger als abgemacht. Man kennt das ja von den großen Stars, für jede Viertelstunde mehr fordern sie einen Nachschlag von fünf- oder zehntausend Mark. Aber so war Ray nicht drauf.

Allein sein Knaller »What'd I Say« ging fast eine Viertelstunde. Ein musikalisches Ping-Pong-Spiel zwischen Ray und seinem Publikum: »A said, a yeah, yeah, yeah, yeah – »A said, a yeah, yeah, yeah, yeah – »A said, yeah! yeah! yeah!« – »A said, yeah! yeah! yeah!«

Wir kannten solch eine Endlosversion schon von Tony Sheridan und vielen anderen Bands. Der Unterschied war ungefähr so groß wie zwischen Sammy Davis jr. und Billy Mo.

Das Geld in der Kasse reichte bei weitem nicht aus, um seine Gage zu bezahlen. Weißleder schickte mich zwischen den beiden Shows los, um Geld aus seinen Stripteaseschuppen zu holen. Aber ich ging noch einen Schritt weiter. Ich sprach auch in anderen Läden in der Großen Freiheit vor, die Weißleder gar nicht gehörten, so in etwa: »Jungs, hört mal, auch ihr partizipiert von Rays Auftritt, leiht mir mal bitte einen Tausender«. Und sie taten raus! Anstandslos. So etwas wäre heute nicht mehr möglich.

Nach seiner zweiten Show ging ich in Rays Garderobe. Und da saß er. The Man! Abgekämpft, vollkommen verschwitzt, ein dickes Handtuch um den Hals geschwungen, aber glücklich. In seinem riesigem Mund steckte eine etwas dickere Zigarette. Es roch komisch. Ich kannte den Geruch nicht. Es war Marihuana, wie mir sein Personal Manager Joe Adams sagte. Ich zog aber nicht mit. Vor dieser Art Drogen hatte ich großen Respekt. Eigentlich Schwachsinn, denn schließlich waren die Captagontabletten, die wir uns mit Alkohol gemischt wie Bonbons einschmissen, viel schlimmer.

Joe Adams erklärte mir: »Ray ist schon von Natur aus immer high, aber er will sein Highsein mit Drogen ins Unermessliche steigern, um dadurch seiner Musik einen noch größeren Kick zu geben, verstehst du, Mann?« Ich verstand nicht so wirklich, nickte aber wissend.

Auf dem Weg zur Toilette kam mir eine betrunkene Margie Hendrix entgegen. Sie sang Leadstimme in Rays Begleitchor, den Raylettes. Man kennt sie heute vor allem aus seinem Klassiker »Hit The Road, Jack«, in dem sie sich mit Ray das schärfste Gefecht der Rockgeschichte liefert.

Sie waren nicht verheiratet, aber sie war Rays Tourmädchen. Ein echtes Prachtweib. Eine von der Die-frisst-dich-mit-Haut-und-Haaren-Fraktion. Aber eben Rays Prachtweib. Deshalb hielt ich mich zurück. Was mir nicht leicht fiel. Weil sie mir vom ersten Moment an schöne Augen machte.

Vielleicht war sie es aus Amerika nicht gewohnt, so zuvorkommend behandelt zu werden. Ich war aber auch ein wahrer Gentleman: Türaufhalten, Feuergeben, aufstehen, wenn eine Dame den Raum betrat, all diese Kleinigkeiten gehörten zu meinem Standardprogramm.

Sie stellte sich vor mich. Ich versuchte auszuweichen, doch sie war schneller. »Du bist ein wundervoller weißer Mann«, hauchte sie in mein Ohr. Oh ha! Schwere Geschütze. In Deckung, aber sofort! Zu spät. Sie hatte mich erwischt. Als ich ihre samtweichen Lippen auf meinen spürte, ergab ich mich.

Was tat ich da gerade?!

»Was ist, wenn Ray uns sieht?«, flüsterte ich.

»Horst?«

»Ja?«

»Ray kann nicht sehen«, sagte sie und grinste frech.

»Ja, das weiß ich doch, aber …« Nun musste ich lachen. Sie auch. Ich löste mich aus ihrem Griff, schob irgendetwas vor, was ich erledigen musste, sagte, wir würden uns später sehen und ging zurück in Rays Garderobe.

»Wen muss ich hier umbringen, um jemanden zu finden, der eine Partie Chess mit mir spielt?«, grölte Ray ziemlich aufgekratzt. Ich hatte keine Ahnung, was Chess überhaupt war, aber vorlaut, wie ich nun mal war, antwortete ich: »Ich …, ja, ich spiele ein bisschen!«

»Na, dann besorg schon mal ein Brett!«, erwiderte Ray. Erst da begriff ich, es geht um Schach.

Um drei Uhr fuhren wir zurück in seine Suite im Atlantik. Ray wollte eigentlich früh aufstehen, da er am nächsten Morgen nach London fliegen musste, aber die Zeit sollte noch für ein kleines Spielchen reichen, meinte er. An der Rezeption gab man mir ein prächtiges holzgeschnitztes Schachbrett. Ich fragte mich die ganze Zeit schon: Wie will der eigentlich spielen? Der ist doch blind! Merkt der sich das alles? Muss ich ihm die Züge und das alles ansagen? Ich war gespannt.

In der Suite war inzwischen richtig was los. Margie und die Raylettes und noch ein paar Leute aus Rays Dunstkreis feierten eine private After-Show-Party. Es wurde viel gelacht, getrunken und immer wieder Essen bestellt. Mir passte das gar nicht. Ich war auf ein kleines Spielchen eingestellt und nun war die wilde Margie wieder da. (Erst später fiel mir auf: Ich war der einzige Weiße im Raum! Was irgendwie auch eine Ehre war.) Nicht, dass sie dort weitermachte, wo sie im Club aufgehört hatte. Vor all den Leuten! Vor Ray! Mir wurde schlecht.

»Horst, das Brett und Figuren fühlen sich wirklich gut an, aber wie zum Teufel soll ich darauf spielen, scheiße, ich bin doch blind, Mann!«, sagte Ray in freundlicher Erregung, nachdem ich ihm das Brett in den Schoß gelegt hatte.

Na, sag ich doch! Ich war verwirrt. Wusste nicht weiter. So muss ich auch ausgesehen haben, denn darauf sagte Joe Adams: »Er braucht ein Blindenschachspiel, wie sieht's aus, Mann: Bist du der Typ, der so ein Spiel organisieren kann?«

»Selbstverständlich!«, antwortete ich, obwohl ich keinen Schimmer hatte, woher. Ich rief – und es war mitten in der Nacht – bei mehreren Blindenclubs an. Beim dritten hatte ich Glück. Im doppelten Sinne. Nun konnte ich verschwinden und drauf hoffen, dass Margie weg war, bevor ich zurückkam. Ich verabschiedete mich von Rays Gästen. Margie spielte die Beleidigte. Nur kurz. Als ich mich an der Tür noch einmal umdrehte, zwinkerte sie mir verschwörerisch zu und klimperte mit ihrem Zimmerschlüssel. Sie klimperte! Dabei wusste sie doch ganz genau, dass Ray der Mann mit den großen Ohren war. Ich schüttelte verständnislos den Kopf und ging hinaus. Die Tür war noch nicht ganz ins Schloss gefallen, ich rannte wie ein Hundertermeterläufer die Treppe runter, aus Angst, sie könnte mir folgen.

Im Blindenclub hinterlegte ich fünfzig Mark für das Brett und fuhr mit einem mulmigen Gefühl zurück ins Hotel.

Ich schlich durch den Flur, an Rays Zimmertür angekommen, horchte ich erst einmal.

Stille.

Das war gut. Sehr gut, sogar. Zaghaft klopfte ich an. Eine dunkle Männerstimme bat mich herein. Und tatsächlich: Da saßen nur noch Joe Adams, Ray und sein Blindenführer. Eine Zentnerlast fiel von mir ab. Und das Spiel konnte beginnen …

Ich war ein ganz guter Schachspieler. Obwohl ich es erst so richtig drei Jahre zuvor im Knast gelernt hatte. Und auch Ray war ziemlich gut. Aber an diesem Abend war ich besser. Immer wenn er verlor, lachte er sich halbtot. Vielleicht war er es nicht gewohnt zu verlieren. Ich hatte den Eindruck, meine Spielweise imponierte ihm. Vor allem, weil ich ihn nicht gewinnen ließ.

Vielleicht machten das die meisten sonst, weil er doch ein Star und noch dazu blind war. Aber das war nicht meine Art. Hätte ich ihn gewinnen lassen, wäre es, als ob ich ihn nicht ernst nähme. Das tat ich aber. Und so strengte ich mich richtig an und gewann drei Spiele hintereinander.

So ungefähr einmal die Stunde musste ich den Raum verlassen. Dann war Ray mit seinem Manager allein. Ich weiß es nicht genau, aber ich könnte mir vorstellen, sie gaben ihm in diesen Momenten einen Schuss Heroin.

Ray hätte wohl noch weitergespielt, seinen Flug, nur ein paar Stunden später – alles vergessen. Doch ich wurde langsam müde und Ray und die anderen verabschiedeten mich dann sehr herzlich um sieben Uhr morgens.

Ich traf Ray Charles noch einige Male in meinem Leben, begrüßte ihn immer gleich mit: »Ich bin's, Horst, der Typ, mit dem du nach deinem Star-Club-Gig Schach gespielt hast.« Er wusste immer sofort, wer ich war, und lud mich auf ein weiteres Spielchen ein.

Wir haben dann noch oft zusammen gespielt. Aber so glatt wie damals im Atlantik gewann ich nie wieder.

Und als er dann im Juni 2004 starb, war es für mich, als ob ein guter Freund gestorben wäre, die Welt – meine Welt – langsam leerer wird und die Einschläge näher kommen.

»Real Wild Child«
»Horst, du bist der wahre Killer!«

Mit Jerry Lee Lewis erwarteten wir einen weiteren König des Rock 'n' Roll. Einen echten Rocker, der gerade eine schwere Zeit hinter sich hatte. Erst heiratete er 22-jährig eine entfernte Cousine, die ungeschickterweise erst 13 war. In den Südstaaten, wo Jerry herkam, nichts Ungewöhnliches, aber für den Rest der Welt war er damit ein »Kinderräuber«. Er musste eine Englandtour abbrechen; seine Songs wurden in den Staaten nicht mehr gespielt; und dann ertrank auch noch sein dreijähriger Sohn im hauseigenen Pool.

Sie nannten ihn den »Killer«. Schon vor seinen ganzen Skandalen. Er galt als ausgeflippt. Einer, der auch schon mal sein Piano anzündete, wenn ihm irgendwas nicht passte. So etwas durfte bei uns nicht passieren. Dafür hätte Weißleder wenig Verständnis gehabt.

Ich rechnete also mit dem Schlimmsten. Und sollte mich irren.

Wir verbrachten zwei Wochen miteinander. Alles lief glatt. So glatt, dass ein sehr erleichterter Weißleder ihm am letzten Tag ein Mercedes-Cabrio schenkte.

Jerry war ein echter Gentleman. Immer freundlich, dazu sehr bodenständig. Er bestand darauf, auf St. Pauli zu wohnen. Er wollte »mitten im Geschehen sein, da, wo das Leben sein dreckigstes Spiel spielt«, sagte er mir.

Und auf der Bühne war er absolut professionell. So professionell, dass sein mitgeschnittenes Konzert »Live at the Star-Club« zum besten Livealbum des Jahres gekürt wurde. Darauf waren wir sehr stolz. Denn es lag wohl auch ein bisschen an unserem mördermäßigen Sound. (Wer sich andere Liveaufnahmen aus der Zeit anhört, weiß, was ich meine.)

Stand er nicht auf der Bühne, würde ich ihn fast als zurückhaltend bezeichnen. Aber sobald sich der Vorhang öffnete, ließ Jerry die Bestie aus dem Käfig. Die ersten paar Takte saß er noch relativ verhalten am Klavier. Dann kickte er seinen Hocker mit der Hacke nach hinten und begann, sein Piano mit Handkantenschlägen zu traktieren, als wäre er ein Karatekämpfer und sein Instrument ein Schlagzeug. Und sobald der Killer den Laden im Griff hatte, setzte er noch einen drauf, sprang aufs Klavier und dirigierte die entfesselte Menge zu »Breathless« in Ekstase. Jerry Lee war reiner Rock.

Und er zog noch. In der Woche war der Club zu drei Vierteln gefüllt, am Wochenende brach er auseinander.

Und erst seine Texte: Wir verstanden nicht alle englischsprachigen Künstler, längst nicht, aber bei Jerry war die Sache klar: Seine Lyrics waren purer Sex. Wie er in »Great Balls Of Fire« sein Baby schmachtend aufforderte, ihn zu küssen, fast stöhnend sang, wie gut sich das anfühlte, so etwas gab's in deutschen Texten nicht. Noch nicht einmal in den meisten englischen. Wir kannten das nicht. Und wir drehten durch. Es war wie eine Befreiung. Endlich sang mal einer, worauf es wirklich ankommt, wenn du jung bist.

Jerry war auch immer kompromissbereit. In seiner ersten Show vermisste ich ein paar meiner Lieblingssongs. Das sagte ich ihm und gleich am nächsten Abend spielte er sie. Er war besessen von seiner Musik. Manchmal setzte er sich nach Feierabend, um vier, noch ans Klavier und sang und spielte nur für sich. Meist wehmütige Countryballaden, Gospels oder Songs von anderen Künstlern.

Zog ich mit den Stars über die Reeperbahn, gab es eine unangenehme Begleiterscheinung – aufdringliche Fans. Wir gingen ja meist nach ihren abendlichen Gigs auf Tour. Die Künstler hatten also ihre Arbeit erledigt, waren kaputt und wollten nun ein bisschen Freizeit, ein bisschen privaten Spaß haben.

Jerry Lee Lewis in Aktion

Ohne sich ständig mit wildfremden Leuten – die ja eh meist nur ein paar Brocken Englisch sprachen, wenn überhaupt – absabbeln zu müssen, ohne dauerndes Autogrammeschreiben und Händeschütteln. Nur war das den Leuten schwer zu vermitteln. Da musste ich immer wieder Überzeugungsarbeit leisten. Verbal natürlich. In Jerrys Fall reichte das aber irgendwann nicht mehr.

Wir saßen im Studio X, hatten schon einige Cola-Whiskey intus, als ein besoffener Typ an unseren Tisch trat. Jerry hatte in der Stunde zuvor wieder unzählige Autogramme auf Schmierzettel, Bierdeckel und sogar auf den nackten Hintern einer Tänzerin – »Jerry Lee war hier!« – geschrieben.

Der Typ lallte irgendwas schwer Verständliches. Ich hörte schon gar nicht mehr richtig zu, bat ihn, uns in Ruhe zu lassen, da wir privat hier wären.

Er brabbelte irgendwas von, wir würden uns wohl als was Besseres vorkommen und was für ein Arschloch ich denn überhaupt sei. Ich blieb ruhig. Versuchte ihm noch mal klar zu machen, dass wir wirklich lieber allein wären. Aber er hörte nicht auf. Fing nun auch noch an, Jerry als Kleinmädchenficker zu beleidigen. Das hatte er wohl aus irgendeinem Schmierblatt. Mir reichte es. Ich stand auf, stellte mich direkt vor den Typ, der mal wieder einen halben Kopf größer war, sagte kein Wort, guckte ihm nur sehr entschlossen direkt in die Augen.

»Was willst du denn von mir, du halber Hahn?!«, rotzte er mich an.

Und dann ging alles ganz schnell. Ich setzte eine Kopfnuss so, wie Paulchen Müller es mir gezeigt hatte. Ohne Ansage. Der Typ klatschte der Länge nach auf den harten Bretterboden. Er brauchte ein paar Minuten, um wieder zu sich zu kommen.

Damit hatte Jerry nicht gerechnet. Ich war ja nicht der Größte und auch nicht gerade breit gebaut.

»Zu Hölle, wie hast du das gemacht?«, fragte er.

Ich sagte ihm, ich hätte früher mal ein bisschen geboxt. Dabei beließ ich es. Ich gab grundsätzlich nicht mit meinen Titeln an. Mir tat mein unrühmlicher Abgang aus der Boxwelt immer noch weh, deshalb sprach ich nicht gern darüber.

Jerry setzte sein berühmtes sarkastisch-schelmisches Grinsen auf: »Horst, ich sag dir was: Du bist der wahre Killer.«

Jerry wollte jeden Abend mit mir losziehen. Er hatte immer den gleichen Spruch drauf: »Hoddel, lass uns heut Nacht den Wald in Brand setzen!« Wie in dem Song seines Rock 'n' Roll-Kollegen Johnny Burnette.

»Horst the Killer« Jerry Lee Lewis – Autogrammkarte mit Widmung

Wir zogen von Club zu Club, aber komischerweise wollte er nie ficken. Ich weiß nicht, ob die starke Sauferei seine Lust tötete oder ob er seiner jungen Frau treu bleiben wollte – aber er redete immer nur mit den Mädchen von St. Pauli.

Eines Abends klagte er über Müdigkeit. Mit Cola-Whiskey wäre da nichts zu machen. Ich gab ihm zwei Prellus. Er schaute sie neugierig an, wollte wissen, was das für ein Zeug sei, und ich sagte ihm, dass er sich mit denen wacher fühlen würde als nach einem Zwölfstundenschlaf. Und da waren sie auch schon mit einem Whiskey runtergespült.

Keine Ahnung, ob's Einbildung war, aber irgendwie kam es

mir vor, als ob Jerry sein Klavier in dieser Nacht noch ein wenig härter rannahm als die Abende zuvor. Zumindest hörte ich nie wieder eine so schnelle Version von »High School Confidential«.

Und er wohl auch nicht, denn schon am nächsten Abend bat er um Nachschlag. Ich schenkte ihm den ganzen Riegel – acht waren noch drin. Nach seinem letzten Auftritt in dieser Nacht gingen wir wieder los, um »den Wald in Brand zu setzen«. Es war wie die Nächte zuvor. Mit einem Unterschied: So alle halbe Stunde klinkte er sich eine dieser Bomben voller Speed.

Nachschmeißen wäre gar nicht nötig, die seien eh schon stark, versuchte ich ihm klar zu machen. Ohne Erfolg. Er stand auf die Dinger und ließ sich nicht davon abbringen. Die restliche Zeit klinkte er sie täglich.

Um sieben Uhr morgens brachte ich ihn in sein Hotel, Reeperbahn, Ecke Lincolnstraße. Er legte sich hin und versuchte zu schlafen – nach den vielen Pillen war es wohl eher ein Dämmerzustand.

Am nächsten Abend stürzte Jerry auf mich zu. Er packte mich am Schlafittchen, holte zu einem Schlag aus, zog zurück, grinste, nahm mich lachend in den Arm und sagte, er müsse mir unbedingt erzählen, was ihm passiert sei: »Nachdem ich endlich eingeschlafen war, wachte ich irgendwann wieder auf. Ich war noch nicht ganz bei Sinnen, guckte auf die Uhr und geriet in Panik: es war halb neun! Halb neun, Mann! In einer halben Stunde musste ich auf der Bühne stehen! Ich sprang aus dem Bett, rein in die Klamotten, stürmte aus dem Hotel, im Dauerlauf über die Reeperbahn, rein in die Große Freiheit. Auf der Straße trübes Dämmerlicht, etwas regnerisch. Irgendetwas war anders als sonst. Irgendwie merkwürdig. Vor dem Star-Club stand kein Mensch, das Tor war verriegelt. Ich begriff das nicht! Wollte mich keiner mehr sehen? Ich rüttelte wie ein Verrückter am Gitter. Nichts. Nach ein paar Minuten kam die Reinemachfrau, schloss auf und fragte mich, ob ich total bescheuert sei. Der Club wäre schon lange zu – wozu der ganze Lärm? Ich brüllte:

Ich bin Jerry Lee Lewis, der Rock 'n' Roll-Star, ich muss hier in einer halben Stunde spielen!«

Die Putzfrau, eine typische Hamburgerin, hatte die Ruhe weg und antwortete trocken: »Ja, ja, klar, Stars sind wir doch alle irgendwie, mein Jung. Und nun geh ma schön wieder schlafen und komm heute Abend wieder. Dann lassen sie dich auch ganz bestimmt rein.«

Da merkte Jerry, dass er erst eine Stunde geschlafen hatte, und legte sich wieder hin.

Meine Zeit mit Jerry Lee waren zwei Wochen im Olymp des Rock 'n' Roll. Leider ist mein gutes Verhältnis zu ihm inzwischen ein Relikt aus längst vergangenen Tagen.

»Jerry Lee Lewis: 160 000 Mark Schulden, Taschenpfändung hinter der Bühne«, schrieb die BILD im Februar 1991.

Ende der Achtzigerjahre organisierte ich für ihn eine Deutschlandtour, zahlte 54 000 Mark Vorschuss, mietete Hallen, druckte Plakate. Die Vorverkaufszahlen waren gut. Doch dann sagte er nur vier Tage vor Tourbeginn ab. Und ließ mich auf allen Kosten sitzen. Noch nicht einmal den Vorschuss zahlte er zurück. Einen neuen Termin wollte er mir nur geben, wenn ich ihm noch mal die gleiche Summe vorschießen würde. Das lehnte ich ab. Wofür auch? Als er dann zwei Jahre später mit einem anderen Veranstalter auf Deutschlandtournee ging, versuchte ich, mein Geld mit Hilfe eines Gerichtsvollziehers und der Polizei zurückzubekommen. Vergeblich. Er hatte einen Tipp bekommen. Seine Taschen waren leer. Der Artikel schließt mit dem Satz: »Das Ende einer Freundschaft – the Killer was back!«

»You Can't Catch Me«
»Die hau'n dich tot, Chuck!«

Auf Chuck Berry waren wir besonders heiß. Er war der Künstler, der im Star-Club am meisten gecovert wurde. »Johnny B. Good«, »Roll Over Bethoven«, »Sweet Little Sixteen« – seine Hits hatten fast alle Bands – natürlich mehr schlecht, als recht – drauf.

Als Chuck ankam, wollte er erst mal den Laden sehen. Das war ihm sehr wichtig. Erst später sollte ich wissen, warum. Chuck war außerordentlich freundlich. Bei ihm hatte ich ein gutes Gefühl. Mit dem werden wir bestimmt viel Spaß haben, dachte ich.

Als er dann kurz nach acht wieder in den Star-Club kam, war der Laden brechend voll. Er fragte mich in seiner Garderobe, wie viele Leute im Laden wären, wie hoch der Eintritt sei, ob unsere Gäste auch verzehren würden, all solche Sachen. Mensch, das ist ja toll, endlich mal einer, der sich wirklich interessiert! Strahlend und stolz sagte ich ihm, der Laden sei ausverkauft und dass wir fünf Mark Eintritt genommen hätten.

»Okay, dann möchte ich die doppelte Gage, 10 000 Dollar mehr!«, sagte er mit einem entschlossenen Gesichtsausdruck in einem freundlich fordernden Ton.

Ich war sprachlos. So was war mir noch nie passiert. Ich murmelte irgendwas von »Kann ich nicht entscheiden, muss den Chef anrufen« und erklärte Weißleder telefonisch die Lage. Oh, das war was für den guten Manfred! Bei dem war Chuck an den Falschen geraten. Der ließ sich nicht erpressen. Er hatte blitzschnell eine brillante Idee parat: »Gut, sag ihm, wo er hier ist, wo er versucht, so etwas abzuziehen; sag ihm, dass er nicht durch die Hintertür rauskommt; sag ihm, dass er vorne raus muss; und sag ihm auch noch, dass du vorher eine Ansage machst, den Leuten mitteilst, dass Chuck Berry uns erpresst und nicht auftreten will; ach ja, und dann warne ihn auch noch, dass er es wohl nicht bis nach draußen schaffen wird!«

In solchen Momenten konnte Weißleder von einem Augenblick zum andern vom seriösen Geschäftsmann zum eiskalten St. Paulianer mutieren. Ich war froh, dass ich nun etwas unternehmen konnte, und nahm mir vor, das Ganze noch ein bisschen hochzujazzen, ging zurück in die Garderobe und sagte: »Okay, Chuck, ich hab mit meinem Boss gesprochen und der sagt, wenn du nicht für die abgemachte Gage auftrittst, musst du vorne durch die Menschenmenge durch. Ich gehe aber vorher auf die Bühne und sage den Leuten, was los ist, dass du nicht auftreten willst.« Ich machte eine kurze Pause: »Und denk dran, Chuck, hier ist St. Pauli. Die hau'n dich tot!«

Er sagte kein Wort. Blickte auf den Fußboden, legte die Stirn in Falten, dachte ein paar Sekunden nach, hob den Kopf, sagte: »Okay, alles klar, war doch nur ein Joke!«, ging auf die Bühne und spulte sein Programm ab.

Ich sah nie zuvor oder danach einen großen Künstler so schnell aus dem Laden verschwinden wie Chuck Berry nach seinem zweiten Gig.

Henry erzählte mir später, Chuck hätte ihm auf dem Rückflug gesagt, so wäre noch niemand mit ihm umgegangen. Und vielleicht imponierte ihm das sogar. Denn er kam als Gast noch ein paarmal zurück.

»(You're The) Devil In Disguise«
»Aber was bekommt Elvis?«

Rückblickend könnte man sagen: »Wir haben sie alle gehabt!« Na ja, fast alle. Es gab manche, die wollten wir nicht. Die Rolling Stones zum Beispiel. Und eigentlich nur einen, den wir unbedingt haben wollten, der aber nicht zu uns kommen durfte.

Und das war Elvis Presley. Der King.

Der war zwar 1963 noch nicht der Alleinherrscher im Rock 'n' Roll-Reich, aber er hatte gegenüber all den anderen Rock 'n' Roll-Königen einen entscheidenden Vorteil: Seine große Zeit war noch nicht vorbei, er war nach wie vor erfolgreich in den weltweiten Hitparaden vertreten und wurde uns auch durch seine unzähligen Filme immer wieder ins Gedächtnis gerufen.

Ich wollte ihn unbedingt haben. Er war eins meiner Jugendidole. Fast jeder, der Rock 'n' Roll liebte, verehrte ihn, wollte so sein wie er. Und auch Weißleder drängte. Immer wieder. Er wusste, dass ein Auftritt von Elvis wie eine Bombe einschlagen würde. Er würde den Star-Club endgültig über Deutschlands Grenzen hinaus bekannt machen.

Obergeschäftsführer Paulchen Müller wollte Weißleder von dieser Idee abbringen: »Manfred, ruiniere dich doch nicht, du weißt doch, dass du die Kosten nie einspielen kannst.«

»Doch! Die Werbung, die Elvis uns bringt, ist unbezahlbar«, meinte Weißleder.

Krampfhaft versuchte ich, einen Kontakt herzustellen. Was ziemlich schwer war. Denn niemand war abgeschirmter als Elvis; ein direkter Kontakt nahezu unmöglich. Alles lief über seinen allgegenwärtigen Manager Col. Tom Parker. Aber auch der war schwerer ans Telefon zu bekommen als eine Reeperbahn-Hure, die gerade unter einem Freier lag. Ich versuchte es täglich mehrmals. Weißleder witzelte schon drüber: »Na, was sagt Elvis?«, fragte er mich ständig. »Nicht mehr viel, er hat einen Faustschlag auf den Kehlkopf bekommen und kann nun nicht mehr singen. Sonst wäre er aber gern gekommen, soll ich dir ausrichten«, antwortete ich einmal – in Anspielung auf seinen Film »Jailhouse Rock« – scherzhaft.

Ich glaubte schon nicht mehr dran, aber eines Abends kurz vor dem Gig von Chuck Berry erwischte ich ihn dann doch in einem Casino in Las Vegas. Wahrscheinlich saß er gerade mal wieder am Glücksrad und verprasste die schwer verdienten Millionen seines Schützlings.

Das Gespräch fing gut an. Ziemlich gut sogar. Der selbsternannte Colonel gab mir das Gefühl, in Augenhöhe mit ihm zu verhandeln. Er schien sehr interessiert, erkundigte sich nach der Größe des Clubs, was für eine Art Publikum wir hätten, wie viel Eintritt wir bei internationalen Stars verlangten, all diese Sachen wollte er ganz genau wissen.

Alles schien so unwirklich. Verhandelte ich tatsächlich gerade mit Elvis Presleys Manager? Ja, das tat ich! In Gedanken sah ich mich schon in einem rosa Cadillac Elvis am Fuhlsbüttler Flughafen abholen.

Durch den glänzenden Gesprächsverlauf vollkommen euphorisiert, drehte ich nun mächtig auf, übertrieb hier und da ein wenig, erzählte ihm von all den großen Namen, die wir schon bei uns im Laden hatten, er wollte immer noch mehr wissen. Jede Kleinigkeit, ob die Gäste bei uns auch verzehren würden, all so'n Scheiß. Nun stellte ich mir vor, wie Elvis seine Hüften auf der Star-Club-Bühne schütteln würde.

»Okay, kommen wir zum Abschluss!«, sagte Parker dann ganz plötzlich. Rums! Das saß. Elvis' Manager wollte mit mir einen Vertrag abschließen. Damit war ich im Big (Music-)Business angekommen. Mehr ging nicht.

»Über wie viel Geld reden wir?«, fragte er.

Das war eine gute Frage. Auf die ich eigentlich keine Antwort hatte. Ich hatte mit Weißleder im Fall Elvis nie über eine konkrete Summe gesprochen. Ich musste improvisieren. Ohne groß nachzudenken, komplett aus dem Bauch heraus, es war wirklich nur so ein Gefühl, sagte ich: »Fünfzigtausend Dollar!« Ohne zu wissen, wie viel Mark das überhaupt waren. Doch eines wusste ich: Fünfzigtausend Dollar waren verdammt viel Kohle. So viel hatte wohl noch nie jemand zuvor für einen Künstler in Deutschland gezahlt. Ich grinste. Hoddel, der kleine Junge aus'm Hafen, jongliert mit Summen, als würde er auf'm Fischmarkt Aale kaufen.

Fünfzigtausend Dollar! Da musste er einfach zuschlagen. Doch dann kam seine Antwort.

»Fünfzigtausend sind okay, aber was bekommt Elvis?«

Rums! Ich bin in meiner Box-Karriere noch nie so hart K.O. gegangen. Aber diese Antwort war für mich, als würde mir ein Schwergewichtler eine dampfhammerartige rechte Gerade mitten in die Fresse donnern.

Zuerst dachte ich, nicht richtig zu hören. Es dauerte ein paar Sekunden, bis ich seine Antwort begriff, doch dann verstand ich schlagartig. Colonel Tom Parker, dieser Riesenarsch, hatte nie vor, ernsthaft mit mir zu verhandeln. Sein vorgegaukeltes Interesse, seine Fragen, alles nur Show, um nicht unhöflich zu wirken.

Meine Euphorie schlug um in unsagbare Enttäuschung. Es war so ungefähr wie vor dem Traualtar. Du hast die Frau deines Lebens gefunden, kein Mann auf der Welt ist glücklicher als du und dann antwortet sie auf die Frage aller Fragen mit einem trockenen »Nein«!

Bisher konnte ich immer alles umsetzen, was Weißleder forderte oder ich mir vorstellte. Nun hatte ich zum ersten Mal in meiner Star-Club-Karriere versagt. Doch was hätte ich machen sollen? Ich spürte ja schon damals, aus irgendeinem Grund wollte er nicht.

Heute brauche ich mich nicht zu schämen. Heute weiß ich es besser. Denn zeitlebens trat Elvis ausschließlich in den Vereinigten Staaten auf. Es heißt, er wollte gern, aber Parker soll es nicht zugelassen haben, weil er aufgrund irgendeiner Strafsache die USA nicht verlassen wollte oder durfte.

Doch noch heute frage ich mich manchmal, was er wohl gesagt hätte, wenn ich, vielleicht nur so aus Spaß, auf seine eventuellen Forderungen eingegangen wäre.*

* Es wird behauptet, Weißleder hätte mit Parker verhandelt, ihm eine Million Mark angeboten. 1. Weißleders Englisch war viel zu schlecht, um so ein wichtiges Gespräch zu führen. 2. Eine Million Mark hätte selbst Weißleder nicht zahlen können. Für niemanden.

»Satisfaction«
Ihr müsst leider draußen bleiben

Im Star-Club wollten (fast) alle Stars auftreten, aber wir wollten längst nicht alle haben. Die berühmteste Band, die wir ablehnten, waren die Rolling Stones. Das mag aus heutiger Sicht ein Fehler gewesen sein, aber damals hatte es seinen Grund. Wir hatten schon früh mit immer neuen Auflagen des Ordnungsamtes zu kämpfen. Wo sie konnten, versuchten sie, uns das Leben schwer zu machen.

Da hätten uns die Stones gerade noch gefehlt. In der Öffentlichkeit galten sie als das komplette Gegenteil der Beatles. Die Pilzköpfe waren trotz ihrer für die damalige Zeit langen Haare sauber und ordentlich, geradezu bildhafte Schwiegersöhne, die Stones dagegen wirkten schmuddelig und waren als wildgewordene Rowdies verschrien. Ständig besoffen und auf Drogen. (Dass die Beatles im wahren Leben mindestens genauso heftig unterwegs waren, wusste ich, aber die Öffentlichkeit damals noch nicht.) Und die Drogen waren das Schlimmste an der ganzen Sache. Es war ja noch nicht die Hippiezeit und illegale Betäubungsmittel waren alles andere als salonfähig, so etwas konnten wir uns im Star-Club – zumindest offiziell – gar nicht leisten.

Wir befürchteten also, denen da oben mit so einer Band einen weiteren Grund zu geben, den Star-Club dichtzumachen.

Fast täglich bekamen wir von Plattenfirmen, Agenturen und Managern Künstler angeboten. Sie schickten uns Fotos, Biographien und Platten. Doch die wenigsten buchten wir über diesen Weg. Wir wussten meist schon, wen wir haben wollten, und setzten uns dann mit den jeweiligen Managern in Verbindung. Grundvoraussetzung war fast immer: Wir mussten sie schon mal live gesehen haben. Das galt natürlich nicht für unsere Weltstars, die brauchten ja auch nichts mehr zu beweisen.

Die meisten deutsch singenden Acts lehnten wir von Haus aus ab. Wir waren ja froh, den ganzen Mief, die ganze Schlagersülze der Fünfzigerjahre hinter uns gelassen zu haben. Freddy Quinn, Peter Alexander, Fred Bertelmann und wie sie alle hießen. Mit denen quälte man uns schon seit Jahren im Radio, Fernsehen, Kino. Und nun konnten wir mal entscheiden. Nun sagten wir, was angesagt war. Wir, die Jugend damals, und deshalb wollten wir nichts im Club haben, was auch nur ansatzweise in diese Richtung ging.

Auch der sogenannte »Deutsche Elvis«, Ted Herold, bewarb sich bei uns. Und auch ihn lehnten wir ab. Was mir damals sogar ein bisschen leid tat, schließlich war er authentischer als zum Beispiel Peter Kraus. Aber eben nicht authentisch genug. Er passte mit seinen deutschen Songs einfach nicht in unser Konzept. Für uns war er nur eine schlechte Elvis-Kopie. Und seine Rockzeit war 1963 auch schon fast vorbei. Was man daran sah, dass sein größter Hit drei Jahre zuvor die grässliche Schnulze »Moonlight« war. Wir hatten einfach bessere Interpreten für Elvissongs – Tony Sheridan zum Beispiel. Der sang sie glänzend, ohne dabei den King zu kopieren.

Udo Jürgens, Mireille Matthieu und France Gall wollten wir auch nicht haben. Und eigentlich haben wir den meisten der besagten Künstler damit einen Gefallen getan. Denn wir hatten ein großes Stammpublikum und ein paar von denen hätte beispielsweise einen Udo Jürgens von der Bühne geholt, aber achtkantig! Da bin ich mir ziemlich sicher.

»Future Trip«

Das »Jimi-Hendrix-Desaster«

In dem Film »Zurück in die Zukunft« gibt es eine wunderbare Szene, in der Michael J. Fox die alte Chuck-Berry-Nummer »Johnny B. Good« spielt. Michael, der aus der Zukunft kommt, zupft am Ende des Songs ein hardrockartiges Gitarrensolo, was bei seinem 1955er-Publikum für totales Entsetzen sorgt. So in etwa muss auch das Star-Club-Publikum empfunden haben, als Jimi Hendrix auftrat. Aber der Reihe nach …

1963 flog ich mal wieder nach England, um mir ein paar Künstler anzuschauen. Als glühender Verehrer von Little Richard ging ich in London in zwei seiner Konzerte. Er stellte mir seinen Gitarristen vor. Einen schüchternen jungen Mann. Es war Jimi Hendrix. Der wollte nicht ewig Gitarrist in einer Band bleiben und fragte mich, wie die Chancen für ihn in Deutschland stünden. Nicht so gut, sagte ich ihm. Die konservativen Deutschen wollen Stars, Leute, die sie schon kennen. Er sollte es lieber in England versuchen, da seien die Menschen offener für Neues. Ich gab ihm meine und die Nummer von Henry Henroyd und sagte, den könnte er anrufen, der würde alles regeln.

Als Jimi 1964 bei Richard ausstieg, meldete er sich ein paarmal im Club und bat um Rückruf. Ich rief aber nicht zurück. Ich hatte ihm ja bereits in London gesagt, dass ich ihn derzeit nicht auf der Star-Club-Bühne sehen würde. Ich hoffte, er würde sich an Henry erinnern. Er hatte aber inzwischen wohl schon einen eigenen Agenten in New York – Chess Chandler. Der wiederum kannte Henry und vertickte Jimi nach England. Bei Henry beriefen sich die beiden auf mich, um nach Deutschland zu kommen. Was natürlich Schwachsinn – aber einen Versuch wert – war. Sie riefen dann abermals bei mir an und ich sagte, Jimi sollte sich erst mal in England einen Namen machen und dann könnten wir drüber reden. Und das versuchte Jimi dann auch, er tourte durch die Londoner Clubszene.

1966, ich saß inzwischen zum zweiten Mal im Knast, besuchte mich Uwe. Er wollte in Weißleders Auftrag wissen, was ich von Jimi halte, ob ich ihn buchen würde. Weißleder fragte mich über meine Brüder öfter um Rat. Das war seine Art, mir zu zeigen: Ich hab dich nicht vergessen, du gehörst noch dazu, ich brauche dich.

»Was soll ich sagen? Scheint ein netter Junge zu sein, aber ich hab ihn auch noch nicht gehört, da er über Henry kommt, kann er aber wohl nicht ganz schlecht sein.«

Bei Uwes nächstem Besuch, Wochen später, hieß es dann: Weißleder hätte Jimi engagiert. Allerdings nur für drei Tage, um das Risiko zu mindern. Das freute mich. Weißleder verlässt sich also noch auf mich. Und auf Henry. Der war inzwischen neben seiner Agententätigkeit auch als Scout für uns unterwegs.

Und dann kam der Auftritt.

Ich kann hier nur wiedergeben, was man mir erzählte. Jimi machte unter anderem eine Sache, die ihn später berühmt werden ließ. Etwas, das noch keiner zuvor im Star-Club brachte. Er zog die Gitarre an den Verstärker, so dass eine Rückkopplung entstand. Was eigentlich jeder Musiker zu vermeiden sucht. Mit dieser neuen Technik steuerte er ganz gezielt Töne an. Damit machte er aus Scheiße Gold. Allerdings sah nur er es so. Für die meisten in dieser Nacht blieb es Scheiße.

Vor allem für Weißleder. Der wurde richtig wütend. Er fühlte sich von Henry verarscht. Der hätte ihm ganz bewusst diesen Schrott angedreht, obwohl er genau wusste, so etwas kommt hier niemals an. Er schrie, nie wieder würde er jemanden buchen, den er nicht vorher gesehen hätte.

Die anderen Künstler, die an dem Abend spielten, mochten Jimis neuen Sound auch nicht. Vielleicht spürten sie irgendwie, dass er die Zukunft war und sich ihr Stil langsam dem Ende zuneigte. Vielleicht hielten sie ihn aber auch nur für einen durchgeknallten Spinner, ich weiß es nicht. Zumindest erlaubten sie sich einen Scherz. Heimlich stimmten sie Jimis Gitarre einen halben Ton höher, als er dann anfing zu singen, kriegte er nicht die richtige Tonart. Das gab dann noch ein bisschen Ärger, er war nicht blöd und wusste, irgendeiner der Musiker musste da was manipuliert haben.

Heute würde ich gern sagen: Ich hatte mal wieder den richtigen Instinkt, und dass wir im Star-Club immer für frische Einflüsse, neue Stile offen waren. Aber das wäre in Jimis Fall blanker Unsinn. Wir hatten – im Nachhinein – einfach Glück, ihn vorher nicht gehört zu haben. Sonst hätten wir ihn nicht gebucht. Im Leben nicht. Nachdem Jimi dann nur zwei Jahre später so abging, Weltruhm erlangte, in Woodstock spielte, waren wir natürlich stolz. Zumal Jimis Gig den Star-Club noch bekannter machte. Aber es bleibt dabei: Jimis Auftritt war für unsere Gäste ein echter Kulturschock.

»Summer's Gone«

Die Party ist vorbei

Sommer 1964. Eine unbeschwerte Zeit. Ich machte mir keine großen Gedanken über meine Zukunft. Warum auch? Es lief doch alles. Der Star-Club war mein Leben. Und der brummte nach wie vor. Einzig Tony Sheridan machte mir ein bisschen Sorgen. Er wurde immer unberechenbarer. Zwar besorgte ich ihm weiterhin eine Menge Gigs, aber wirklich voran kamen wir nicht. Das lag an ihm. Bekam er von einer Plattenfirma einen Vorschuss, tauchte er unter, bis das Geld alle war. Einmal verballerte er vierzigtausend Mark in nur drei Tagen in der Herbertstraße. Der Typ haute die Kohle raus, als gäbe es kein morgen. Keine Ahnung, wie er das anstellte.

Das eigentliche Problem dabei war seine Unerreichbarkeit. Verschwand er mal wieder, kriegte man ihn einfach nicht zu fassen. Er versäumte Promotionstermine, Gigs, Fernsehauftritte.

Bei der Aufzeichnung zur Fernsehshow »Hits a go go« hatte er nichts Besseres zu tun, als mit der Assistentin des Produzenten zu schlafen. Das allein wäre nicht so schlimm gewesen, aber anschließend ließ er sich von ihr – sie war so eine Art Produktionsleiterin – nichts mehr sagen. Sie gestand ihrem Chef den Fehltritt, und schon war Tony aus der Show gekickt. Für immer.

Doch das Ganze war mehr sein Problem als meins. Ich verdiente auch ohne ihn genug. Meine Probleme sollten erst noch kommen.

Im November bekam ich eine Aufforderung, im Polizeipräsidium zu erscheinen; ich hatte keine Ahnung, was die von mir wollten.

Relativ entspannt betrat ich das Hochhaus am Berliner Tor.

Mein Gemütszustand änderte sich allerdings schlagartig, als ich hörte, dass man gegen mich wegen Körperverletzung ermittelte. Es kam zu einer Gegenüberstellung. Ich stand zwischen acht Verbrechervisagen. Fast alle Opfer erkannten mich. Was ich dazu sagen würde. Ach, das sei alles an den Haaren herbeigezogen, natürlich »erkennen« sie mich, fast jeder Star-Club-Besucher kannte mein Gesicht. Aber das bedeutete noch lange nicht, dass ich mit der Sache etwas zu tun hätte. Mehr hätte ich dazu ohne meinen Anwalt nicht zu sagen.

Nun bekam ich es doch ein bisschen mit der Angst zu tun. Damit hatte ich nicht gerechnet. Natürlich erinnerte ich mich an die Schlägereien, nur waren die schon so lange her, nicht im Traum dachte ich, dass da etwas nachkäme. Ich durfte nach Hause gehen und behielt die Sache erst mal für mich.

Am nächsten Abend erzählte ich Weißleder von meiner Vorladung. Er war wie ich der Meinung, dass selbst im schlechtesten Fall nicht viel dabei rumkäme.

Doch wir beide sollten uns irren.

Am 15. Januar 1965 klingelte es morgens um sieben an der Wohnungstür meiner Eltern. Vier schwer bewaffnete Polizisten und ein Staatsanwalt erschreckten meine arme alte Mutter fast zu Tode. Ihren traurigen Blick, als man mich abführte, werde ich nie vergessen.

Die ersten drei Tage in Untersuchungshaft waren schrecklich. Diese Ungewissheit war einfach unerträglich. Gar nicht zu vergleichen mit meinem ersten Knastaufenthalt. Da wusste ich, weswegen und vor allem wie lange ich einsitzen musste. Nach vier Tagen wurde ich »erkennungsdienstlich behandelt«. Man nahm meine Fingerabdrücke und fotografierte mich. Auf den Bildern, die schon bald in der Presse erschienen, sah ich aus wie ein Schwerverbrecher. Ungekämmt, unrasiert, unausgeschlafen. Danach las man mir den Haftbefehl vor – »Schwere gefährliche Körperverletzung in mehreren Fällen«.

Zu irgendeiner Strafe würde es auf alle Fälle kommen, so viel war sicher. Und damit hatte ich gegen meine Bewährungsauflagen aus der »Körperverletzung mit Todesfolge«-Verurteilung verstoßen.

Mein Vater besuchte mich im Gefängnis kein einziges Mal. Dafür kam er zur Gerichtsverhandlung. Und machte etwas, was nur Eltern tun können. Es war mitten in der Verhandlung, als er plötzlich aufstand und das Wort ergriff.

»Entschuldigen Sie bitte, Herr Richter, mein Name ist Hermann Fascher und ich möchte etwas sagen.«

»Nur zu.«

»Danke. Also, ich, ich kämpfte in zwei Weltkriegen. Wofür, weiß ich bis heute nicht. Ich war sechs Jahre in russischer Kriegsgefangenschaft. Meinen Sohn lernte ich erst richtig kennen, als er schon fast fünfzehn Jahre alt war. Wäre ich da gewesen, hätte ich für ihn da sein können, dann stünde er heute nicht hier, glauben Sie mir das bitte. Mein Sohn hätte eine andere Erziehung genossen, ich hätte ihm andere Werte vermittelt. Meine Frau, seine Mutter, hat ihr Menschenmöglichstes getan, aber sehen Sie, sie war einfach überfordert. Vier Söhne, harte körperliche Arbeit, finanzielle Not. Herr Richter, mein Junge ist kein schlechter Mensch, er ist kein Verbrecher, ihm fehlte nur jemand, der ihm zeigt, was richtig und was falsch ist. Bitte berücksichtigen Sie das und bestrafen Sie ihn nicht für meine Versäumnisse. Vielen Dank.«

Nachdem er sich wieder gesetzt hatte, nickte er mir aufmunternd zu und lächelte. Tränen liefen mir über die Wangen. Allein den Gerichtssaal zu betreten, muss ihn große Überwindung gekostet haben. Mein Vater tat nie etwas Unrechtes. Das gab es für ihn nicht. Ich konnte seinem Blick kaum standhalten, so sehr schämte ich mich. Es gibt kaum Schlimmeres, als seine Eltern immer wieder zu enttäuschen. In diesem Moment wurde mir erst klar, wie viel Schmerz ich meinen Eltern zufügte. Meinem Vater, der sich zwölf Zähne ausschlagen ließ, nur damit er mein Foto behalten durfte. Ich dachte an den schlimmsten Satz, den er je zu mir gesagt hatte: »Eines sage ich dir, mein Junge: Ich besuch dich lieber auf dem Friedhof als im Gefängnis.«

Das war kein leeres Gerede, er meinte das so. Ich bat ihn auch nie um seinen Besuch. Mein Vater war ein konsequenter Mann, der zu allem stand, was er sagte oder tat. Er muss eine Vorahnung gehabt haben. Dass er mich lieber auf dem Friedhof besuchen würde, sagte er mir 1959, als ich mich entschieden hatte, auf St. Pauli zu arbeiten.

»Mach das nicht, Junge!«, bat er mich fast flehend, »fahr zur See. Die Welt ist so schön. Es gibt so viel zu entdecken, zu erleben, was willst du auf St. Pauli? Und dann immer nur nachts, tagsüber verschläfst du die schönste Zeit, das hat doch alles keinen Wert!«

Er hatte Recht und Unrecht. Wie auch immer – was ich diesem Mann antat, konnte ich mir einfach nicht verzeihen.

Den Richter beeindruckte die Fürsprache meines Vaters. Der Staatsanwalt sah allerdings in mir einen gemeingefährlichen Gewohnheitsverbrecher. Er beantragte fünf Jahre und neun Monate Zuchthaus mit anschließender Sicherheitsverwahrung. So eine harte Strafe erscheint aus heutiger Sicht verwunderlich. Zumal es vordergründig gar nicht um mich ging. Die Presse nannte es den »großen St.-Pauli-Prozess«. Es sollte ein Sumpf trockengelegt werden, den es meines Erachtens gar nicht gab.

Ich bekam drei Jahre. Der Richter sicherte mir zu, bei guter Führung bereits nach zwei Jahren freizukommen.

In seiner Urteilsbegründung sagte er, dass ich durch meinen Umgang in diese Misere geraten sei. Nicht durch kriminelle Veranlagung, wie der Staatsanwalt meinte. Das hatte er richtig erkannt.

Trotz der im Vergleich zu der vom Staatsanwalt geforderten relativ milden Strafe fühlte ich mich ungerecht behandelt. Ich hätte in einigen Punkten einen Freispruch verdient. Das Schlimmste war ein Kieferbruch. Das andere waren ein ausgeschlagener Zahn, eine dicke Backe und ein blaues Auge.

Was ich mir allerdings vorwerfen musste: Ich ignorierte, verdrängte die Gefahr, die von meiner Boxkunst ausging.

Schließlich hatte ich schon ein Menschenleben auf dem Gewissen. Zwar ungewollt, aber das änderte nichts an dem Tatbestand.

Zu allem Überfluss bekam ich noch eine Extrastrafe, die mein Leben entscheidend verändern sollte. Ich war – soweit ich weiß – der erste und letzte Mensch, der ein »St.-Pauli-Verbot« bekam. Man gab mir eine Karte, auf der genau eingezeichnet war, wo ich mich bewegen durfte und wo nicht. Dazu quasi ein Berufsverbot. Das Gericht wollte damit erwirken, dass ich in meinen handwerklichen Beruf zurückkehrte.

Ich verhielt mich anständig. Das war kein Problem. Schließlich war ich nicht der Mann, den der Staatsanwalt in mir sah. Die Zeit im Knast verging relativ schnell. Es waren auch nur noch acht Monate, da ich bereits sechzehn in U-Haft abgesessen hatte. Einfach war die Zeit trotzdem nicht. Am schlimmsten war die musikalische Blutarmut. Zwei Jahre ohne Musik ließen mich seelisch verkrüppeln. Ich war verrückt nach Musik. Im Knast gab es keine Musikinstrumente, kein Radio, keinen Fernseher, nichts. Für jemanden wie mich, der für und von Musik lebte, war das ein unerträglicher Zustand.

Hart war auch, dass ich von draußen fast nichts mitbekam. Dass die Zeit des ursprünglichen Rock 'n' Roll vorbei war, bekam ich im Knast auch nicht mit. Als ich 1965 verhaftet wurde, hatte er seine goldenen Jahre zwar schon hinter sich, aber er lebte noch.

Eines der ersten Lieder, die ich im Radio hörte, als ich wieder in Freiheit war, hieß »The Times There Are Changing« von Bob Dylan. Es war nicht meine Art von Musik, ich verstand auch nicht jedes Wort, aber er drückte damit aus, was ich in diesen Tagen fühlte.

Ich hörte, dass es mit dem Star-Club bergab ging. Wo sie nur konnten, machten Hamburgs Entscheidungsträger Manfred das Leben schwer. Er verlor sogar sein Lieblingsbaby, die Jugendzeitschrift »Star-Club NEWS«. Ein Großverlag gab vor, mit einsteigen zu wollen, nur um nach Vertragsunterschrift das Blatt platt zu machen.

Den Hamburger Pfeffersäcken passte es nicht, dass sich der Star-Club auf St. Pauli befand. Sie wollten nicht, dass sich ihre feinen Söhne und höheren Töchter auf der Vergnügungsmeile herumtrieben. Dort gehörte der Club aber hin. Wir brauchten die Nachtschwärmer, die Laufkundschaft. Er war mit unserem Konzept in einem bürgerlichem Viertel nicht zu halten, da wir dort nur vier Stunden hätten öffnen können. Ab Mitternacht würde da niemand mehr kommen. Acht Stunden reichten gerade so aus. Ach, noch nicht mal. Weißleder musste drei-, viermal die Woche aus seinen anderen Läden Geld abziehen, um unsere Shows zu bezahlen. Er machte es gern, er hing mit Leib und Seele am Laden und war verrückt danach, die Jugend zu begeistern.

Weißleder war bei der SS gewesen. Er war aber kein überzeugter Nazi, im Gegenteil, er hasste sie. Er spürte, dass die Nazis ihn um seine Jugend betrogen hatten. Um die schönste Zeit seines Lebens. Er wollte sich mit dem Star-Club auch ein Stück Jugend zurückholen.

Doch ohne zu übertreiben möchte ich sagen, dass der Untergang des Star-Clubs auch mit meiner Abwesenheit zusammenhing. Weißleder war das Hirn des Clubs, ich seine Seele. Treffe ich heute die alten Musiker, fragt keiner nach Manfred. Was schade ist, er war ein großartiger Mensch. Doch ich bin es, den sie mit dem Star-Club in Verbindung bringen.

Mit mir verschwand auch ein Stück Enthusiasmus, dieses Lebensgefühl, das ich mit meinen Jungs verbreitete und das wir auf eine große Schar Jugendlicher übertrugen, ging verloren – frei sein, gute Musik hören, tanzen, Menschen treffen, all diese Dinge.

Da Hamburg für mich erledigt war und ich keinesfalls zurück auf die Werft wollte, träumte ich im Knast davon, in Amerika ins Musikmanagement einzusteigen. Ich sah mich schon mit einem Straßenkreuzer durch Las Vegas kurven. Was ich in Deutschland erreicht hatte, würde ich auch in Amerika schaffen, hoffte ich.

Kriminelle Ambitionen lagen mir fern, ich hielt mich im Knast aus allem raus. Obwohl dort fast jeder irgendeine todsichere Sache in petto hat, für die er unbedingt dich brauchte.

Meine zwei Drittel waren fast abgelaufen, als ich während eines Hofgangs über Lautsprecher hörte: »Horst Fascher, sofort auf Station eins melden!«

Station eins war die Leitstelle. Sich dort melden zu müssen, bedeutete meist nichts Gutes. Ich bekam es mit der Angst zu tun. Scheiße, ich hatte nur noch neun Tage offen, da wird ja wohl nichts passiert sein! Auf der anderen Seite hatte ich ein gutes Gewissen, da ich mir im Knast nichts zu Schulden hatte kommen lassen.

Meine Sorgen waren unbegründet. »Fascher, sofort alle Sachen packen, Sie gehen auf Transport.« Also in die Freiheit!

Als ich das hörte, hätte ich die ganze Welt umarmen können. Ich weinte, ich schrie vor Freude, es war ein wunderbares Gefühl. Dabei drehte es sich nur um neun Tage, die sie mir schenkten. Daran kann man sehen, wie eingesperrt ich mich fühlte.

Jeder Tag im Knast war die Hölle. Ich wusste vor Langeweile nicht, was ich machen sollte. Es gab nur Bücher, ein bisschen Gymnastik, onanieren, essen und schlafen.

Da ich diesen Zustand bereits kannte, hatte ich zum Richter bei der Urteilsverkündung gesagt: »Mich sehen Sie hier nie wieder!«

Bisher wären ausnahmslos alle wiedergekommen, aber er würde sich natürlich freuen, wenn ich eine Ausnahme wäre, meinte er. Ich hielt mein Versprechen, stand nie wieder vor Gericht. Fünfundzwanzig Jahre später erkundigte sich der Richter bei meinem alten Anwalt nach mir. Der meinte, ich wäre inzwischen ein erfolgreicher Musikmanager. Worauf der Richter sagte, der Fascher sei der Einzige, der ihn nie enttäuscht hätte.

Das war vielleicht ein bisschen übertrieben, aber stolz machte es mich dennoch. Vor allem meinen Eltern gegenüber, die sich fast zu Tode gegrämt haben, als ich im Knast saß.

Mutter und meine Brüder holten mich morgens um neun am Holstenglacis ab. Als ich Fredi umarmte, merkte ich, dass er vollkommen durchgefroren war. Er hatte fast die ganze Nacht vor dem Gefängnistor auf mich gewartet. Mein kleiner Bruder wollte mich unbedingt als Erster begrüßen. Polizisten versuchten, ihn wegzuscheuchen, aber er weigerte sich.

»Ich bleibe hier sitzen, bis mein Bruder rauskommt, verhaften Sie mich doch, wenn Ihnen das nicht passt!«, soll er den Beamten, frech wie er war, entgegengehalten haben.

Zu Hause organisierte meine Familie eine Willkommensparty. Vater hatte sich extra freigenommen, Mutter Topfkuchen, meinen Lieblingskuchen, gebacken. Es waren so zehn Leute da. Alle wollten wissen, wie es war und was ich nun vorhätte. Ich sagte erst mal gar nichts, saß nur da und schaute mich ungläubig um. War ich wirklich hier? Frei? Oder war es nur ein Traum, aus dem ich gleich erwachte, um wieder auf vergitterte Fenster zu blicken?

Schnellstmöglich wollte ich Abstand zu dieser grässlichen Zeit gewinnen.

Wir saßen ein paar Stunden zusammen. Dann wollte ich mal wieder die Stadt sehen. Uwe und Fredi zeigten mir die vielen Veränderungen in meiner Heimatstadt, die sich noch immer im Wiederaufbau befand. Danach gingen wir chinesisch essen; nach zwei Jahren Gefängnisfraß ein unglaublicher Gaumenschmaus.

Obwohl ich mich vor nichts mehr fürchtete, als zurück ins Gefängnis zu müssen, ging ich zwei, drei Mal heimlich auf die Reeperbahn. Einmal sogar in den Star-Club. Ich musste unbedingt wissen, was aus meinem Baby geworden war. Mitten in der Nacht schlich ich mich mit Hut und Sonnenbrille getarnt hinein. Aber ich konnte es nicht genießen. Zu viel hatte sich verändert. Es war 1967, die Leute sahen blöd aus und genauso klang auch ihre Musik. Das Hauptproblem war aber die Angst, erwischt zu werden. Enttäuscht ging ich nach zwanzig Minuten wieder heim. Es war das letzte Mal, dass ich im Star-Club war.

Eigenartigerweise hatte ich in den ersten Tagen keinen Drang zu ficken. Ich war so zerrissen, konnte keinen klaren Gedanken fassen, ich wusste gar nicht, was ich wollte. Ich war ein anderer geworden. Zumindest eine Zeit lang. Nachts konnte ich erst nicht einschlafen, dann schreckte ich von Alpträumen geplagt hoch, ging stundenlang spazieren und grübelte.

Ich verkehrte nun häufig im Karolienenviertel. Dort wohnten viele frühere Sportkameraden. Der Felsenkeller war kein Vergleich zu den Kneipen auf St. Pauli, aber besser als nichts. Dort lernte ich auch Tutti kennen, das erste Mädchen nach meiner Haft. Wir kannten uns vom Sehen. Es ging schnell zur Sache. Sie wusste, wo ich herkam, und somit schliefen wir gleich im Treppenhaus miteinander. Es war aber nur eine Liebelei. Für eine Beziehung war es noch zu früh. Es musste irgendetwas in meinem Leben passieren. Etwas, das mich wieder nach vorn brachte. Nur was?

»We Gotta Get Out Of This Place«

In Vietnam

»Drip-drop ..., drip-drop ..., drip-a-de-drop ...« Pochend hämmerte sich die alte Bluesnummer der Drifters unaufhörlich in mein Hirn. Wie lange lag ich hier schon? Zwei, drei, vier oder fünf Tage? Was machte ich hier überhaupt? Hier am Ende der Welt, in Saigon, Vietnam?

Es war Sommer 1967. Der Sommer der Liebe wurde er später genannt. Der muss irgendwo anders gewesen sein – für mich war der Sommer '67 der »Sommer des Krieges«.

Mein Hotel lag im Chinesenviertel Saigons. Aus Stein gebaut galt es dort zwischen all den Wellblech- und Lehmhütten schon als Villa. Das dreistöckige, weiß gestrichene Haus war mit zwei Meter hohen Barrikaden aus Sandsäcken gesichert. Zwischen den Säcken und der Hotelfront war noch einmal Stacheldraht gespannt, damit die Jungs vom Vietcong keine Handgranaten hineinwerfen konnten.

Mein Zimmer war karg eingerichtet. Ein Bett, ein Tisch, ein Stuhl und ein kleiner Schrank, alles aus Holz und Bambus. Mein einziger Luxus: ein von der Decke hängender Ventilator, der unaufhörlich seine Runden drehte. Was nicht viel brachte. Die ersten Tage, als ich noch Kraft hatte zu duschen, lief mir der heiße Schweiß schon nach zwei Minuten wieder.

»Drip-drop ..., drip-drop«, ging es weiter, und langsam realisierte ich auch, warum mir das Lied nicht aus dem Kopf ging. Aus einer der vielen undichten Stellen in der Decke tropfte es auf meine glühende Stirn.

Das hohe Fieber wollte einfach nicht runtergehen; über vierzig, seit Tagen schon. Die Tropfen vermischten sich mit mei-

Horst in Saigon

nem Schweiß, liefen mir in den Mund und der Geschmack von Salz und Rost erzeugte einen unkontrollierbaren Würgereiz. Zum Aufstehen schon zu schwach, fast wie gelähmt, konnte ich gerade mal meinen Kopf ein wenig zur Seite neigen, um meinem Brechreiz freien Lauf zu lassen. Es kam allerdings nichts raus. Wie auch, seit Tagen hatte ich nichts gegessen, nichts getrunken, was ich auch nur für ein paar Minuten bei mir behalten konnte.

Ein Moskitonetz hing vor meinem offenen Fenster. Sehen konnte ich vom Bett aus so gut wie nichts, dafür aber hören und riechen, was noch schlimmer war. Denn diese Stadt stank! Eine Mischung aus Fäkalien – kein Wunder, die schienen hier kein richtiges Abwassersystem zu haben, selbst wir im Hotel mussten zwecks Erleichterung auf den guten alten Donnerbalken –, den unzähligen mobilen Garküchen, auf denen an jeder Ecke Gemüse, Fleisch und Fisch gebraten wurde, und dem Geruch des Dschungels, der nur ein paar Hundert Meter vom Hotel entfernt begann. Und es war laut. Ständiges hektisches Stimmengewirr, Schreie, Granaten-Abschüsse, Explosionen und natürlich das unaufhörliche Zirpen der Grillen, die niemals zu schlafen schienen.

Die Explosionen waren dabei mein geringstes Problem. Schlimmer war die Einsamkeit. Tony Sheridan & Band hatten beinahe jeden Abend einen Gig. Sie kamen frühmorgens zurück, schliefen bis nachmittags, gingen essen und wurden auch schon wieder abgeholt.

Tony war einen Tag zuvor in ein anderes Zimmer gezogen, weil ich im Schlaf häufig schrie. Ständig dämmerte ich weg, auch tagsüber. Meine Träume wurden immer wirrer. Sie vermischten sich mit der Wirklichkeit, was sie so real werden ließ, dass ich jedes Mal vollkommen fertig war, wenn ich aufwachte, noch schweißgebadeter, und ich brauchte Minuten, um mich zu sortieren. Die vergangene Nacht hatte ich einen schrecklichen Alptraum gehabt. Er spielte irgendwann 1940. Und er hatte etwas mit einer wahren Begebenheit zu tun. Es ging um meine erste Begegnung mit einem »Superstar«, kein Rock 'n' Roller, nein, den Rock gab es damals noch nicht, dieser Star war gar kein Musiker. »Star« trifft es auch nicht wirklich, er war eher der größte Verbrecher des Jahrhunderts. Es war Adolf Hitler. Er besuchte Hamburg, um im Hafen die »Bismarck« zu taufen, und die ganze Stadt war auf den Beinen, bereit, ihrem Führer zuzujubeln. Ich war erst vier, kenne die Geschichte also nur aus Erzählungen meiner Mutter, doch in diesem Traum konnte ich mich an alles genau erinnern.

Wir warten am Holstenwall, ich sehe Hitlers Wagentross schon von weitem, stehe neben meiner Mutter in der ersten Reihe, es ist heiß und eng, es wird gedrängelt, jeder will ganz nah bei ihm sein, und auch ich bin schon ganz aufgeregt, winke mit meinem Hakenkreuz-Fähnchen, das mir irgendjemand in die Hand gedrückt hat. Als er fast auf unserer Höhe ist, reiße ich mich von meiner Mutter los und springe auf den Tritt seiner offenen Limousine. Hitler sieht mich, lächelt und streicht mir übers Haar.

Bis hierhin stimmt die Geschichte, laut meiner Mutter, aber dann driftet sie ab.

Hitlers Fahrer dreht sich um, es ist kein Mensch, es ist ein riesiger Gecko. Lizzard, wie wir ihn in Vietnam nennen. Und zwar nicht irgendeiner, sondern der Lizzard, der sich seit Tagen mit mir mein Hotelzimmer teilt. Er fletscht seine Zähne, er macht mir große Angst, Hitler nimmt angewidert seine Hand von meiner pomadetriefenden Elvistolle (die es da ja noch gar nicht gab, aber es war ja auch nur ein Traum) und brüllt: »Was trägst du denn da für einen undeutschen Haarschnitt?! Und du hörst wohl auch diese Negermusik! Obersturmbannführer Lizzard: Fressen Sie den Bengel auf!«

Der Gecko reißt sein Maul ganz weit auf. Ich schreie nach meiner Mama, greife nach ihrer Hand, kriege sie gerade noch zu fassen, doch dann entgleitet sie mir auch schon wieder und plötzlich wird alles dunkel.

Kurz darauf wache ich auf, der Lizzard hängt seelenruhig an der Decke.

Neben dem hohem Fieber, den pochenden Kopfschmerzen und der ständigen Übelkeit brachte mich die Langeweile fast um den Verstand. Ich konnte nichts, aber auch gar nichts tun. Nicht essen, nicht trinken, nicht lesen, mich nicht unterhalten – war ja niemand da, der auch nur ein paar Brocken Englisch, geschweige denn Deutsch sprach – das Einzige, was mir blieb, waren Erinnerungen an bessere Tage. Tage, die noch gar nicht so lang her waren.

»One Way Ticket To The Blues«
Wie ich ans Ende der Welt kam

Nach zehn Tagen hatte die vietnamesische Putzfrau Erbarmen mit mir. Wahrscheinlich stank es ihr. Im wahrsten Sinne des Wortes. Ich war inzwischen sogar zu schwach, um auf den Donnerbalken zu gehen – ich hatte mich voll geschissen. Mit Händen und Füßen erklärte sie mir, dass sie eine Freundin hätte, die sich um mich kümmern würde.

Diese Freundin fütterte mich mit abgekochtem Reis. Stopfte mir kleine Bällchen in meinen vertrockneten Mund. Zum ersten Mal seit langer Zeit blieb etwas drinnen. Nach jeder Mahlzeit ein wenig mehr. Und nach zwei Tagen war ich wieder gesund! Ohne Arzt, ohne Medikamente.

Man erklärte mir, ich dürfte nur abgekochte Speisen essen. Zumindest, wenn ich gesund bleiben wollte. Ich hielt mich dran. Aß noch nicht einmal Obst, weil ich es nicht abkochen konnte.

Wie war ich nur in dieser tropischen Hölle gelandet? In Hamburg gab es für mich keine Zukunft mehr. Der Richter wollte mich durch das St.-Pauli-Verbot in meinen alten Beruf abschieben. Doch Schiffszimmermann kam für mich nicht in Frage. Ich wusste inzwischen, dass Arbeiten und Geldverdienen auch Spaß machen konnte. Großen sogar. Den hätte ich im Hafen vergeblich gesucht. Mein Ziel war: zurück ins Musikbusiness. Und ich war schon wieder nah dran.

Mein alter Freund Tony Sheridan wollte mich als Manager zurückhaben. Ich nahm sein Angebot sofort an. Er gab mir zwanzig Prozent. Auch auf die Gigs, die er ohne meine Hilfe bekam. Die nächsten Wochen versuchte ich, für Tony Jobs aufzureißen. Was gar nicht so Not tat. Er war in Norddeutschland gut gebucht. Wir waren jedes Wochenende unterwegs. Doch ich wollte, ich musste nach zwei Jahren, in denen ich zur Untätigkeit verurteilt gewesem war, wieder irgendetwas machen.

Mein Traum war immer noch Amerika. Das kam auch meinem Kindheitswunsch entgegen, etwas von der Welt zu sehen. Tony war ebenfalls nicht abgeneigt. Obwohl er so ein phantastischer Musiker war, trat er irgendwie auf der Stelle. Konzerte, hier und da mal ein Fernsehauftritt, aber der richtig große Durchbruch wollte ihm nicht gelingen. Das war umso härter, da viele der Musiker, die noch vor ein paar Jahren bewundernd zu ihm aufgeblickt hatten, die Beatles, die Seachers, Gerry & The Pacemakers und all die anderen, inzwischen große Stars waren.

Ich grübelte, welche Kontakte ich noch nach Übersee hatte. Welche ich problemlos reaktivieren könnte. Als Erstes kam mir die USO in den Sinn. Die United States Organisation betreute US-Truppen in der ganzen Welt. Zu denen hatte ich schon zu Star-Club-Zeiten guten Kontakt gehabt. Tony versprach mir, in kurzer Zeit eine Band zusammenzustellen, mit der wir auf Tour gehen könnten. Egal wohin. Das war mein Startschuss.

Das Ganze wäre überhaupt kein Problem. Sie würden sich über jeden Menschen freuen, der Amerika helfe, diese Welt ein Stückchen besser zu machen, erklärte mir eine USO-Mitarbeiterin am Telefon blumig. Die Sache hätte nur einen Haken. Einen großen Haken sogar. Der Einsatz beinhalte eventuell auch Kriegsgebiete. Nach Rücksprache mit Tony schrieb ich der USO: »Wir machen alles, was Sie uns anbieten.«

Schon nach drei Wochen kam das Angebot: Sechs Monate Tour durch Fernost, inklusive zwei Monate Vietnam. Wir sagten zu. Ohne lange drüber nachzudenken. Heute würde ich es mir vielleicht zweimal überlegen. Aber damals? Ich war jung, abenteuerlustig und vom Vietnamkrieg wusste ich damals ungefähr so viel wie vom amerikanischen Bürgerkrieg.

Es war Mai '67, ich kam frisch aus dem Knast, hörte hier und da mal was über Proteste, nichts Spektakuläres, die große Anti-

Vietnam-Bewegung kam ein wenig später. Vielleicht hätte ich mehr wissen können, wenn ich gewollt hätte, bestimmt sogar, aber vielleicht wollte ich das einfach nicht. Ich wollte mir meinen Traum nicht kaputtmachen. Für mich war die US-Truppenbetreuung ein erster Schritt Richtung Amerika, ins Mutterland des Rock 'n' Roll.

Wir setzten uns mit Tonys Musikern zusammen. Zwei waren sofort einverstanden: Bassspieler Volker Tonndorf und Schlagzeuger Jimmy Doyle, wie Tony auch ein Ire. Auf Wunsch der Amerikaner sollten wir eine weibliche Sängerin oder Tänzerin mitbringen. Wir entschieden uns für Barbara Evers. Sie war nicht gerade die beste Sängerin der Welt. Wir gaben ihr zwei, drei eigene Nummern pro Set, den Rest der Zeit spielte sie Tamburin oder wackelte ein bisschen mit ihrem prächtigen Hintern. Sie kam gut an, sie war weiß und blond, hatte also etwas, was die US-Soldaten in Asien vermissten.

Wir wussten nicht wirklich, was uns erwartete. Wir dachten, es wäre wie in Deutschland – wir würden in US-Clubs spielen. Eine ganz entspannte Sache also. Von dem Krieg mitten in der Stadt hatten wir keinen blassen Schimmer. Vielleicht auch besser so. Und doch: Je näher der Abflugtermin rückte, umso größer wurden unsere Bedenken. Zwei, drei Nächte diskutierten wir in Kneipen am Großneumarkt oder in Altona darüber.

»Wie ist dein Gefühl, kommen wir alle zurück, kommen wir gesund zurück?«, fragte mich Jimmy Doyle.

»Nein. Einer von uns kommt nicht zurück«, antwortete ich.

»Wie meinst du das? Glaubst du, einer von uns stirbt?«, fragte Tony.

»Das weiß ich nicht. Ich weiß nur: Einer wird nicht zurückkommen.«

Meine Vorhersage wurde belächelt. Ich wolle ihnen nur Angst einjagen, meinten sie.

Keine Ahnung, wo ich das hernahm. Aber ich sollte Recht behalten.

Letztendlich beschlossen wir: Lasst es uns einfach tun!

Ein paar Tage, bevor es losgehen sollte, luden wir unsere Freunde und unsere Familien zu einer großen Abschiedsparty ins Lords Inn auf dem Pferdemarkt. Ein paar Presseleute kamen auch. Als Deutscher nach Vietnam zu gehen, war halt etwas Besonderes.

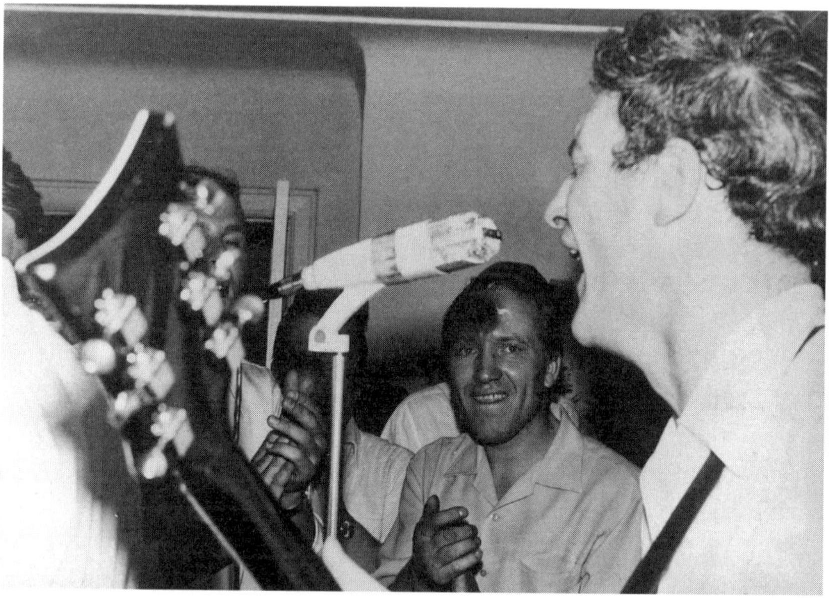

Abschiedsparty: Horst & Tony im Lords Inn, 1967

Auf dem Weg zur Party überlegte ich immer noch, ob wir mit unserer Asientour auch die richtige Entscheidung getroffen hätten. Schließlich war ich gerade fast zwei Jahre von meiner Familie, die mir so viel bedeutete, getrennt gewesen. Das Ganze würde mir gut tun, redete ich es mir schön. Ein neues Land, eine neue Kultur, all das würde mir helfen, endlich auf eigenen Beinen zu stehen. Ich war vollkommen unselbstständig. Konnte mir noch nicht einmal eine Tasse Kaffee kochen. Mutter nahm mir alles ab. Ich brauchte nicht zu kochen, Wäsche zu waschen oder was auch immer. Sogar meine Schuhe bekam ich geputzt. Mutter ging nicht mehr arbeiten, so viel hatte sie mit uns zu tun. Je älter wir wurden, umso mehr Arbeit machten wir ihr. Aber sie war gern für uns da. Immer wenn einer von uns mit dem Gedanken spielte auszuziehen, sagte sie, wir sollten es uns noch mal überlegen.

Was die Tour anging, war meine Familie geteilter Meinung. Mutter wollte mich natürlich dabehalten: »Junge, mach das nicht, bleib hier, das bringt doch nichts!« Vater sah es anders. Er kannte den Drang, in die Welt hinauszuziehen, allzu gut; wusste die Gefährlichkeit Vietnams so gar nicht einzuschätzen und glaubte dazu, Hamburg würde einen schlechten Einfluss auf mich ausüben: »Vielleicht ist es sogar besser für dich, mein Jung. Ich wünsche dir auf alle Fälle alles Gute.«

Mehr konnte ich von meinem Vater nicht erwarten. Er war kein Mann großer Gefühle. Zumindest zeigte er sie nicht. Dass er mir »alles Gute« wünschte, war schon etwas.

Meine Brüder hingegen waren begeistert. Sie fanden es riesig, dass ich mich in der großen weiten Welt behaupten wollte.

Bis auf meinen Vater, der arbeiten musste, kam die ganze Familie zum Flughafen Fuhlsbüttel, um mich zu verabschieden. Mutter weinte. Ich tröstete sie, sagte, es wäre doch nur für sechs Monate. Es hätte ihr das Herz gebrochen, wenn sie damals schon gewusst hätte, was noch keiner wissen konnte: dass aus den sechs Monaten zweieinhalb Jahre werden würden.

Unbedarft, wie wir waren, flogen wir mit One-Way-Tickets. Ohne Rückfluggarantie. Wir wussten noch nicht einmal, was wir verdienen sollten. Von Hamburg flogen wir über Frankfurt nach Bangkok. Von dort ging's mit einer Propellermaschine nach Saigon, Vietnam.

Als wir in Saigon aus dem klimatisierten Flugzeug stiegen, verschlug mir die Hitze fast den Atem. Als ginge ich aus einem Kühlschrank direkt in einen Backofen. Fünf Minuten später war ich klitschnass geschwitzt. Am Airport empfing uns ein Deutscher in US-Diensten, der uns mit allerlei Papieren ausstattete, damit wir uns frei bewegen konnten.

Nachdem wir uns in der »Villa« eingerichtet hatten, kauften wir Klamotten. Ich, oder besser meine Mutter, hatte mir das Falsche eingepackt. Wie immer auf Reisen. Langarmige Hemden, lange Hosen. Festes Schuhwerk, Strümpfe. Wir kleideten uns komplett neu ein: sommerliche Hemden, kurze Hosen, Sandalen, einen Strohhut. Damit unterschieden wir uns nicht vom typischen Freizeitlook der US-Soldaten. Von denen wir uns noch so manchen Modegag abguckten. Zum Beispiel holten wir nach einigen Wochen unsere Jeans aus dem Schrank und schnitten ihnen die Beine ab. Womit wir die Hot-Pants-Mode der Siebziger vorwegnahmen. Trotz der luftigen Bekleidung blieb die Hitze in der ersten Zeit unerträglich. Vor allem während der Mittagszeit war man nur auf der Suche nach Schatten und Kühle.

Auch unsere Zimmer waren unangenehm aufgeheizt. Es gab keine Klimaanlage, nur den Deckenventilator. Wir schliefen in zwei Räumen auf Luftschutzbetten, Tür an Tür, wie die Beatles damals in Hamburg. Nur Barbara schlief in einem Einzelzimmer.

Ich kam an unserem ersten Abend in der Villa vom Duschen, als Jimmy Doyle in seinem Bett aufsprang und mit dem Kopf an die Decke knallte.

»Ein Krokodil! Unter meiner Decke ist ein Krokodil!«, kreischte er.

Und da sah ich es auch schon. Musste ein Babykrokodil sein, wie es mit einem gewaltigen Satz an die Wand sprang und dort hängen blieb, wirkte es allerdings eher niedlich als Angst einflößend.

Die Mamason, die gerade mit einem Stapel frischer Bettwäsche an unserem Zimmer vorbeikam und ein paar Brocken Englisch sprach, erklärte uns amüsiert, dass man vor so einem Lizzard keine Angst zu haben bräuchte, ganz im Gegenteil, er würde Insekten fressen und damit ein willkommener Mitbewohner sein.

Ich schlief ziemlich schnell ein. Und wachte fast genauso schnell wieder auf. Wieder durch einen Knall. Aber es war diesmal nicht Jimmys Kopf, wenn er auch abermals mit ihm gegen die Decke stieß. Es war lauter. Viel lauter. Wumm …, wumm …, wumm …, hämmerte es. Und dann kamen die Einschläge. Jimmy stand schweißgebadet in seinem Bett. Tony, Volker und Barbara kamen ins Zimmer gelaufen.

Es war Jimmy, der als Erster die Fassung verlor.

»Was ist das für eine Scheiße?! Von Straßen- und Häuserkrieg hat mir kein Arsch was gesagt!«

Auf dem Flur trafen wir einen kanadischen Musiker, der, schon ein paar Tage länger hier, mit einem Handtuch über der Schulter seelenruhig Richtung Dusche ging.

»Hey Mann, was ist da draußen los?«, rief Tony.

»Was meint ihr, Jungs?«

»Na diese Einschläge da draußen!« Jimmys Stimme überschlug sich.

»Ach, das. Das sind Mörserraketen. Die ballert der Vietcong hier ab und an rein. Aber die sind weit weg. Saigon ist groß. Macht euch keine Sorgen.«

Das war leicht gesagt. Wir fragten noch allerhand und erfuhren Dinge, die wir am liebsten nie gehört hätten. Dass der Krieg keineswegs vor den Stadtgrenzen Halt machte; der Tod allgegenwärtig, ganz Saigon so eine Art Festung sei. Aus diesem Grund würde vor jeder Villa ein bewaffneter Guard sitzen.

Niemand von uns war auch nur ansatzweise in der Lage, die entspannte Einstellung des Kanadiers zu teilen. Wir waren besorgt, geradezu ängstlich. Vor allem Jimmy Doyle. Der wäre am liebsten gleich wieder nach Hause geflogen. Wir waren allerdings alle ziemlich angeballert. Stunden zuvor hatte ich den ersten Joint meines Lebens geraucht.

»Don't Bogart That Joint, My Friend«
Eine neue Erfahrung

Der hoch dekorierte südvietnamesische Leutnant sprach uns beim Essen in einem chinesischen Restaurant an. Wo wir herkämen, was wir hier machten – die typischen Smalltalkthemen in einem fremden Land. Wir gaben uns gegenseitig ein paar Biere aus und irgendwann bot er uns »was zu rauchen« an. Tony und Jimmy schienen schon im Thema, Volker auch, Barbara hatte – noch – kein Interesse, nur ich fragte neugierig, was dieses Kraut denn bewirken würde. Es sei schwer zu beschreiben, aber es wäre auf alle Fälle eine lustige Erfahrung, meinte der Vietnamese.

Ich war nie ein leidenschaftlicher Zigarettenraucher. Wenn ich mal paffte, denn das war es, paffen, nicht inhalieren, geschah das mehr aus Coolnessgründen, weil ich glaubte, damit Humphrey Bogart oder James Dean ähnlicher zu sehen.

Wir nahmen Leutnant Minh mit aufs Zimmer. In Sekundenschnelle drehte er einen kleinen Stick. Ohne Tabak, aus purem Gras. Ich kam als Zweiter dran, sog ganz vorsichtig, versuchte, den Rauch zu inhalieren, was gründlich misslang und einen krampfartigen Hustenanfall nach sich zog. Nach der dritten Runde hatte ich es dann einigermaßen drauf. Allerdings merkte ich nichts. Er drehte noch einen. Und so langsam kam der Turn. Ein wohliges Gefühl durchdrang meinen Körper, meine Mundwinkel zementierten sich zu einem Dauergrinsen. Ich bekam Wortfindungsschwierigkeiten, und wenn ich beim Reden unterbrochen wurde, wusste ich danach nicht mehr, was ich eigentlich erzählen wollte. »Wo war ich gerade?«, war mein häufigster Satz in dieser Nacht.

Nach ein paar Tagen war der Beutel alle. Inzwischen hatte uns ein kleiner vietnamesischer Junge, vielleicht acht oder neun, auf der Straße gefragt, ob wir Gras kaufen wollten. Natürlich wollten wir! Nur für wie viel? Wir hatten keinen Plan, gaben ihm fünf Dollar. Was wohl ein bisschen viel war, denn am Abend kam er mit einem Kopfkissenbezug voller Gras über der Schulter zurück. Damit war unser Vorrat für die nächsten Monate, wenn nicht Jahre gesichert.

Der Leutnant wurde ein guter Freund. Er besuchte uns zwei-, dreimal die Woche. Sein Rang berechtigte ihn, auch während der Sperrstunde – ab 23 oder 24 Uhr, immer unterschiedlich, je nach Vietconglage – um die Häuser zu ziehen. Eine gute Sache, wenn einem in der Villa die Decke auf den Kopf fiel. Was nicht selten vorkam.

»Bringing It All Back Home«

Ein sinnloser Krieg

Nach ein paar Tagen, ich hatte gerade meine Krankheit überstanden, lud man uns zur Audition. Ich trichterte den Jungs ein, ihr Bestes zu geben, schließlich hing von dieser Bewertung unser Verdienst für die nächste Zeit ab. Eigentlich war es nichts anderes als bei den heutigen Castingshows im Fernsehen. Vier Unteroffiziere der US-Armee saßen in einer Reihe und machten sich Notizen, während Tonys Band vor ihnen stand und spielte. Erst die alte Elvis-Sun-Nummer »That's Allright, Mama«, dann »I Got A Woman« von Ray Charles.

Wir bekamen ein »Sehr gut«. Das war die zweitbeste von sechs möglichen Bewertungen. Sie bedeutete 650 Dollar Gage. Davon erhielt Tony als Bandleader 200, die anderen drei 130 und ich als Manager 60 Dollar.

Unsere Gagen überwies die Armee direkt auf ein Konto bei der American-Express-Bank. Dort ließ ich es unangerührt liegen. Zum ersten Mal in meinem Leben sparte ich. Was mir leicht fiel, weil wir schon bald eine zweite Einnahmequelle entdeckten, die zum Leben reichte. Alle Shows liefen genau eine Stunde. Das wussten die Soldaten und verlangten nach Zugaben. »One more! One more! One more!«, schrien sie Richtung Bühne.

Das verstand ich noch. Was mit »Pass the hat!«, »Pass the hat!«, »Pass the hat!«, gemeint war, allerdings nicht.

»Horst, sie wollen, dass du mit deinem Hut rumgehst …«, rief mir Tony zu. Zuerst kam mir das ein bisschen komisch vor, es hatte so etwas Bettelmäßiges, aber schließlich hatten sie uns dazu aufgefordert. Sie gaben uns Geld und dafür spielten wir ein paar Songs mehr. Geben und Nehmen halt. Und es kam einiges zusammen. Vor uns saßen 1200 GIs. Und fast jeder schmiss etwas in den Hut. Mal 'n Dollar, mal fünfzig Cent. Manchmal hatten wir mehr im Hut, als wir offiziell verdienten. Ich sowieso.

Bevor ich mit dem vollgestopften Hut hinter die Bühne ging, hatte ich immer schon heimlich einen Fünfziger in die Hosentasche gesteckt. Ganz ohne schlechtes Gewissen. Schließlich war mein Aufgabenbereich wesentlich größer. Die spielten eine gute Stunde, dann brauchten sie sich um nichts mehr zu kümmern. Ich machte die Verträge, fuhr sie hin, überwachte den Ablauf der Show, fuhr sie zurück, kurz: Ich trug die Verantwortung für alles. Und dafür speisten sie mich mit sechzig Dollar pro Show ab. Das empfand ich als ungerecht. (Dass die Band es genau andersherum sah, ahnte ich zu der Zeit nicht.)

Wir hatten vier, fünf Shows in der Woche, manchmal sogar acht. Einige gingen schon nachmittags um zwei los. Ich verdiente im Schnitt 250 Dollar die Woche, also 1000 im Monat.

Ich schrieb meiner Mutter, sie solle sich in der Hamburger Filiale von American Express ein Konto einrichten und wenn sie Geld brauche, könne sie sich etwas abheben. Aber bescheiden wie meine Mutter war, machte sie davon nur äußerst selten Gebrauch. Der Dollar stand damals bei vier Mark. Als ich zurück kam, lagen 240 000 Mark auf meinem Konto. Ein Vermögen.

Die US-Soldaten waren ein dankbares Publikum. Allerdings achteten sie genau darauf, ob man auf sie einging oder nur sein Programm abspulte. Es gab ständig Zwischenrufe, Wünsche und spätestens wenn man die erfüllte – »der nächste Song ist ganz speziell für …« –, hatte man sie im Sack. Deshalb erweiterte Tony innerhalb einiger Tage sein Repertoire. Er baute Songs wie »San Francisco« oder auch ältere Dinger wie »California Sun« und »Kansas City« ein. Nummern, die von den Soldaten gewünscht wurden, weil sie sie an ihre Heimat erinnerten.

Wir hatten fast 100 Lieder drauf. Von denen wir pro Show immer nur einen Bruchteil spielen konnten. Tony richtete sich da ganz nach dem Publikumsgeschmack. Oder seiner Stimmungslage. Einen ganz bestimmten Song mussten wir allerdings immer bringen. An dem kamen wir nicht, an dem kam keine Band vorbei. Und dieser Song sagte mehr als alles andere aus, was die amerikanischen Soldaten von diesem Krieg hielten. Es war kein martialisches Kriegslied, wie »Ballad Of The Green Berets«, so etwas wollten sie schon mal gar nicht hören. Er hieß »We Gotta Get Out Of This Place«. Ich glaube, er war im Original von den Animals.

»We gotta get out of this place – that's the last thing we ever do ...«, war die Zeile. Also: »Lass uns von hier verschwinden – und wenn's das Letzte ist, was wir tun.«

Und das war's wirklich, was sie wollten – heim. Ich sprach in meinen Vietnamtagen mit unzähligen Soldaten und keiner wollte dort sein. Kein Einziger. Warum sind wir hier? Wir könnten zu Hause sein und eine gute Zeit haben! Diese Sachen hörte ich am häufigsten.

Ich glaubte die erste Zeit an die offizielle Dominotheorie der US-Regierung. Wenn ein Staat kommunistisch wird, fallen die anderen wie Dominosteine um und werden es auch. Und der Kommunismus war für mich nicht viel besser als der Nationalsozialismus. Zumindest nicht der real existierende. Allzu gut erinnerte ich mich noch an die geradezu unmenschlichen russischen Soldaten während unserer Vertreibung. Und es wäre gelogen, wenn ich sagen würde, meine Unterstützung der US-Truppen hätte mir schlaflose Nächte bereitet. Es kam sogar irgendwann der Zeitpunkt, an dem ich mich entschied, vorerst in Vietnam zu bleiben. Zum ersten Mal im Leben hatte ich das Gefühl, wirklich gebraucht zu werden. Wenn wir in ein Camp fuhren, hörten die GIs auf zu arbeiten und jubelten uns zu. Sie riefen: »Wir sehen uns heute Abend!«, oder: »Wenn ihr etwas braucht, lasst es uns wissen!« Sie gaben uns kleine Geschenke. Wir waren ihre Helden, diejenigen, die ihnen ein wenig Himmel in diese Hölle brachten.

Ich sah mich nicht als jemand, der half, den Krieg zu verlängern, sondern als jemanden, der ihn ein Stückchen erträglicher machte. Ich glaube nicht, dass durch Truppenunterstützung der Krieg auch nur einen Tag länger dauerte.

Später wurden wir sogar Ehrenmitglieder der US-Armee. Wir bekamen alle vier einen Rang. Das war nichts Offizielles, nichts, was von oben diktiert wurde. Das machten die unter sich aus. Was uns nicht weniger freute.

Mir gefiel Vietnam. Dazu kam: Mir fehlten die Alternativen. Durch meine Mutter erfuhr ich, dass meine Bewährung in Deutschland widerrufen wurde. Ich hätte mich regelmäßig bei meinem Bewährungshelfer melden müssen. Rückkehr war also nicht drin, sonst wäre ich direkt wieder im Knast gelandet. Aber das kratzte mich nicht sonderlich. Es gab wenig, was mich Deutschland vermissen ließ. Meine Familie klar, aber sonst? Hier verdiente ich gutes Geld, hatte inzwischen, nach nur einem halben Jahr, schon fast 20 000 Dollar gespart. Und es wurde täglich mehr. Ich wollte so lange in Vietnam bleiben, bis ich genügend Kohle für einen eigenen Laden zusammen hatte. In Deutschland oder Amerika.

Natürlich gab es auch immer wieder Rückschläge. Ereignisse, die so schrecklich waren, dass ich mich fragte, ob das hier wirklich sein musste. Es war Krieg. Und irgendwann musste ich mir eingestehen, dass ich nicht nur dabei, sondern mittendrin war. Ich erlebte Dinge, die mich bis heute belasten. Es fällt mir schwer, darüber zu sprechen. Da gab es zum Beispiel diesen deutschen Jungen, den ich nur für ein paar Minuten traf.

»Bring Back Those Doo-Wopps«
Willkommen in der Hölle auf Erden

Wir spielten meist in entlegenen Camps. Über Nacht durften wir dort nicht bleiben. Die Base-Commanders wollten kein Risiko eingehen. Tote Zivilisten erregten unerwünschte Aufmerksamkeit. Normalerweise fuhren wir zurück nach Saigon. Entweder allein oder innerhalb eines größeren Trecks. Man könnte glauben, zwischen zwanzig schwer bewaffneten Jeeps war es am

Horst mit befreundeten GIs in Vietnam

sichersten. Ein Trugschluss. Der Vietcong sah uns vielleicht nicht aus der Ferne – wie fuhren ohne Licht –, aber er konnte den Motorenlärm hören.

Wie immer gab ich mir Mühe, so dicht wie möglich am Vordermann dran zu bleiben. Was stoned im Dunkeln nicht einfach war.

»Ihr seid zu weit hinten, schließt auf! Schließt auf, Männer!«, brüllte plötzlich ein junger Soldat auf Englisch aus einem Jeep direkt neben uns. Ich gab schon mein Bestes und deshalb sagte ich auf Plattdeutsch: »Klei mi an Mors!« (»Leck mich am Arsch!«)

»Du mi ook twemool!« (»Du mich auch zweimal«), schrie der Soldat zurück.

Spielte mir die Wirkung der berauschenden Kräuter einen Streich? Oder hatte der eben tatsächlich Plattdeutsch mit mir gesprochen?

»Wo kommst du denn her?«, fragte er mich auf Deutsch.

»Aus Hamburg, St. Pauli …«

»Das gibt's doch gar nicht. Ich auch!«

Die Welt schien wirklich klein zu sein. Der US-Soldat erzählte, dass er vor ein paar Jahren ausgewandert war und letzten Monat nach Vietnam gezogen wurde. Sein Vater spielte Schifferklavier in einem Striplokal, dem Kolibri, schräg gegenüber des Star-Clubs. Wo ich in Saigon wohnte, wollte er wissen, und versprach, mich an seinem nächsten freien Tag zu besuchen. Ob er mir irgendetwas mitbringen könnte, fragte er noch. Ein paar tiefgekühlte Steaks wären klasse, antwortete ich, und dann drehte er ab. Wir unterhielten uns im Wagen gerade über diesen unglaublichen Zufall, als irgendetwas in unmittelbarer Nähe explodierte.

»Ins Gebüsch! Schnell ins Gebüsch!«, schrien Männer aus allen Richtungen. Wir stürmten aus dem Wagen ins Dickicht und kauerten uns dort flach auf den Boden. Die Amerikaner schossen in die Richtung, aus der der Anschlag kam, minutenlanges Gewehrfeuer. Doch es wurde nicht erwidert, der Vietcong hatten sich längst zurückgezogen.

»Zurück in die Wagen!«, kommandierte irgendjemand. Erst in Saigon erfuhren wir, was passiert war. Der Vietcong hatte den Jeep des Hamburgers erwischt. Alle vier Insassen waren tot.

Ich erlebte viele entsetzliche Dinge in Vietnam, sah einige Menschen sterben. Der Tod des Hamburger Jung nahm mich am meisten mit. Zwei Jahre danach besuchte ich seinen Vater. Er war schon sehr alt und ein gebrochener Mann. Den Verlust seines einzigen Sohnes hatte er nicht verkraftet. Trotzdem freute er sich über meinen Besuch und sagte, vielleicht wäre es Schicksal gewesen, dass sein Sohn ausgerechnet mich, einen Hamburger, kurz vor seinem Tod getroffen hatte.

Traumatische Erlebnisse dieser Art waren zwar nicht alltäglich, aber auch nicht ungewöhnlich. Manche habe ich bis heute nicht verarbeitet. Sie kommen zurück, immer wieder, in meinen Alpträumen.

Eines Abends, so gegen sieben, trat ich aus unserer Villa auf die Straße. Es war angenehm kühl. Ein leichter Wind umspielte mich, der sternenklare Himmel hing tief, scheinbar zum Greifen nah. Von irgendwoher hörte ich einen engelsgleichen Gesang. Wohl ein Radio, dachte ich, blickte nach rechts und sah eine Gruppe GIs. Drei Schwarze, zwei Weiße. Sie standen um eine flackernde Laterne im Halbkreis, leicht versetzt, der in der Mitte war ein wenig nach vorne gebeugt. Es war kein Radio, was ich hörte, es war eine A-cappella-Gruppe. Sie schnippten mit den Fingern im Takt und sangen entrückt: »Under the boardwalk, under the boardwalk …«

Oh, ich liebte diese alte Drifters-Nummer. Ich lächelte. Nichts kann mein Herz so leicht öffnen wie Musik, gute Musik. Und diese Jungs waren verdammt gut. Ich ging auf sie zu – sie standen vielleicht dreißig Meter entfernt –, um ihnen besser zuhören zu können.

Ich sah, wie ein vietnamesischer Junge bei ihnen stehen blieb, etwas sagte, was ich nicht verstand. Es war vielleicht noch zwanzig Meter Abstand.

Der kleine Schwarze mit der großen Bassstimme, der links außen stand, griff unbeeindruckt weiter singend in seine Tasche und schnippte dem Jungen augenzwinkernd ein Päckchen Kaugummis zu.

Der Leadsänger schraubte derweil sein Falsett in ungeahnte Höhen – »Under the boardwalk, down by the seeeeaaaa …« – und kurz vor dem Crescendo fing der Junge das Päckchen auf. Plötzlich: Ein ohrenbetäubender Knall. Menschen flogen durch die Luft, einzelne Gliedmaßen. Der Straßenstaub färbte sich blutrot. Und dann war alles still. Für ein paar Sekunden. So kam es mir zumindest vor.

Das, was ich da sah, konnte ich in dem Moment nicht verarbeiten. Wie gelähmt stand ich da, wieder und wieder lief die Szene in Zeitlupe vor meinem geistigen Auge ab.

Dann wurde es laut. Angstschreie, Rufe wegrennender Passanten mischten sich mit den Schmerzensschreien der verstümmelten Soldaten. Ich hielt die Hände schützend vors Gesicht, drehte mich weg und kotzte mitten auf die Straße. Dann rannte auch ich weg. Voller Angst.

Später erfuhr ich, dass alle fünf aus verschiedenen Einheiten stammten. Sie kamen ursprünglich aus New York, hatten sich zufällig in Saigon getroffen, zwei kannten sich aus Brooklyn und alle liebten den harmonischen Vokalgruppengesang, den man heute Doo-Wopp nennt. Nur zwei der fünf Sänger überlebten die Explosion schwer verletzt.

Der vietnamesische Junge war, was man heute einen Selbstmordattentäter nennt. Er trug einen Sprengstoffgürtel. Er wird nicht aus eigenem Willen gehandelt haben. Er war zu jung, um zu begreifen, was er tat, vielleicht zehn oder elf. Er wurde von seinen Eltern geschickt. Vielleicht nur von seiner Mutter. Vielleicht war sein Vater im Kampf von den Amerikanern erschossen worden. Ich weiß es nicht. Aber eines weiß ich: Der Krieg zeigte mir an diesem Abend, dieser Abend, der so leicht begann, seine allerhässlichste Fratze.

»Little Town Flirt«

Ihr Name war Tui

Wären diese abscheulichen Ereignisse alltäglich gewesen, hätte ich es nicht so lange in Vietnam ausgehalten. Dann wäre ich vollends abgestumpft oder halb wahnsinnig wie so viele der amerikanischen Soldaten zurückgekommen. Doch es gab neben der Musik auch noch andere Dinge, die mir den Aufenthalt [illegible] erscheinen ließen. Versüßten, könnte man auch sagen. Das Beste [illegible] mich, der exotische Mädchen mag, war Vietnam das Paradies. Allerdings eines, für das man Eintritt bezahlen musste. Es gab unzählige Etablissements, in denen man sich für zehn bis fünfzehn Dollar nach allen Regeln der Kunst verwöhnen lassen konnte. Allein in unserer Straße befand sich Club neben Club.

Ich war aber nicht der klassische Puffgänger, schon in Hamburg nicht. Es war eher aus der Not geboren. Mit Musikerinnen und Tänzerinnen aus unseren Shows ließ ich mich grundsätzlich nicht ein. Ich wollte Geschäft und Vergnügen trennen.

Solide vietnamesische Frauen waren mir zu riskant. Man hörte ständig grauenhafte Horrorgeschichten. Von Frauen, die sich vor dem Verkehr Rasierklingen in die Muschi steckten, solche Sachen. Und da war auch was dran. Nachdem ich mir in den ersten Tagen ein Virus eingefangen hatte, musste ich anschließend noch einmal zur Beobachtung in ein Krankenhaus. Und dort sah ich GIs mit aufgeschlitzten Schwänzen. Etwas Schlimmeres kann einem Mann wohl kaum passieren.

Es war in Vietnam auch eine ganz normale Sache, ins Bordell zu gehen. Ich kannte niemanden, der es nicht tat. Auf den ersten Blick waren es ganz normale Bars. Mit Tresen, Tischen und einer Tanzfläche. Die Huren kamen aus den unterschiedlichsten asiatischen Ländern. Sie waren für ihren Beruf überraschend zurückhaltend. Ganz anders als auf St. Pauli. Sie waren geradezu charmant. Es schien ihnen fast ein wenig unangenehm zu sein, uns anzusprechen. Nicht, dass man das Gefühl hatte, sie würden dazu gezwungen, aber sie waren sehr schüchtern. Erst suchten sie Blickkontakt, dann kamen sie anmutig auf einen zu und fragten: »Möchtest du eine Massage?«

Klar wollte ich. Klar war mir aber auch, dass es bei einer Massage nicht bleiben würde. Aber der Reiz war einfach zu groß.

Sie führte mich in ein Hinterzimmer, das nur durch ein Tuch von den anderen Räumen getrennt war. Sie zündete Kerzen und Räucherstäbchen an, womit sie eine wundervolle Stimmung schuf, und gab mir mit ein paar englischen Brocken zu verstehen, dass ich mich ausziehen und es mir bequem machen sollte. Da lag ich nun auf dem Bauch. Gespannt und aufgeregt. Sie ölte meinen Rücken ein und begann, mich mit ihren zarten Händen zu massieren. Erst an der Schulter, dann ging sie immer tiefer, bis sie meine Pobacken erreichte. Sie drehte mich um, kitzelte mir mit ihren langen schwarzen Haaren über die Brust und begann, meinen Schwanz zu massieren. Es dauerte nur ein paar Sekunden, da kam ich auch schon wie aus Eimern. Sie lächelte. Sie gab mir das Gefühl, sich für mich zu freuen. Mir war es ein bisschen peinlich, weil ich so schnell gekommen war, aber sie freute sich wahrscheinlich sogar darüber.

Nach diesem ersten Mal war ich den asiatischen Frauen verfallen. In meinen Träumen stellte ich mir vor, wie sie ihre schwarzen Haare auf meinem weißen Kopfkissen ausfächerte, wie sich ihr zarter brauner Körper anfühlte. Und dann verliebte ich mich.

Sie hieß Tui. Ich besuchte sie mindestens zweimal in der Woche. Und jeder Abschied von ihr war tragisch. »Vielleicht sehe ich dich nie wieder«, sagte sie immer. Sie machte sich große Sorgen um mich. Sie wusste, unzählige Vietcong waren in der Stadt und die schossen auf alles, was weiß war. Dabei kullerten Tränen aus ihren schönen Mandelaugen. Ein herzzerreißender Anblick, der mich auch oft zu Tränen rührte.

Doch ich kam immer wieder. Brachte ihr kleine, für sie kostbare Geschenke mit, die ich in den US-Armee-Shops besorgte. Sie freute sich jedes Mal sehr. Aber ich gab ihr auch immer Geld. Sie wollte das irgendwann nicht mehr annehmen. Weil ich wusste, dass sie von ihrem Lohn die ganze Familie ernähren musste, steckte ich es ihr dann heimlich zu.

Irgendwann spielte ich mit dem Gedanken, sie aus dem Laden rauszuholen. Mein Geld reichte für uns beide und für ihre Familie wäre auch noch genug übrig gewesen. Ich ging eine Zeit lang nicht zu ihr, um in aller Ruhe eine Entscheidung zu treffen. Ich überlegte hin und her, ob das wohl gut gehen würde, ob sie mich aufrichtig liebte, schließlich war sie eine Professionelle. Nach gut zwei Wochen war ich mir sicher: Sie ist es! Mit ihr willst du dein Leben verbringen. Eine unglaubliche Euphorie durchströmte mich. Ich stellte mir lauter schöne Dinge vor, die wir in Zukunft gemeinsam erleben würden.

Ich duschte, zog meine schicksten Sachen an und machte mich auf den Weg. Ich wäre am liebsten gerannt, so gespannt war ich, wie sie die Nachricht aufnehmen würde. Aber ich wollte nicht vollkommen durchgeschwitzt vor ihr stehen. Mit klopfendem Herzen betrat ich ihren Laden. Und fand sie nicht. Enttäuscht setzte ich mich an einen Tisch und bestellte ein Bier.

»Tui erwartet ein Baby von dir, deshalb ist sie zurückgegangen.« Vor mir stand die Bordellmutter. Ich glaubte nicht richtig verstanden zu haben. Sie wiederholte es. Was das denn bedeutete, »zurückgegangen«, ob ich sie irgendwie erreichen könnte, wollte ich wissen. Sie hätte keine Ahnung, sie wäre von einem auf den anderen Tag verschwunden. Wohin, wisse sie auch nicht.

Ich sah Tui nie wieder.

Keine Ahnung ob es was Großes geworden wäre mit uns. Vielleicht hätte sie mich auch gar nicht gewollt, wer weiß? Aber dass sie nun weg war, einfach so, setzte mir doch zu. Sich verlieben bedeutet anzukommen, ganz egal, wo auf der Welt man sich gerade befindet. Die vielen Nächte allein, die körperliche Liebe, für die ich bezahlen musste, das sollte eigentlich kein Dauerzustand sein.

In der Hoffnung, sie würde doch zurückkommen, trieb ich mich noch wochenlang in der Bar herum. Ich versuchte immer wieder etwas aus der Bordellmutter herauszukitzeln, sprach mit ihren Freundinnen, alles vergeblich. Der Gedanke, dass irgendwo da draußen ein Baby von mir geboren wurde, ließ mich fast durchdrehen.

An einem Abend nahm ich mir aus lauter Enttäuschung vor, es richtig krachen zu lassen. Eine gute Entscheidung, die mir das Leben retten sollte.

Ich zog schon am späten Nachmittag durch einige Bars und betrank mich willenlos. Irgendwann ging nichts mehr. Zu Hause baute ich mir in meinem Zimmer eine richtig fette Tüte. Keinen Ministick wie sonst, sondern fast ein Kanonenrohr. Ich hatte ihn vielleicht zur Hälfte geraucht, da schlief ich auch schon ein. Als ich nachts um elf aufwachte, hielt ich den halb abgefackelten Joint noch immer in der Hand. Um diese Zeit kamen die ersten Künstler von ihren Shows zurück. Der Lärm, der mich aufweckte, war also nicht ungewöhnlich. Aber irgendetwas war anders als sonst. Das Stimmengewirr wurde immer wieder durch wütendes Schimpfen übertönt.

Noch halb benebelt wankte ich zu dem Unruheherd. Alle waren in höllischer Aufregung. Aus nahezu jedem Zimmer fehlte etwas. Kassettenrekorder, Kameras, Uhren. Ein Einbruch. Wie das denn passieren konnte, wir hätten doch einen Wächter, fragte einer. Na, das sei ja ein toller Guard, meinte ein anderer.

Ich schaute in meine Hosentaschen, in denen sich noch mindestens siebzig Dollar befunden hatten, bevor ich eingeschlafen war. Bei mir waren sie also auch. Wir gingen vor die

Villa. Und da saß unser Wächter. Seelenruhig hinter seinen Sandsäcken an die Wand gelehnt und schlief. Ich gab ihm ein paar leichte Ohrfeigen, damit er aufwachte. Doch er fiel einfach um. Er war tot.

Ein paar Tage später wurde der Fall rekonstruiert: Der Vietcong hatte ausgekundschaftet, dass die Villa in den Abendstunden leer stand. Der Wächter wurde von einem fahrenden Händler mit einem präparierten Ei vergiftet. Und dann sind die Vietcongs von Zimmer zu Zimmer gezogen und haben alles mitgenommen, was sie tragen konnten. Und nur weil ich so tief schlief, verschonten sie mich. Ich mochte gar nicht darüber nachdenken, was passiert wäre, wäre ich aufgewacht, dann hätte ich vermutlich in eine Gewehrmündung geschaut oder hätte ein Messer am Hals gehabt!

»Run Through The Jungle«

Unter Beschuss

Das größte US-Camp in Südvietnam lag in Long Bin, ungefähr fünfundzwanzig Meilen von Saigon entfernt. Zwanzigtausend Soldaten waren stationiert und wir traten dort häufig auf. Im Camp arbeiteten auch viele Vietnamesen. Sie putzten, wuschen, kochten und frisierten. Diese Jobs waren begehrt, viele Vietnamesen hungerten, im Camp konnten sie harte Dollar verdienen, aber man konnte bei diesen Menschen nie sicher sein, auf welcher Seite sie stehen.

Der beliebteste Frisör war ein Virtuose mit dem Rasiermesser. Er kam jeden Tag. Die meisten GIs ließen sich die Haare am liebsten von ihm stutzen. Was sie nicht wussten, war: Der Frisör, der so gut mit dem Rasiermesser umgehen konnte, kam immer zweimal. Am Tag zum Schneiden, und in der Nacht zum Töten.

Ich hatte mich zwischenzeitlich mit einem farbigen Soldaten aus dem Camp angefreundet. Rufus besuchte mich ein paarmal in Saigon, wir zogen um die Häuser und ich freute mich jedes Mal, ihn wiederzusehen. An einem Tag jedoch war meine Vorfreude umsonst, Rufus war tot. Der Frisör hatte ihm die Kehle durchgeschnitten. Als sie ihn endlich erwischten, hatte er bereits zwölf Amerikaner auf seine Art ermordet.

Manchmal durften wir im Camp übernachten. Nicht, dass wir uns darum gerissen hätten, in Saigon fühlten wir uns sicherer. Aber wenn wir in einer lustigen Runde zusammensaßen, mächtig angeballert, es spät wurde, war es doch angenehmer, einfach ins Bett zu fallen, als den oft beschwerlichen Weg zurück nehmen zu müssen. So wie in jener Nacht.

Unser Zelt war notdürftig mit Sandsäcken gesichert. Es hieß, falls es Alarm geben sollte, sollten wir sofort in den nächsten Bunker springen. Die Bunker waren eigentlich Gräben. Ein Meter achtzig tief, vier Meter breit und 20 bis 30 Meter von unserem Zelt entfernt. Es war eine sternenklare, eine trockene Nacht. Die Wochen zuvor hatte es unaufhörlich geregnet.

Und als ob die Amerikaner es geahnt hätten, ging der Alarm mitten in der Nacht los. Mörsereinschüsse fegten uns um die Ohren.

Im Zelt brach sofort Panik aus. Die nackte Angst war auf unsere Gesichter geschrieben. Jimmy Doyle stand als Erster und rannte los. Nackt. Wir schliefen meist nackt. Wir hinterher. Einem Weitspringer gleich machte er einen Riesensatz in den nächsten Graben. Und war verschwunden. Es war stockdunkel. Plötzlich hörten wir ihn um Hilfe schreien. Wir dachten, der Vietcong wäre im Graben. Ängstlich guckten wir über den Rand und hörten ihn planschen. Der Graben war voller Wasser. Die Amerikaner hatten vergessen, es herauszuschöpfen. Und Jimmy, Nichtschwimmer und nur 1,54 Meter groß, wäre fast ertrunken, hätten wir ihn nicht rausgezogen.

Als er dann klitschnass vor uns stand, war der Spuk auch schon wieder vorbei und wir konnten drüber lachen.

Nach einem unserer nächsten Gigs mussten wir nachts zurück. Keine große Sache eigentlich, es waren nur ein paar Meilen. Trotzdem gaben sie uns zum Schutz zwei Jeeps mit. Der eine fuhr vor, der andere hinter uns. Das Problem war nur, wir waren alle mal wieder hackenhigh. Auch unser Begleitschutz.

Wir hatten im Camp zum ersten Mal auf eine völlig neue Art gekifft. Was Drogen anging, waren die Amerikaner weit vorn; sie dachten sich immer neue Dinge aus, um das Grauen des Krieges zu verdrängen und um wenigstens für ein paar flüchtige Momente eine gute Zeit zu haben.

Es war wieder einer dieser unerträglich schwülen Abende. Wir saßen mit vier GIs im Kreis, tranken Bier, aßen Fleisch, als einer der Soldaten begann, sein Gewehr zu präparieren. Er nahm das Magazin raus, stopfte eine gute Hand voll Gras hinein, zückte sein Zippo-Feuerzeug und sog den Shit mit einem gequälten Gesichtsausdruck an. Wie eine Hochgeschwindigkeitsbahn aus einem Tunnel kam der Rauch durch den langen Lauf fingerdick rausgeschossen. Als ich drankam, saß keiner mehr, alle lagen. Mir reichte ein Zug. Ich fühlte mich wie in einer Achterbahn, dagegen wirkten die Sticks, die wir sonst qualmten, wie eine Fahrt auf einem Kinderkarussell.

Aus Sicherheitsgründen mussten wir ohne Licht fahren. Ich drückte meine Nase buchstäblich an der Windschutzscheibe platt, um meinen Vordermann nicht zu verlieren. Ich sah ihn. Eine lange Zeit. Ich sah ihn auch noch, als er schon lang nicht mehr da war.

»Fahr schneller! Wir verlieren ihn!«, rief Tony.

»Nun mal langsam, da ist er doch«, versuchte ich ihn zu beruhigen.

»Wo denn, Mann?«

Tony hatte Recht. Ich war einem Phantom gefolgt.

»Gib Gas, wir müssen ihn einholen!«

Leichter gesagt als getan. Es waren keine befestigten Straßen, eher bessere Feldwege, ich musste darauf achten, nicht in einem Graben zu landen. Drückte aber trotzdem aufs Gas.

Plötzlich knallte es. Nicht laut, eher wie ein Steinschlag.

»Was war das?«, fragte Jimmy.

»Was war was?«, antwortete ich.

»Na, dieser Knall, den müsst ihr doch gehört haben, Leute!«

»Hab nichts gehört. Tony, du?«

»Nein.«

»Volker?«

»Alles ruhig hier hinten, Mann.«

»Barbara?«

»Meinst du das Zirpen der Grillen, Jimmy?«

»Ach was, Grillen! Ich scheiß auf die Grillen! Das war doch ein Schuss gerade eben!«

»Ja, genau«, sagte ich sarkastisch.

Nun prusteten wir alle los. Bis auf Jimmy. Der war beleidigt.

»Wirklich witzig!«, sagte er.

»Jimmy, das war wahrscheinlich nur ein hochgeschleuderter Stein, nichts, worüber du dir Sorgen machen musst.«

Nun mussten wir uns aber wieder um den verlorenen Jeep kümmern. Der zweite war noch hinter uns. Wenigstens etwas.

»Scheiße, wir haben uns verfahren, dieser Weg führt ins Nirwana«, sagte Tony nach ein paar Meilen.

»Ach was, das kommt dir nur so vor, wenn man eine lange Straße sieht, erscheint sie am Ende immer enger.«

Es war wohl mein breiter Schädel, der meine Wahrnehmung trübte. Denn auch diesmal hatte er Recht. Wir standen kurz vor einem Reisfeld. Die Soldaten im hinteren Jeep holten uns ein und fragten, was los sei. Wir besprachen die Lage. Wenden war zu gefährlich, wir hätten uns mit dem Ford Transit im Morast festfahren können. Also ging es zwei Meilen im Rückwärtsgang bis zur letzten Gabelung. Und da standen sie auch schon und schütteten sich aus vor Lachen.

Doch das Lachen verstummte schnell. Es war Volker, der das Einschussloch als Erster sah. Über dem linken Hinterrad. Daher also der Knall. Die Kugel musste mit unheimlicher Wucht eingeschlagen sein. Sie durchdrang einen Verstärker und trat auf der anderen Wagenseite wieder aus. Nur einen halben Meter weiter vorne und es hätte Barbara, Volker und Jimmy auf der Rückbank erwischt.

Häufig musste ich Instrumente oder Equipment neu kaufen, gerade Tony ging mit den Sachen nicht gerade pfleglich um, aber dieses eine Mal gab ich das Geld für einen neuen Verstärker mit einem Lächeln auf den Lippen aus.

»Wild Thing«

Das begehrteste Rehauge und ich

Manchmal gastierten große Stars in Vietnam. Wenn sie mich interessierten, nahm ich mir einen Tag frei. Aber nicht nur zum Vergnügen. Als Perfektionist versuchte ich, meine Shows ständig zu verbessern. Und von den Ausnahmekünstlern wollte ich mich anregen lassen. Ich merkte allerdings schnell, dass deren Shows nicht anders abliefen als unsere. Auch sie standen auf einer aus Paletten zusammengezimmerten Bühne, auch sie traten unter einem Fallschirm auf. Der einzige Unterschied: Sie wurden direkt nach ihrem Auftritt ausgeflogen. In Sicherheit, nach Bangkok oder Tokio.

Ich kannte Bob Hope aus vielen Filmen. Fand ihn schon in den frühen Fünfzigern lustig. Und einen echten Hollywoodstar bekam ich zuvor noch nie zu Gesicht. Also ging ich zu ihm ins Zelt, stellte mich vor. Er gab mir die Hand und fragte, wo ich herkäme. Er solle raten, antwortete ich.

»Australien!« Nein, aus Deutschland, sagte ich ihm.

»Oh, aus Deutschland, verstehe.« Er drehte sich um, nahm von seinem Schminktisch einen kleinen schwarzen Kamm, hielt ihn sich unter die Nase und gab eine kurze Hitlerparodie. Ich verstand sie nicht, lachte aber aus Höflichkeit. Er fragte, was ich als Deutscher hier machte, mit: Einen Krieg würde ich ja wohl nicht schon wieder anfangen wollen, der liefe ja auch bereits, da käme ich zu spät, täte ihm leid für mich!, nahm er mich auf den Arm, lachte laut über seinen eigenen Witz und schlug mir kumpelhaft auf die Schulter. Was wohl gleichzeitig das Zeichen für mich war, seine Garderobe zu verlassen.

Jeder US-Soldat hatte einen eigenen Spind. Für Wäsche, persönliche Dinge und natürlich um Bilder hübscher Mädchen auf die Innenseite der Schranktür zu kleben. Und 1967 war Ann Magret dieses hübsche Mädchen. Die Schauspielerin und Sängerin galt als »Pin-up girl number one«. Ein guter Grund für einen Besuch in Vietnam.

Sie trat auf dem Airport in Saigon auf. Der Clubmanager, der diesen ganz besonderen Event organisierte, bat mich um ein bisschen Unterstützung. Ich hatte darauf zu achten, dass Ann rechzeitig auf die Bühne kam.

Dann kam das Zeichen. Ihre Garderobe war ein Zelt. Ich konnte also nicht anklopfen. Ich hätte rufen können, aber irgendetwas zog mich magisch an. Wahrscheinlich die Neugierde und die Hoffnung, etwas zu erblicken, was nicht für meine Augen bestimmt war. Aber eigentlich ging ich davon aus, sie gelangweilt wartend auf einem Stuhl sitzend vorzufinden.

Ich ging also einfach rein.

Und sie saß auch auf einem Stuhl. Aber sie wirkte nicht gelangweilt. Beschäftigt eher. Eine Zigarette im Mundwinkel – nie wieder sah ich einen Menschen so erotisch an einer Zigarette ziehen – zog sie sich gerade an.

Auf einer Pobacke sitzend, hielt sie ihren nackten linken Fuß – kleine, schön geformte Füße mit rosa lackierten Nägeln – in die Höhe und schlüpfte in das linke Bein einer weißen Strumpfhose. Schnell und geschickt rollte sie sie hoch. Es war unglaublich – das größte Pin-up-Girl in einer klassischen Pin-up-Szene. Und dann noch direkt vor meinen Augen!

Und sie trug kein Höschen. Ich konnte ihre Muschi sehen. Sie war nicht mal erschrocken, blickte nur kurz auf, zwinkerte mir zu und sagte: »In einer Minute!« Und damit endete einer der erotischsten Momente meines Lebens.

Die großen Rock 'n' Roll-Stars kamen leider nie. Ich hoffte immer, einen meiner alten Kumpel zu treffen, Bill Haley oder Jerry Lee. Hatte mir schon ausgemalt, wie erstaunt sie gewesen wären, mich hier am Ende der Welt wiederzusehen. Die Rocker der alten Schule waren 1967/68 allerdings auch nicht mehr angesagt – das Rock 'n' Roll-Revival begann erst ein Jahr später.

»Ice Cream Man«

Mitten im Krieg

Unsere Show lief im ganzen Land. In Saigon spielten wir selten, meist waren wir mit einem Jeep ein paar Stunden unterwegs, es kam aber auch vor, dass wir in weiter entlegene Camps geflogen wurden.

So wie am 4. Juli 1968. Der amerikanische Unabhängigkeitstag wurde auch in Vietnam gefeiert. Und besonders die Einheiten, die ganz tief im Dschungel stationiert waren, sollten an diesem Tag eine gute Show geboten bekommen.

Wir wurden von zwei Hubschraubern auf dem Saigon-Airport abgeholt. Im ersten saß ich mit der Band. Links und rechts hockten zwei GIs mit schweren Maschinengewehren, sogenannte Gunner, der eine weiß, der andere schwarz, an offenen Türen. Das beeindruckte uns nicht sonderlich, eine normale Sicherheitsmaßnahme, es war nicht unser erster Flug dieser Art. Im zweiten Hubschrauber waren die Instrumente, Verstärker und unser sonstiges Gepäck. Der Flug sollte knapp eineinhalb Stunden dauern.

Nach einer guten Dreiviertelstunde wurde dem Co-Piloten über Funk ein Befehl durchgegeben. Wir verstanden nicht, worum es ging. Bis der Co-Pilot sich umdrehte und sagte: »Schnallt euch mal ein bisschen fester an, Jungs, wir haben eine Mission!«

»Mission? Was denn für eine Scheißmission?!« Es war Jimmy, der als Erster unruhig wurde.

»Wir müssen ein paar von unsern Jungs aus der Scheiße holen.«

»Aus der Scheiße?! Aus was für ’ner scheiß Scheiße denn?!«

Jimmys Stimme überschlug sich. Und so langsam schlich sich die Angst bei uns allen ein.

»Ein hundertfünfzigköpfiger Stoßtrupp ist von unzähligen Vietcongs umzingelt. So wie es ausschaut, geben die Schlitzaugen einen Scheiß auf unseren Feiertag.«

Plötzlich verloren wir schlagartig an Höhe. Es war, als ob man in einem Wolkenkratzer mit einem ungebremsten Fahrstuhl fünfzig Stockwerke nach unten stürzt. Ich spürte meine halbverdauten Shrimps hochkommen.

Wir flogen nun direkt über den Baumkronen des Urwalds. Wenn wir oben blieben, würde uns der Vietcong schon von weitem sehen und auf uns schießen, erklärte uns der weiße Gunner seelenruhig und begann sich vorzubereiten. Er nahm seinen Stahlhelm ab, setzte sich drauf, wir sahen ihn fragend an, er grinste: »Von oben kommt nichts, aber meine Eier, die brauche ich noch.«

Gut, dass seine Fortpflanzung gesichert war, nur schade, dass wir keine Helme hatten.

Er öffnete seine Munitionskiste und brachte sein Maschinengewehr in Stellung. Ich blickte in die Augen der Musiker. In allen las ich das Gleiche: Das können die doch nicht machen, wir sind Zivilisten, wir haben doch mit der ganzen Scheiße nichts zu tun! Es war wieder Jimmy, der es aussprach.

Der schwarze Gunner blickte Jimmy ernst an. »Sorry, mein Freund, wir sind am nächsten dran, wenn wir ihnen nicht helfen, sind sie verloren, das verstehst du doch, oder?«

Jimmy schaute ihn wie ein trotziges Kleinkind an, sagte aber nichts mehr. Keiner sagte etwas. Natürlich verstanden wir die Situation. Aber sie war uns egal. Ich dachte immer, ich wäre ein harter Bursche, ginge keinem Gegner aus dem Weg, und wenn er noch so groß und stark schien. Aber das hier war anders. Ganz anders. Ich schämte mich ein bisschen für meine Feigheit. Aber so ist das nun einmal, nicht jeder ist zum Helden geboren. Wir wollten nur noch raus aus diesem Alptraum. Dabei hatte er noch nicht einmal angefangen.

Der Co-Pilot bekam über Funk weitere Instruktionen. Und dann ging es los. Im Sturzflug, in Schräglage, flog unser Helikopter auf die Vietcongeinheit zu. Wir kauerten uns in der Mitte aneinander. Der weiße Gunner schoss als Erster. Mit einem Höllenlärm spuckte sein Maschinengewehr 2000 Schuss in der Minute aus. Wenn die beiden Hubschrauber über ein Footballfeld kreisen würden, gäbe es alle zehn Quadratzentimeter einen Einschlag, erklärte man uns später. Eine Maus hätte vielleicht eine Überlebenschance.

Der Vietcong nicht. Durch die Schräglage konnten wir bis auf die Erde gucken. Sie fielen reihenweise um.

Was passierte hier? Starben die da gerade wirklich? Es war nicht zu fassen. Es schien alles so unwirklich. Ich erinnerte mich an einen Kriegsfilm mit John Wayne, den ich als Jugendlicher im Bambi-Kino gesehen hatte. Da wollte ich wieder hin. Ich wollte überall sein, nur nicht hier.

Mit der Schießerei ging bei Jimmy die Scheißerei los. Er machte sich in die Hose.

Die beiden Piloten verständigten sich über Funk. So einen Einsatz flogen sie nicht zum ersten Mal. Unglaublich abgeklärt, fast erhaben, kreisten sie über den feindlichen Soldaten, als würden sie Walzer tanzen. Wenn der eine keine Munition mehr hatte, übernahm der andere.

Und dann ganz plötzlich – eine Erschütterung. Das war's, wir sind getroffen, dachte ich. Ich sah noch mal ein paar Szenen aus meinem Leben, sah mich an der Hand meiner Mutter, im Boxring, im Star-Club, Angelika küssend.

Ein Feuerball blitzte auf. Wir flogen mittendurch. Die nächste Erschütterung, der nächste Feuerball. Dauerhaftes Donnern und Blitzen. Wir schrien.

»Alles unter Kontrolle, wir haben nur ein paar kleine Raketen abgeschossen«, versuchte uns der schwarze Gunner zu beruhigen.

Die eingeschlossenen GIs warteten derweil in der Mitte des Kreises. Nach und nach gelang es den Gunnern, den Gürtel um sie herum freizuschießen.

Keine Ahnung, wie lange der Spuk dauerte. Das Zeitgefühl geht in solchen Situationen komplett verloren. Es war mir auch egal. Für mich zählte nur, dass die beiden Helikopter plötzlich abdrehten. Nach einer halben Stunde landeten wir im Camp.

»Raus, raus, raus!«, brüllten die Soldaten hektisch und hoben sofort wieder ab. GIs liefen auf uns zu, fragten, ob alles in Ordnung sei, und halfen uns beim Tragen und Aufbauen. Über die Bühne war wieder der obligatorische Fallschirm als Sonnenschutz gespannt. Die Band machte sich fertig, Jimmy brauchte etwas länger: »Ich hab mich voll geschissen«, sagte er und verschwand Richtung Dusche.

Noch nicht einmal zehn Minuten nach unserer Landung begann das Konzert. Ich war froh, nicht selbst auf der Bühne stehen zu müssen, ich hatte ganz andere Sachen im Kopf. Ich bewunderte Tony und seine Band für ihr professionelles Verhalten, hatte sogar den Eindruck, Tony spielte noch besser als sonst. Härter. Irgendwie rockiger. Ihnen war nicht anzumerken, dass wir gerade einen Einsatz mitgemacht hatten.

Doch dann kamen die Helikopter zurück. Ich hörte sie, lange bevor ich sie sah. Ich guckte in den Himmel, da waren sie. An jedem Hubschrauber hingen sechs schwer verwundete Menschen an langen Seilen. Es wurde hektisch im Camp. Sanitäter rannten zu den Verletzten. Einem fehlte ein Bein, er schrie vor Schmerz.

Die Band hörte auf zu spielen. Nur kurz. Man gab uns Zeichen, einfach weiterzumachen. Und auch unsere Zuschauer blieben unbeeindruckt sitzen.

Es war nicht zu fassen. Knapp tausend Soldaten vergnügten sich ungerührt zu Tonys Rock 'n' Roll-Klängen, während nur ein paar Meter weiter ihre Kameraden verbluteten. Das war mir unbegreiflich.

Nach dem Konzert sprach ich mit ein paar Soldaten. Sie hätten beinahe täglich mit Schwerverletzten zu tun, sagten sie, und wenn es nicht gerade einen sehr guten Freund erwischt hätte, kämen sie damit auch relativ gut zurecht. So wäre er halt, dieser Scheißkrieg, man würde mit der Zeit abstumpfen. Die größte Angst wäre, dass man der Nächste ist, der in einem Leichensack nach Hause kommt.

Ein paar Tage später stand der nächste Helikopterflug an. Wir hatten alle ein mulmiges Gefühl, überlegten, ob wir es überhaupt wagen sollten. Der Pilot beruhigte uns, sagte, was wir erlebt hätten, sei für Zivilisten eher ungewöhnlich. Ein Ausnahmefall, der so schnell bestimmt nicht wieder vorkäme. Wir bemühten uns, ihm zu glauben. Er sollte Recht behalten. Der zweistündige Flug verlief ohne Komplikationen.

Die Jungs begannen mit Chuck Berrys »Too Much Monkey Business«, wieder durch einen Fallschirm von der brütend heißen Sonne geschützt. Ich stand neben der Bühne, ohne Kopfbedeckung, und unterhielt mich mit ein paar GIs. Plötzlich wurde mir schwarz vor Augen.

Noch leicht benommen kam ich in einem Lazarettzelt wieder zu mir. Ich sah das rote Kreuz durch das Zeltdach schimmern. Neben mir lagen Verwundete. Panik ergriff mich. Ich tastete meinen Körper ab, guckte, ob noch alles dran sei – meine Arme, meine Beine. Eine unbeschreibliche Erleichterung durchflutete meinen Körper. Ich hatte noch nicht einmal Schmerzen, nur einen dicken, irgendwie verkaterten Schädel, als ob ich eine Flasche Schnaps alleine gesoffen hätte.

Ein Arzt kam ins Zelt und fragte mich, ob es mir besser ginge. Ich hätte einen Sonnenstich gehabt und wäre umgefallen. Ob er etwas für mich tun könnte. Ich überlegte. Es war immer noch wahnsinnig heiß, mein Mund fühlte sich staubtrocken und klebrig an.

»Haben Sie vielleicht Eiscreme?« Das war ein spontaner Einfall. Nicht dass ich nicht heiß auf Eiscreme gewesen wäre, aber wo sollten die bei vierzig Grad mitten im Urwald so etwas herbekommen?

»Kriegst du.«

Fünf Minuten später kam er mit einem riesigen Pott Vanilleeiscreme zurück. Gierig schlang ich es in mich hinein. Es war das leckerste Eis meines Lebens.

Das war mal wieder typisch für die Amerikaner. So etwas möglich zu machen. Mit allen Mitteln versuchten sie, ihren Soldaten ein Stück Heimat, ein Stück Normalität vorzugaukeln. Aber sie schafften es nicht.

»Just Like Jesse James«
Volker hört das Signal

Ich geriet in Vietnam ein paar Mal in lebensgefährliche Situationen. Die bedrohlichste Situation war allerdings nicht im Kriegsgebiet, im Dschungel, sondern mitten in Saigon. Und dieses eine Mal dachte ich wirklich, »das war's – hier kommst du lebend nicht mehr raus«.

Volker und ich wollten eigentlich nur kurz einen wegstecken, als wir die schummrige Bar betraten. Sie gehörte einem schwarzen Ex-GI, der eine Vietnamesin geheiratet und sich in Saigon niedergelassen hatte. Dort wurde gezockt, gesoffen, gekifft und gefickt.

Links in der Ecke spielten ein paar Soldaten Poker. Als einer ausstieg, fragte ich, ob ich für ihn einsteigen könnte. Die Jungs, drei Weiße und ein Schwarzer, machten nicht viele Worte. Sie nickten und damit war ich drin.

Das Spiel lief nicht gut für mich. Der schwarze GI gewann fast jede Runde. Ich war schon mit 300 Dollar hinten, als ich ein Blatt bekam, mit dem ich, mit etwas Glück, alles zurückholen konnte. Ein Full House – zwei Damen, drei Zehnen. Endlich.

Doch dann beobachtete ich aus den Augenwinkeln etwas, das mir die Lust an dieser Pokerrunde gründlich verdarb. Der schwarze GI ließ eine Karte fallen und zog eine andere aus seinem Schoß. Kein Wunder, dass er ständig gewann. Aber nicht mit mir! Ich stand auf, beugte mich über den Tisch, grabschte mein verlorenes Geld, das vor ihm lag, und sagte: »Das gehört nun wohl wieder mir.«

Er sah das anders. Komplett anders. Er richtete sich ganz langsam auf. Und wurde immer größer. Er wirkte wie ein schwerfälliges schlafendes Tier, dessen tatsächliche Größe ich in der ruhenden Stellung unterschätzt hatte.

Selbstsicher griff er nach dem Haufen Dollarscheine, der nun vor mir lag. Ich ließ es nicht so weit kommen, verpasste ihm einen linken Haken, der ihn auf seinen Stuhl zurückbeförderte.

Seine anfängliche Erschrockenheit wich verletztem Stolz, der von blanker Wut wie ein Tornado hinweggefegt wurde. Seine weit aufgerissenen Augen hatten sich zu Schlitzen verengt.

Vielleicht hatte ich einen Fehler gemacht. Vielleicht hätte ich auf das Geld verzichten und einfach verschwinden sollen. Denn das konnte er sich nicht gefallen lassen. Ein weißer Deutscher, Zivilist dazu, hatte ihn, den stolzen schwarzen amerikanischen Soldaten, vor seinen Kameraden gedemütigt. Es ging nur noch darum. Nicht um richtig oder falsch, nicht um Recht oder Unrecht. Es wurden sogar noch zwei weitere Karten auf der Erde gefunden. Damit wussten alle, dass er mich beschissen hatte. Nur interessierte das niemanden.

»Ich bring ihn um, diesen verfickten deutschen Bastard!«, schrie er und zielte mit seinem entsicherten Revolver auf mich.

Die US-Soldaten waren auch in ihrer Freizeit schwer bewaffnet, egal, ob betrunken, bekifft oder bis zur Haarspitze mit Heroin voll gepumpt. Das machte sie zu tickenden Zeitbomben.

Im letzten Augenblick stürzte sich der Barbetreiber auf den Schwarzen.

»Nicht hier! Nicht in meinem Laden! Macht das auf der Straße aus!«

Gerangel.

Ich blickte mich ängstlich nach Volker um. Vergebens. Das feige Schwein war einfach abgehauen! Ich wollte es nicht glauben. Meine Überlebenschancen sanken auf null. Eiskalt lief es mir den Rücken runter. Der Schwarze würde mich draußen erschießen und einfach im Dreck liegen lassen. Und damit auch noch durchkommen. Am Ende wäre es mal wieder der Vietcong gewesen. Nichts Ungewöhnliches, kam täglich vor.

Meine letzte Hoffnung war der Inhaber. Er konnte mich nicht meinem Schicksal überlassen. Er musste mir in seinem Laden Schutz gewähren. Bis Hilfe käme. Nur von wem? Die Polizei würde er nicht rufen, die Militärpolizei schon gar nicht. Dafür liefen in dem Laden viel zu viele illegale Dinge ab. Ich versuchte es trotzdem. Fast flehend. Ohne Erfolg.

»Sorry, Mann, aber das ist nicht mein Business«, war das Einzige, was er zu mir sagte, und zu dem Schwarzen gewandt: »Was ihr draußen macht, interessiert mich nicht.«

»Okay, sobald er den Club verlässt, lege ich ihn um.«

Ich klammerte mich an meinem Stuhl fest. Ich gehe hier nicht freiwillig raus, sie müssen mich schon auf die Straße tragen, dachte ich. Doch da hatte der schwarze GI auch schon mit solcher Wucht gegen eines der Stuhlbeine getreten, dass es brach und ich auf den Arsch fiel. Da lag ich nun.

Plötzlich sprang die Tür auf. Und da stand er. Volker. Mein Mann! Mit einer Maschinenpistole im Anschlag. Was für ein Teufelskerl!

»Ihr verdammten Hurensöhne lasst sofort meinen Freund frei, sonst pump ich euch so mit Blei voll, dass ihr in ganz Saigon nicht genügend Ärzte finden werdet, die euch wieder zusammenflicken!«

Allen in der Bar entgleisten die Gesichtszüge. Damit hatten sie nicht gerechnet.

Cool wie einst John Wayne sicherte Volker im Rückwärtsgang meine Flucht aus der Bar. Als wir auf der Straßen standen, rief er: »Und jetzt lauf!« Wir rannten um unser Leben.

Zurück in der Villa konnte ich die Dankbarkeit, die ich für Volker empfand, nicht in Worte fassen. »Volker, Volker, du … du hast mir das Leben gerettet!«, was das Einzige, was ich stammeln konnte.

»Ach, Hoddel, lass uns keine große Sache draus machen, ich bin sicher, du hättest das Gleiche für mich gemacht.«

Damit lag er richtig. Ehrensache.

»Ich hatte schon befürchtet, du würdest mich im Stich lassen, hatte zu Gott gebetet, hoffentlich kommt Volker mit der Polizei zurück. Nicht im Traum hätte ich gedacht, dass du mich mit der Maschinenpistole rausholst.«

Eines interessierte mich jedoch besonders. Wie hatte Volker in dieser Aufregung den filmreifen Spruch bringen können? Den hätte er sich auf dem Weg zurechtgelegt, meinte er. Er wollte einen Knaller landen, etwas, was die Amerikaner beeindruckt, was sie aus Hollywood kannten.

Nun wollte ich aber auch noch wissen, wie es kam, dass er so abgebrüht und professionell auftrat, als hätte er das schon x-mal in seinem Leben getan. Er sei ein paar Jahre zuvor Offizier bei der Bundeswehr gewesen und hätte dort eine Spezialausbildung absolviert, in der eine ähnliche Situation durchgespielt worden wäre. Die brauchte er nur abzurufen. Das Ganze sei von dem Moment an, als er die Bartür auftrat, vollkommen schematisch abgelaufen. Natürlich hätte er auch Angst gehabt, große sogar, aber davor und danach. Und das chinesische Maschinengewehr war ein vom Vietcong erbeutetes Geschenk eines US-Soldaten.

Wir aßen am liebsten in einem kleinen Ecklokal in unserer Straße. Dort kochten sie eine unglaublich leckere Currykokosnusssuppe. Zu viert saßen wir an einem Tisch mitten im Raum, hatten gerade bestellt, als ein ohrenbetäubender Knall den Raum erschüttete.

»Auf den Boden!«, schrie irgendjemand. Als ob wir es geübt hätten, lagen wir alle vier noch im gleichen Moment auf dem Bauch, die Arme schützend über unsere Köpfe verschränkt.

Was war passiert? Ein Vietcongscharfschütze hatte in der Hoffnung, ein paar Amerikaner in Zivil zu töten, von der Straße aus ins Lokal geschossen. Die Kugel steckte noch in der Wand. Die angeblichen Amerikaner müssen wir gewesen sein. Außer uns waren nur Asiaten in dem Lokal. Von nun an setzten wir uns immer auf Plätze, die von außen nicht einsehbar waren.

Einen Napalmangriff erlebte ich glücklicherweise nie. Aber manchmal spielten wir in Krankenhäusern für die verwundeten Soldaten. Und dort sah ich, wie einem Napalmopfer, das von seinen eigenen Kameraden getroffen wurde, der Verband gewechselt wurde. Ein grauenhafter Anblick. Der mit schwarzroten Verbrennungen übersäte Junge schrie vor Schmerz.

Als Weißer galt man in Vietnam erst mal als Amerikaner. Wollte man als Zivilist seine Überlebenschancen erhöhen, musste man sich irgendetwas einfallen lassen, um eine Verwechslung zu vermeiden.

Vor Saigon lag die »Helgoland«, ein von allen Seiten hoch geachtetes deutsches Hospitalschiff. Dort wurde jeder behandelt. Ganz egal, ob schwarz, weiß oder gelb, Amerikaner, Süd- oder Nordvietnamese. Es wurde nicht gefragt, wo man sich die Schussverletzung oder was auch immer zugezogen hatte. Man wurde versorgt und konnte wieder gehen. Die Ärzte und Sanitäter trugen die deutsche Flagge auf der Brust.

Ich ließ sie mir ebenfalls auf ein T-Shirt nähen und lernte dazu einen vietnamesischen Satz: »Ich bin Deutscher.« Beides zusammen rettete uns zumindest einmal aus einer lebensbedrohlichen Lage.

Wir kamen nachts ohne Begleitschutz von einer Show zurück. Es waren noch knapp fünf Meilen bis Saigon. Die Hauptstadt wurde nachts abgesperrt. Um sicherzugehen, dass niemand Waffen reinschmuggelte, kontrollierten die Südvietnamesen ausnahmslos alle Fahrzeuge. Doch es gab auch Gerüchte über Vietcongeinheiten, die sich südvietnamesische Uniformen anzogen.

An der Straßensperre waren wir überzeugt, Südvietnamesen vor uns zu haben. Doch dann mussten wir aussteigen. Und sie waren irgendwie anders. Wir bekamen ein ungutes Gefühl. Da standen Killer vor uns. Ich nahm all meinen Mut zusammen, stieg aus dem Wagen, stellte mich vor den Mann, den ich als Wortführer ausgemacht hatte, tippte auf mein Shirt mit der Flagge und sagte meinen Satz. Ich musste ihn ein paarmal wiederholen. Irgendwann begriff er. Wir durften weiterfahren! Einfach so. Ohne uns oder den Wagen zu durchsuchen. Damit war klar: Südvietnamesen waren das nicht gewesen!

»Friends«

Freunde hat man …

Rein zufällig belauschte ich eines Tages ein Gespräch zwischen Jimmy und Tony. Tenor war: Sie bräuchten mich doch eigentlich gar nicht mehr; warum ich überhaupt noch zwanzig Prozent bekäme; ich würde nichts mehr für sie leisten; die Gigs kämen inzwischen auch ohne mich; und einen Roadmanager bekämen sie kostenlos von der Agentur gestellt.

Ich war erschüttert, nur als lästiger Kostenfaktor betrachtet zu werden. Ich hatte das Ganze doch überhaupt erst ermöglicht! Und all das wurde auch noch hinter meinem Rücken besprochen. Eine unbändige Wut stieg in mir auf. Vor allem auf Tony. Ich hatte ihn für einen Freund gehalten. Ich behielt das Ganze erst mal für mich. Was mir nicht leicht fiel.

Als wir dann ein paar Tage später zu einem Gig mussten, trödelten die beiden wie so oft. Ich sagte, dass sie zusehen sollten, wir kämen sonst zu spät. Darauf meinte Tony: »Du hast uns gar nichts mehr zu sagen!«

Da brach es aus mir heraus. »Was bist du nur für ein Drecksack, Tony?! Du weiß doch ganz genau, dass ich nicht zurück nach Deutschland kann, und willst mich hier hängen lassen?«

»Wie meinst du das denn?«

»Wie ich es gesagt habe. Zufällig habe ich euer Gespräch gehört!«

»So. Du belauscht mich, also traust du mir nicht.«

»Kein Stück traue ich dir. Am liebsten würde ich dir …« Ich versuchte mich zu beherrschen, an die guten alten gemeinsamen Tage zu denken.

»Na, was würdest du? Hier ist nicht der Star-Club, hier hast du kein Team hinter dir. Hier musst du erst mal beweisen, dass du es auch allein drauf hast!«

»Na gut, dann komm mal mit …«

Ich schlug nur leicht zu. Irgendwie mochte ich ihn immer noch. Und er musste ja auch später auf die Bühne. Wir wälzten uns auf dem Boden, es ging hin und her, aber letztendlich lag ich dann auf ihm, schlug noch zweimal leicht zu und fragte, ob's ihm nun reichen würde. Ja, ich sollte aufhören, er hätte genug, sagte er. Und damit hatte meine fast zehnjährige Freundschaft und Geschäftsbeziehung zu Tony einen gewaltigen Bruch erlitten, der bis heute nicht wirklich gekittet ist.

Tony verschwand von einem auf den anderen Tag. Ohne uns zu informieren. Wir waren zu einem Gig verabredet, und er kam einfach nicht. Über Dritte erfuhren wir, dass er sich nach Australien abgesetzt hatte.

Der Grund war – wie sollte es anders sein – eine Frau. Tony hatte sich in eine australische Tänzerin verliebt. Das lief schon einige Zeit. Sie wohnte auch in der Villa. Das wussten wir alles. Was wir nicht wussten: Wie ernsthaft die Beziehung inzwischen geworden war.

Was sollte ich tun? Jimmy, Volker und Barbara hatten es einfacher. Sie konnten sich eine andere Gruppe suchen. Da gab es immer Möglichkeiten, denn manche Musiker merkten schnell, dass Vietnam nicht das Richtige für sie war, und flogen in ihre Heimat zurück. Es dauerte auch nur ein paar Tage, bis sie etwas anderes fanden.

Eine Rückkehr nach Deutschland war für mich immer noch unmöglich. Mein Vater hatte inzwischen vergeblich versucht, sich bei Gericht für mich einzusetzen. Meine Bewährung blieb widerrufen.

Da stand ich nun. Am Ende der Welt. Ohne Job, ohne Perspektive.

»Respect«
Mal wieder gerade machen müssen

Die Lage war ernst. Andererseits musste ich schon weitaus schwierigere Situationen durchstehen. Knast zum Beispiel. In diesen Tagen der Zukunftsangst, des Selbstmitleids, zog ich Vergleiche. Denn irgendwie lebte ich nun in Vietnam auch in einer Art Gefangenschaft.

Amerika wäre vielleicht eine Alternative gewesen, aber nach einem Jahr hatte ich noch nicht die Kontakte aufbauen können, die mich in den Staaten weitergebracht hätten. Mir blieb nichts anderes übrig, als mir etwas einfallen zu lassen, was ich in Vietnam machen könnte. Nach einigen verworfenen Möglichkeiten – Restaurant oder Bar in Saigon – kam mir endlich eine vernünftige Idee. Mein Geld, mit dem ich in Deutschland oder Amerika noch einiges vorhatte, brauchte ich dafür auch nicht anzurühren. Ich hätte eigentlich gleich darauf kommen können: Ich fragte die Lehr Brothers, ob ich bei ihnen als Roadmanager für andere Bands weiterarbeiten könnte. Sie stimmten sofort zu. Sie hatten mitbekommen, dass ich meine Sache gut machte, bei mir immer alles wie am Schnürchen lief. Als Deutscher galt ich als fleißig und zuverlässig, und dieses Vorurteils bediente ich mich gern und mit Erfolg. Bereits nach acht Monaten machten mich die Lehr-Brüder zum General Manager.

Ich verdiente wieder ganz gut, mein gespartes Geld vermehrte sich weiter, und an der Tafel im Büro stand ich nun ganz oben: General Manager Mr. Horst Fascher. Darauf war ich schon stolz, denn schließlich war mir der Posten nicht zugefallen, sondern hart erarbeitet.

Ich trug nun die Verantwortung für ca. fünfzig Shows im Monat. Nicht nur Musik aller Art, wir hatten auch Comedy und erotische Nummern im Programm. Ich teilte die Shows ein. Entschied, wer, wo, wann spielte. Waren in einem Regiment viele Schwarze, buchte ich zum Beispiel einen Soulact. Manchmal kamen die Jungs aus den Camps auch direkt zu uns und sagten, was sie bräuchten, oder schauten, was wir hatten. Solche Dinge gehörten zu meinen Aufgaben. Es war vor allem ein Bürojob. Ich bekam alle Befugnisse, konnte auch Leute rausschmeißen, was ich aber nie tat, weil ich wusste, wie scheiße es war, hier vor dem Nichts zu stehen.

Ich ließ mir immer neue Dinge einfallen, kreierte unter anderem Mottopartys. Eine Hawaiiparty zum Beispiel. Die Soldaten im Publikum und die Bandmitglieder trugen Hawaiihemden, die Tänzerinnen Blumenketten und Baströckchen, dazu gab es zum Motto passendes Essen und Cocktails auf Ananasbasis.

In den zweieinhalb Jahren in Vietnam war ich nur an vier Raufereien beteiligt. Mit einem schwarzen GI, wie bereits erzählt, mit Tony und zweimal mit australischen Roadmanagern. Die Australier in Vietnam waren ein ganz spezielles Volk. Sie hielten sich für etwas Besonderes. Sie wollten immer das Beste für sich. Die fettesten Autos, das größte Stück Fleisch, die frischeste Bettwäsche. Ständig versuchten sie, andere zu übervorteilen, und gaben noch nicht einmal der emsigen Putzfrau ein Trinkgeld. Die Asiaten waren für sie Menschen zweiter Klasse. Und das ließen sie auch immer wieder raushängen.

Eines Nachmittags schickte ich eine dieser australischen Countrycombos in einen Offiziersclub am Flughafen in Saigon. Weil ich an dem Tag nur einen Wagen hatte, sagte ich dem Roadmanager, der auch gleichzeitig der Bandleader war, eindringlich, er müsste pünktlich zurückkommen, da wir das Auto für eine Abendshow benötigten.

Natürlich kamen sie nicht rechtzeitig. Ich wartete eine Stunde, zwei, die andere Band wurde immer unruhiger. Dass die Shows pünktlich anfingen beziehungsweise überhaupt stattfanden, lag in meinem Verantwortungsbereich. Jede ausgefallene Show bedeutete einen Verlust für die Firma, der wiederum mir angekreidet worden wäre.

Nach fast zweieinhalb Stunden kamen sie dann endlich. Ich schnappte mir den Roadmanager und machte einen ziemlichen Aufstand. Das alles interessierte ihn überhaupt nicht. Sie hätten halt noch gegessen und getrunken. Und dann meinte er noch sagen zu müssen: Was willst du eigentlich, »you fuckin' German!«

Wer mit John Lennon rumhing, stört sich an dieser Art Beschimpfung nicht mehr. Aber die Australier störten mich im Allgemeinen und nun war der Zeitpunkt gekommen, die Fronten zu klären. Der Roadmanager, ein grobschlächtiger baumlanger Typ, war als Trunk- und Raufbold bekannt. Ich schlug also ohne Ansage gleich zweimal zu, damit er auch wirklich umfiel. Und so kam es dann auch.

Sogar einer seiner Bandmitglieder flüsterte mir zu: »Gut gemacht, Mann!« Leider war dadurch noch keine endgültige Ruhe eingekehrt. Dennis und Malcolm, zwei andere australische Roadmanager, blieben unbeeindruckt. Die beiden waren in der Villa noch verhasster. Vor allem bei den philippinischen Musikern, mit denen ich mich besonders gut verstand. Nicht nur, weil sie oft außergewöhnlich hübsche Sängerinnen oder Tänzerinnen in der Gruppe hatten, nein, sie waren einfach ein liebes, ein herzliches Volk, das man mögen musste.

Ich hielt mein Zimmer immer sehr sauber. Es war aufgeräumt, es durfte nicht geraucht werden und ich achtete darauf, dass die Wände stets schneeweiß waren. So konnte ich die nervigen Moskitos und Fliegen besser orten, die mir das Einschlafen unmöglich machten. Das wussten die Australier. Eines Abends waren meine Wände voll mit roten Kängurus. Ich wusste, die beiden Witzbolde hatten so eine Schablone, mit der sie ihre Gitarrenkoffer besprühten. Ich war mächtig sauer. Da hatte sich im Laufe der Monate einiges aufgestaut.

Am nächsten Morgen kam ich in unsere idyllische Kantine ganz oben in der Villa. Es frühstückten gut fünfzig Menschen. Musiker, Roadmanager, Büroangestellte, auch Dennis und Malcolm, die allein an einem Tisch saßen. Sie waren meist allein, weil die wenigsten etwas mit ihnen zu tun haben wollten. Ich holte mein Essen, ließ mir nichts anmerken, sah aber aus den Augenwinkeln, wie sie mich beobachteten. Sie grinsten und tuschelten. Ich stellte mein Essen auf einen Tisch am anderen Ende des Raumes. Dann ging ich gemächlichen Schrittes quer durch den Saal auf sie zu.

»Wer hat mir die roten Kängurus an die Wand gesprüht?«

»Er war's!«, sagte Malcolm grinsend und zeigte auf Dennis.

»Er war's!«, sagte Dennis genauso grinsend und zeigte auf Malcolm.

Diese gegenseitigen Schuldzuweisungen gingen ein paarmal hin und her. Sie hatten offensichtlich ihren Spaß daran. Ich überlegte, wem ich zuerst in die Fresse hauen musste, damit der andere eingeschüchtert sitzen blieb. Ich wählte Malcolm, der wirkte stärker. Ein Schlag genügte. Malcolm fiel mitsamt seinem Stuhl um. Dennis rutschte unbehaglich auf seinem Stuhl hin und her. Er half seinem Freund noch nicht einmal hoch.

Ich spürte die Genugtuung unter den Musikern. Manche nickten mir aufmunternd zu, andere starrten mich bewundernd an.

Von diesem Tag an hatte ich keine Probleme mehr. Im Gegenteil – ich löste sie. Wurde für meine Chefs so eine Art Sicherheitsbeauftragter. Wenn es irgendwo Ärger gab, Betrunkene lärmten oder was auch immer, riefen sie mich. Ich hatte inzwischen die Reife erlangt, das meiste ohne Gewalt zu lösen. Meine bloße Anwesenheit reichte.

»When A Soldier Makes It Home«
Ein Haufen neuer Buddys

Der Tod war in Vietnam allgegenwärtig. Es gab keine Tour, auf der wir nicht leblose vietnamesische Körper am Straßenrand liegen sahen. Manchmal sechzig nebeneinander. Männer und Frauen.

Am schlimmsten war der Gestank. Verwesende Leichen waren für mich der Geruch des Krieges. Wenn ihn die eigentlichen Befehlshaber riechen müssten, würden sie es sich noch mal überlegen, dachte ich dann häufig.

Ich war mal wieder am Ende der Welt. Für die Agentur musste ich nach Vung Tau, um Bands zu buchen. Beim Rückflug nach Saigon hatte ich Glück. Es war ein Platz frei in einem Transportflugzeug.

»Es kommen nur noch ein paar Buddys, dann können wir starten, mein Freund«, sagte der nette GI. So sind sie, die Amerikaner, immer ein freundliches Wort. Und Buddys, also Freunde, kämen auch noch.

Die Ladung, die die Soldaten übereinander stapelten, roch nach Desinfektionsmitteln; bald roch das ganze Flugzeug wie ein Krankenhaus. Was da wohl drin ist, überlegte ich.

»Es kann losgehen, ich schließe jetzt die Luke, okay?«, rief der Pilot.

»Ja, aber wo sind denn die Buddys?«, fragte ich.

Der nette GI blickte mich ernst an, sagte kein Wort, zeigte mit dem Finger auf die Ladung neben mir und schloss die Luke. Für ein paar Sekunden wurde es stockdunkel. Dann flackerte das Licht hektisch wieder auf. Da lagen sie also. »Bodies«, Leichen, nicht »Buddys«, Freunde.

»Love, Love, Love«

Die erste Frau fürs Leben

Auch wenn mein Job inzwischen hauptsächlich aus administrativen Aufgaben bestand, wollte ich auf Livemusik nicht verzichten. Für meine Vergnügungsfahrten suchte ich mir nur die besten Bands aus. Und die schärfste von allen kam nicht aus Amerika, England oder gar Deutschland, sondern von den Philippinen. Sie hieß Boy Adan. Das war der Künstlername des Frontmannes Carlos David, ein musikalisches Multitalent. Obwohl er keine Noten lesen konnte, war er in der Lage, alles zu spielen und auf seinen Stil zu heben. Da gab es diese Geschichte, in der ein Junge dem Teufel seine Seele verkaufte, um der beste Gitarrenspieler der Welt zu werden. Daran musste ich denken, wenn ich ihn hörte.

Sooft ich konnte, fuhr ich mit dieser Show mit. Anfangs nur aus musikalischer Begeisterung, ich war ein regelrechter Fan. So begeistert, dass ich mir sagte: »Die holst du eines Tages nach Europa!« Was ich später im Übrigen auch tat.

Doch schon bald gab es neben der Musik noch einen weiteren Grund, warum ich diese Band so mochte. Einen verdammt süßen dazu, für den ich meinen Vorsatz, nichts mit meinen Künstlern anzufangen, brechen sollte.

Enryqueta war gerade siebzehn, als ich sie kennen lernte. Sie sang und tanzte mit ihrer älteren Schwester unter dem Namen »Queen Sisters« bei Boy Adan. Die Band war ein reines Familienunternehmen. Neben den Queen Sisters gehörten noch zwei Brüder und der Sohn der älteren Schwester dazu.

Ich mochte Enry vom ersten Augenblick an. Ob es ihr ähnlich erging, kann ich nicht sagen, sie war der schüchternste

Mensch, den ich jemals traf. Von Show zu Show faszinierte sie mich mehr. Sie wirkte auf mich wie aus einem dieser asiatischen Märchen. So unschuldig, verletzlich, so wunderschön.

Ihr näher zu kommen, erwies sich als schwierig. Sie sprach nur das Allernötigste mit mir. Ganz egal, was ich auch anstellte. Ich versuchte, ihr alle Wünsche von den Augen abzulesen. Was blieb mir auch anderes übrig?

In ihrer Zartheit erinnerte sie mich an meine Mutter. Ich vermisste meine Eltern, vermisste wahre Liebe. Gerade nachts wollte ich auch mal umarmt werden, aus Liebe, ohne dafür zu bezahlen.

Da ich nichts zu verlieren hatte, nahm ich meinen Mut zusammen und lud sie an unserem freien Tag zum Essen ein. Sie nickte nur und lächelte dabei. Was »Ja« bedeutete. Meine Vorfreude war groß. Ich hoffte, wir würden uns nun endlich ein wenig näher kommen. Nicht, dass ich unbedingt sofort mit ihr ins Bett wollte. Das Schöne am Verliebtsein ist doch, dass man keine Eile hat. Man wartet gern. Weil man weiß, es wird sich lohnen.

Aber so ein kleiner Kuss sollte zumindest drin sein, dachte ich. Ein Trugschluss. Denn als Enry aus der Villa kam, war sie nicht allein. Ihre Schwester gab die Anstandsdame. Und sie machte einen guten Job. Nicht unbedingt in meinem Sinne. Sie wich den ganzen Abend nicht von Enrys Seite.

Es dauerte Wochen, bis es mir gelang, ein paar Minuten mit ihr allein zu verbringen. Und von dem Moment an war es um mich geschehen. Als ich sie zum ersten Mal gestreichelt hatte, wusste ich, die Frau willst du nicht mehr aus deinen Händen geben.

So weit die Theorie. Denn so einfach war das nicht. Die Aufenthaltsgenehmigung der Band lief aus. Und da wir die Künstler ins Land holten, mussten wir auch dafür sorgen, dass sie es wieder verließen. Sonst galten sie als illegale Einwanderer.

Ich versprach ihr, in nicht allzu langer Zeit nachzukommen. Doch trotz meiner großen Liebe befürchtete ich, dass etwas dazwischenkommen könnte. Vielleicht lernte sie jemanden kennen oder ich. Ihr gegenüber verschwieg ich meine Skepsis. Dass sie ähnlich dachte, sollte ich schon bald erfahren.

Nachdem ich Enry nach tränenreichem Abschied zum Airport gebracht hatte, war sie auf einmal verschwunden. Ihre Familie flog allein auf die Philippinen. Ich suchte sie drei Tage, bis sie sich endlich bei mir meldete. Sie war bei einer philippinischen Familie untergeschlüpft. Ich freute mich, klar, machte ihr aber auch Vorwürfe, sagte, wie gefährlich es sei, dass man sie verhaften könnte. Ich müsste das verstehen, meinte sie, ihre Angst, mich zu verlieren, wäre größer als alles andere gewesen.

Nun war ich mir absolut sicher, dass Enry die richtige Frau sei. So ein Risiko einzugehen – das musste wahre Liebe sein! Noch am gleichen Abend fragte ich sie, ob sie meine Frau werden wollte. Mehr als ein kaum hörbares »Ja!« brachte sie nicht heraus, aber ich spürte, wie glücklich sie mein Antrag machte.

Damit war das Problem ihrer Illegalität aber noch nicht gelöst. Bei der deutschen Botschaft fragte ich, was es für Möglichkeiten gäbe. Die Sache wäre ganz einfach, sagte man uns dort zu unserer Überraschung. Man würde ihr einen vorläufigen deutschen Pass ausstellen, der bis zur Hochzeit gelte.

Es gab sicherlich romantischere Hochzeiten als unsere auf dem Standesamt in Saigon. Aber eine romantischere Hochzeitsnacht? Bestimmt nicht!

Es war die reinste Zeremonie, in der ich Dinge erlebte, die ich von europäischen Frauen gar nicht kannte. Sie hatte alles wunderschön vorbereiten lassen. Ein Himmelbett, ganz in Weiß, ein Meer aus Kerzen, Räucherstäbchen, Champagner, schöne Musik – ein Traum.

»Lovin' Up A Storm«

Eingekesselt

Frisch verheiratet, tourten wir erst mal weiter durchs Land. Unsere erste Show führte uns nach Chu Chi, vierzig Meilen von Saigon entfernt.

Nach dem Auftritt standen wir vor einem Problem. Es waren weder Autos noch Flugzeuge frei, um uns zurückzubringen. Im Camp durften wir auch nicht übernachten. Wir mussten uns in der Stadt eine Unterkunft suchen.

Mitten in der Nacht weckten uns Granateneinschläge. Nicht wie in der ersten Nacht in Saigon, diese schlugen ganz in der Nähe unseres Hotels ein. So laut, dass ich nicht wusste, ob zehn, hundert oder zweihundert Meter entfernt.

Es sah aus, als ob die ganze Stadt brannte. Die Straßen waren menschenleer. Die Soldaten hatten sich in den Häusern verschanzt und warteten auf den Gegner. Die Einschläge kamen immer näher. Unsere Angst wuchs. Wir befürchteten, dass auch unser Hotel getroffen werden könnte.

Man hatte uns eingetrichtert, falls ein Angriff käme, sollten wir uns im Haus ganz flach auf den Boden legen, möglichst hinter eine Wand. Niemals mitten im Raum. Ich packte Enry am Handgelenk und zog sie zu Boden. Schützend legte ich mich über sie.

In dieser Stellung verharrten wir zwei Stunden. In der Hoffnung, hier wieder lebend rauszukommen. Ich bin nicht sonderlich religiös, aber in dieser Nacht betete ich mehr als einmal.

Zurück in Saigon kamen wir vom Regen in die Traufe. Vierzehn Tage mussten wir in der Villa ausharren. Es war die längste Ausgangssperre während meiner Vietnamjahre. Der Vietcong war in der Stadt. Kein Zivilist durfte auf die Straße. Der Flugplatz, bei uns in der Nähe, war ein begehrtes Ziel. Sie wollten den amerikanischen Nachschub an Mensch und Material unterbrechen.

Es gab Kämpfe, Nacht für Nacht, von denen wir aber in der Villa, bis auf die dauernden Einschläge in der Umgebung, nicht viel mitbekamen.

Nach zwei Tagen war unser Vorrat an frischen Lebensmitteln aufgebraucht. Es gab weder Fleisch noch Gemüse. Wir ernährten uns von Reis und Toastbrot.

Nach zehn Tagen gab es auf einmal wieder Fleisch. Trotz der anhaltenden Ausgangssperre. Enry und ich machten uns keine Gedanken über die Herkunft, sondern aßen freudig überrascht zum Frühstück eine Art Gulasch. Es schmeckte lecker, deftig gewürzt, das hatten die philippinischen Köche drauf.

Neben den fünfzig Menschen lebten auch drei Hunde in der Villa. Ganz liebe Tiere, die uns kannten und bellten, wenn ein Fremder kam. Ich hatte sie schon zwei Tage nicht mehr gesehen und fragte einen der Köche, wo sie wären. »Ach Horst, die habt ihr doch gestern erst verputzt. Schon vergessen, Mann?«

Zu meiner Schande muss ich gestehen – Hundefleisch war nicht das einzig Ekelige, was ich in Vietnam aß. Eine andere »Spezialität« waren Baluteier, angebrütete Eier. Die lagen ein bisschen länger als normal unter der Glucke. Man brauchte sie nicht zu kochen, die waren schon hart. Und schwarzbläulich. Nichts fürs Auge. Manchmal war eine Feder drin, dann ließ ich sie natürlich liegen.

»Green, Green Grass Of Home«
Vater noch einmal glücklich machen

Die Gewissheit, Deutschland nie wieder zu sehen, machte es mir zunehmend schwerer, mein großes Glück zu genießen. Ich vermisste meine Familie. Mein Brüder hätten mich irgendwann besuchen können, aber meine Eltern?

Damit kam ich nicht klar. Wusste ich doch, dass mein Vater, dieser alte kranke Mann, sich die Hacken wund lief, um für mich zu kämpfen. Unzählige Male hatte er inzwischen versucht, meinen Richter zu überzeugen, mich nicht wieder in den Knast zu schicken. Vergeblich. Mutter schrieb mir, dass er nur noch einen Wunsch hätte – seinen Lieblingssohn noch einmal zu sehen.

Das bereitete mir schlaflose Nächte. Auf der einen Seite hatte ich mir geschworen, nur als freier Mann nach Hamburg zurückzukommen; der Gedanke, wieder eingesperrt zu werden, erschien mir unerträglich. Meine Eltern nie mehr in die Arme schließen zu können, aber auch. In solchen Momenten dachte ich: Scheiß drauf! Dann gehst du eben noch mal ins Gefängnis und sitzt deine Reststrafe ab.

Doch dann passierte etwas, das mir meine Entscheidung abnahm: Enry wurde schwanger!

Sie wusste es schon ein paar Wochen, bevor sie es mir erzählte. Die Angst, dass ich vielleicht dafür nicht bereit wäre, stand ihr ins Gesicht geschrieben. Vollkommen unbegründet. Ein Kind von der Frau zu bekommen, die ich über alles liebte, machte mich zum glücklichsten Menschen der Welt!

Wir planten, aus Vietnam zu verschwinden und uns in Enrys Heimat eine gemeinsame Zukunft aufzubauen. Die Freude auf

Horst mit seinen amerikanischen Auszeichnungen

die bevorstehende Vaterschaft, die erste, die ich wirklich zu schätzen wusste, verdrängte alles andere.

Ich wollte die Menschen, die mir neben Enry am meisten bedeuteten, an meinem Glück teilhaben lassen und schickte ein Telegramm nach Hamburg.

Zwei Wochen später kam die Antwort: »Junge, komm nach Hause. Ich habe alles geregelt. Dein Vater.«

Ich brauchte keine zwei Sekunden, um zu wissen, was ich zu tun hatte.

»Rock My Soul«

Management eines Flohzirkus

1970 wurde mein Sohn David in Hamburg geboren. Ich war überglücklich. Doch ich spürte, dass es Enry nicht so gut ging. Sie vermisste Asien, ihre Familie und vor allem das Singen. Ich hatte inzwischen die Osdorfer Mühle gekauft. Das war ein ganz traditionelles Veranstaltungszentrum mit Restaurant, Kneipe, Kegelbahn, Festsaal und ein paar Hotelbetten.

Der Laden lief so gut, dass ich meine Familie inklusive meiner Eltern ernähren konnte. Und ein paar Mark blieben auch noch übrig, reich wurden wir dennoch nicht.

Es war eine Knochenarbeit. Schon morgens früh ging es um fünf Uhr mit der Bewirtung der Hotelgäste los, und es lief bis spät in die Nacht. Ohne die Hilfe meiner Eltern hätten wir das nie geschafft.

Ich kann heute nicht mehr genau sagen, wer die Idee zur Gründung der Les Humphries Singers hatte. Les und ich saßen bei ein paar Bierchen in der Osdorfer Mühle. Ich erzählte ihm, dass meine Frau Enry äußerst talentiert sei und gern wieder singen würde. Er erzählte, dass ihm eine Gruppe ähnlich wie die Edwin Hawkins Singers vorschwebte. Das war so eine Art Gospel-Pop-Truppe aus Amerika. Da wir beide viele Künstler aus unterschiedlichsten Nationen kannten, meinte ich, es wäre doch ein gutes Konzept, eine multikulturelle Band zusammenzustellen. Jeder Interpret sollte aus einem anderen Land kommen, das würde auch zur Gospelmusik passen.

Ziemlich euphorisch legten wir los. Die Mühle verkaufte ich etwas später an einen alten Boxkumpel.

Die Gruppe war schnell zusammengestellt. Die Sänger und Sängerinnen kamen aus Deutschland, Schweden, England, Jamaika, St. Lucia, den Philippinien. Alle waren so Mitte zwanzig, Les war mit knapp über dreißig Jahren das älteste Bandmitglied. Die Proben begannen im meist ungenutzten Festsaal der Mühle. Les führte ein straffes Regiment, und schon nach kurzer Zeit standen die ersten Songs.

Nun begann meine Arbeit. Ich riss Auftritte auf und war so eine Art Mädchen für alles – was mal wieder viel zu viel war. Sich um acht, später zehn Bandmitglieder zu kümmern, war, als versuche man einen Sack Flöhe zu dressieren. Die eine war gerade mal schlecht drauf, die andere frisch verliebt und damit mit ihren Gedanken ganz woanders und die dritte hackenhigh. Und dann diese ständigen Eifersüchteleien. Wer singt was, wie viel, wer steht bei den Konzerten, TV-Auftritten, beim Plattencover im Vordergrund. Es war wirklich die Hölle.

Anfangs lief alles noch relativ glatt. Bereits unsere erste Single schoss auf Platz eins in Holland. Danach wurde die Band zum Selbstläufer. Schnell legten wir eine LP nach, die sich auch in Deutschland in den oberen Regionen der Charts platzierte. Bald waren wir die erfolgreichste Band Deutschlands.

In der ersten Zeit blühte Enry richtig auf. Ich spürte, wie sie es vermisst hatte, mit anderen zu musizieren. In der Gruppe fand Enry endlich ein Zuhause. Vorher weinte sie vor Heimweh häufig, das hörte nun auf. Was mich sehr froh stimmte. Sie war bei drei bis vier Alben, also insgesamt circa zweieinhalb Jahre dabei. Als Band-Beauty wurde sie auf den Plattencovern immer gut platziert. Doch obwohl sie als Leadsängerin mit »To My Father's House« den ersten Nummer-eins-Hit hatte, bekam sie danach nie wieder einen Solopart. Andere drängten sich vor. Sie konnte sich nicht so durchsetzen, ihr fehlten die Ellenbogen.

Pro Auftritt bekamen wir nun 25 000 Mark. Die gesamte Kohle landete auf Les' Konto, der sie dann verteilte. Jeder Künstler und ich bekamen 500 Mark pro Auftritt.

Ray Charles mit Horsts Frau Enry (rechts) und Horst, ca. 1972

Den Plattenvertrag unterschrieb Les im Alleingang. Weder ich noch die Bandmitglieder waren am Umsatz beteiligt. Und schon ging der erste Stress los. Wir wurden wie bei den Auftritten mit 500 Mark abgespeist. Pro Song zwar, aber bei den Millionen Platten, die wir verkauften, war das nicht mehr als ein besseres Taschengeld. Les ließ uns über die Verkaufszahlen im Unklaren. Fakt ist aber, dass er innerhalb kürzester Zeit Millionär wurde.

Wenigstens wurde in der ersten Zeit noch über die musikalische Richtung demokratisch entschieden. Aber mit der Zeit zerbrach auch diese Gemeinschaft. Les wurde immer diktatorischer. Wenn einer nicht in seinem Sinn spurte, flog er raus. Die Sänger wechselten im Monatstakt. Die Probleme einer normalen Band wurden durch die hohe Mitgliederzahl und die unterschiedlichen Mentalitäten noch potenziert.

Dazu kamen die Drogen. Die Musiker, die aus dem Musical »Hair« in die Band kamen, waren jeden Tag breit. Das ging schon vor dem Frühstück los. Es wurde auch viel getrunken. Und dann kam auch noch Kokain ins Spiel.

Irgendwann hatte ich die Nase voll. Der Job bestand nur noch aus Stress, und da ich wusste, dass Les uns kohlemäßig abzog, machte ich Schluss.

Enry war anfangs traurig, doch ich versprach ihr, ihre Familie nach Deutschland zu holen und eine neue Band zu gründen. Was ich auch machte. Die Queen Sisters waren zwar nicht so erfolgreich wie die Humphries Singers, aber auch wir brachten ein paar Platten raus und hatten einige erfolgreiche Auftritte.

Aus diesen Tagen kann ich nicht mit so vielen Anekdoten aufwarten. Vieles aus dieser Zeit habe ich schlicht vergessen. An die Star-Club-Jahre erinnere ich mich wesentlich besser. Der Grund ist einfach: Die Musik der Les Humphries Singers war nicht meine. Natürlich war ich mit dem Herzen dabei, aber auch nur, weil meine Frau in der Band war. Ich habe die Musik später auch nie wieder gehört. Es war halt kein Rock 'n' Roll. Und das ist immer schlecht.

»It's So Hard To Say Goodbye To Yesterday«
Star-Club II

Mitte der Siebziger war mir noch ein bisschen Kohle aus meinen Vietnam-Tagen übrig geblieben. Ich wollte mir endlich den Traum von einem neuen Star-Club erfüllen. Manfred gab mir die Erlaubnis, den Namen zu benutzen. Ich hätte sogar die alten Räumlichkeiten haben können, aber in denen war inzwischen der Sexclub Salambo, der fünftausend Mark Pacht im Monat abwarf. Geld, das Manfred dringend brauchte. Der einst mehrfache Millionär Manfred Weißleder war pleite. Lange nach seinem Ausstieg aus dem Star-Club stellte die Steuer horrende Nachforderungen. Die Bands, die länger bei uns spielten, galten plötzlich als Angestellte. Er musste also Sozialabgaben für fünf Jahre nachzahlen. Das brach ihm finanziell das Genick. Einsam und verarmt starb er einige Jahre später.

Ich fand in der Neustadt am alten Steinweg, also direkt in meiner Nachbarschaft, ein geeignetes Objekt, ebenfalls ein ehemaliges Kino. Achtzigtausend Mark war meine Einlage, zweihundertfünfzigtausend lieh mir eine Brauerei. Ein wenig ergaunerte ich mir auch. Ich ließ allein drei Zigarettenautomatenaufsteller antreten und machte mit jedem einen Exklusivvertrag. Das brachte noch mal einen guten Zehner, reichte aber noch nicht ganz. Also eröffnete ich im Erdgeschoss erst mal eine Disco, den Hamburg-Club. In Rekordzeit bekamen wir den Laden voll.

Mit einem kleinen Trick. Ich verbreitete, dass bei uns nur Clubkartenbesitzer Eintritt erhielten. In den ersten Wochen verbrachte ich die Abende allein mit Freunden und Familie. Immer wenn jemand ans Guckloch klopfte, sagte mein Türsteher: »Sorry, Laden ist zu voll. Aber ihr könnt gern eine

Horst & Uwe Fascher & Ringo Starr, ca. 1974

Clubkarte beantragen und es in den nächsten Wochen noch einmal versuchen.«

Als ich genügend Adressen zusammen hatte, lud ich alle auf einmal ein, und der Laden brach nun jedes Wochenende fast auseinander.

Nach einem Jahr hatte ich genügend Kohle gescheffelt, um das Obergeschoss zum Star-Club II auszubauen. In der Eröffnungsnacht spielte Tony Sheridan mit der Original-Elvis-Presley-Las-Vegas-Band. Und Ringo Starr kam. Ein Freundschaftsdienst, der mich nichts kostete. Na ja, nichts stimmt nicht so ganz. Erste-Klasse-Flüge für ihn und seine Frau, Übernachtung und Verköstigung im Atlantik Hotel, etliche Gramm Kokain (die er sich aufgrund seiner kaputten Nase in den Hintern blasen lassen musste), machten insgesamt schon gut zehntausend Mark.

Jahre später gab es deshalb einen Bruch in unserer Freundschaft. Ich bat Ringo, das Beatles-Gemälde eines Freundes zu unterschreiben. Nur eine kleine Unterschrift, mehr nicht. Darauf er, schwer genervt: »Horst, ständig nimmst du nur! Immer wenn wir uns sehen, willst du irgendetwas von mir! Das finde ich scheiße!«

Der Traum vom zweiten Star-Club war nach nur einem Jahr ausgeträumt. Es war eine schöne Zeit. Viele der alten Jungs waren noch einmal gekommen. Bill Haley (kurz vor seinem Tod), Bo Didley, The Platters, The Drifters und viele mehr. Ich produzierte sogar noch eine LP mit vielen originalen Star-Club-Musikern.

Horst & Bill Haley in Star-Club II, ca. 1979

Doch dann, als es gerade richtig zu laufen begann, machte mir die Behörde einen Strich durch die Rechnung. Ich sollte die Lautstärke drosseln, nur noch bis 22 Uhr (!) Live-Musik spielen und wirklich schwachsinnige Umbauarbeiten für 280 000 Mark durchführen lassen (obwohl ich nur einen Fünf-Jahres-Vertrag hatte).

Ich gab auf. Ich musste aufgeben. Mit 300 000 Mark Schulden ging ich raus. In der kurzen Zeit war es unmöglich, der Brauerei alles zurückzuzahlen.

Das ganze nächste Jahr ging ich frühmorgens um vier zum Angeln. Enry sagte den diversen Gerichtsvollziehern: »Mein Mann nicht da. Ich nicht wissen, wo.«

Das Aus für den Star-Club II

Später gründete ich die Veranstaltungsagentur »Star-Club Entertainments«. Ich organisierte Tourneen mit meinen alten Freunden, wie Ray Charles. Nachdem die ersten Gelder flossen, machte ich mit meinen Gläubigern einen Deal und war wieder schuldenfrei.

»The Day The Music Died«

Schicksalsschläge

Nach achtzehn Jahren ging die Ehe mit Enry zu Ende. Ich hatte mich Hals über Kopf in eine neunzehnjährige Engländerin verliebt.

Es passierte auf einer Beatles-Convention in Liverpool. Dort traf ich Bill Rufley von Gerry & The Pacemakers.

»Immer noch die jungen Dinger!«, flüsterte ich meinem alten Kumpel, den ich seit 1962 nicht gesehen hatte, ins Ohr.

Ach, das sei doch nur »Daddys kleiner Liebling«, sagte er. Und Alison war wirklich seine Tochter.

Ich mochte sie auf Anhieb. Bei einem Konzert ihres Vaters saß sie neben mir. Wie zwei Teenager beim ersten Date im Kino näherten sich unsere Fingerspitzen millimeterweise. Sie kam noch in der gleichen Nacht mit zu mir ins Hotel. Am nächsten Morgen fuhr sie nach Hause, packte ein paar Sachen, um mit mir nach Hamburg zu fliegen.

Das ging mir dann aber doch zu schnell. Natürlich war ich geschmeichelt, inzwischen neunundvierzig und damit dreißig Jahre älter als sie. Ihre Jugend, ihre Spontaneität faszinierten mich, ohne Frage. Und doch sagte ich ihr, ich würde erst mal allein fahren und sie nachholen.

Damit gab sie sich aber nicht zufrieden und ich mich geschlagen.

In Hamburg besorgte ich Alison eine kleine Wohnung. Wir verbrachten viel Zeit miteinander. Sie arbeitete inzwischen in meiner Veranstaltungsagentur »Star-Club-Entertainment« und nach Feierabend vergnügten wir uns bei ihr.

Mit der Zeit wurde aus unserer Liebelei aufrichtige Liebe.

Nachts ging ich allerdings nach Hause, ich war schließlich noch verheiratet. Dieser Zustand war natürlich nicht haltbar. Ich musste es Enry sagen. Vom schlechten Gewissen geplagt, brachte ich es eines Abends übers Herz.

Enrys Welt brach zusammen. Alles, woran sie glaubte, zählte plötzlich nicht mehr. In ihrer Verzweiflung rannte sie zu Leuten, von denen sie hoffte, dass sie mich beeinflussen könnten. Doch ihre herzzerreißenden Weinkrämpfe vor meiner Familie, meinen Freunden brachten mich nicht zurück. Natürlich tat sie mir leid. Sehr sogar. Aber was sollte ich tun?

Als Enry nicht mehr weiterwusste, versuchte sie sich umzubringen. Auf der vierspurigen Ost-West-Straße lief sie vor ein Auto. Sie wurde dreizehn Meter durch die Luft geschleudert. Als sie schwer verletzt im Krankenhaus wieder zu sich kam, hatte sie ihr Kurzzeitgedächtnis verloren. Sie erinnerte sich an ihre Kindheit auf den Philippinen, an mich nicht mehr.

David stand an ihrem Bett und weinte. Ich weinte. Ich machte mir große Vorwürfe, bat meinen Sohn um Verzeihung. Er nahm meine Entschuldigungen nicht an, er verstand mich nicht, er war zu jung.

Ein paar Wochen später versuchte Enry erneut, sich das Leben zu nehmen. Wieder auf der Ost-West-Straße. Es hieß, diesmal wäre es ein Unfall gewesen, aber ich wusste es besser: Sie konnte nicht mehr, sie wollte nicht mehr. Glücklicherweise wurde sie beim zweiten Mal nicht so schwer verletzt.

Von dem Tag des ersten Selbstmordversuchs an hasste David Alison. Obwohl sie half, seine DJ-Karriere in Schwung zu bringen, verachtete er sie, gab ihr die Mitschuld an dem Schicksal seiner Mutter. Auch ich bekam seine Wut zu spüren. Und nicht zu knapp. Für ihn war ich das Schwein, das seine Mutter fast umgebracht hatte. Er nannte mich nicht mehr Papa, er umarmte mich nicht mehr. Seine Liebe war, wenn auch vielleicht nicht ganz erloschen, zumindest so weit abgekühlt, dass er sie nicht mehr zeigen konnte. Es sollte noch Jahre dauern, bis sich unser Verhältnis wieder einigermaßen normalisierte.

Enry war inzwischen total verwirrt. Sie setzte die halbe Küche in Brand, weil sie vergessen hatte, den Gasherd auszumachen, all solche Sachen. David kümmerte sich rührend um sie. Auch ich wollte helfen, aber ich war nun außen vor, nicht mehr erwünscht.

Enry suchte dann Halt in einer Sekte. Sie lief von Tür zu Tür und versuchte, kleine Heftchen zu verkaufen. Aber das hatte auch etwas Gutes: Nach zwei Jahren lernte sie auf diese Weise einen Heilpraktiker kennen. Die beiden kamen zusammen und irgendwann sagte sie mir sogar, dass sie diesen Mann mehr liebte als mich seinerzeit. Das verletzte mich keineswegs, im Gegenteil, es machte mich froh, weil Davids Mutter endlich wieder glücklich war.

Alles war also wieder gut. Und dazu kam noch: Alison erwartete ein Baby. Ein Wunschkind.

Nach langer Zeit hörte ich mal wieder etwas von meinem alten Freund Paul McCartney. Er wollte über alte Zeiten quatschen und lud mich zu einer Sendung von »Wetten, dass ...?« ein, bei der er Gast war. Alison war hochschwanger. Pauls Sohn James saß auf meinen Knien, während wir uns unterhielten.

»Ich wollte mal den kleinen Fascher hören, denn der wird bestimmt ein Star!«, sagte Paul, als er seinen Kopf auf Alisons Bauch legte.

Ob er Recht behalten hätte?

Wir nannten den Kleinen Rory. Nach dem Star-Club-Künstler Rory Storm, eine große Jugendliebe von Alisons Mutter. Rory kam zwei Monate vor unserer Hochzeit auf die Welt.

Alisons Vater half mir, alles zu organisieren. Wir heirateten in Liverpool, Gerry Marsden war mein Trauzeuge. Auf der Hochzeitsfeier spielte er seine alten Hits, die ich so liebte – »I Like It«, »You Never Walk Alone« und vor allem »Save The Last Dance For Me«.

Als mein Sohn David ungefähr zehn Jahre alt war, traf er Max Schmeling. Er wollte eines Tages auch Weltmeister werden, sagte er zu der Boxlegende. »Worin?«, wollte Max wissen. Das wüsste er noch nicht so genau, erwiderte David keck. Und nachdem er bereits Mitte der Achtziger Deutscher Meister im Breakdance wurde, gelang David Anfang der Neunzigerjahre etwas Unglaubliches. Zum ersten Mal wurde jemand zweimal hintereinander zum besten Discjockey der Welt gekürt. Und das bei der riesigen Konkurrenz aus den USA, dem Mutterland des Hip-Hops.

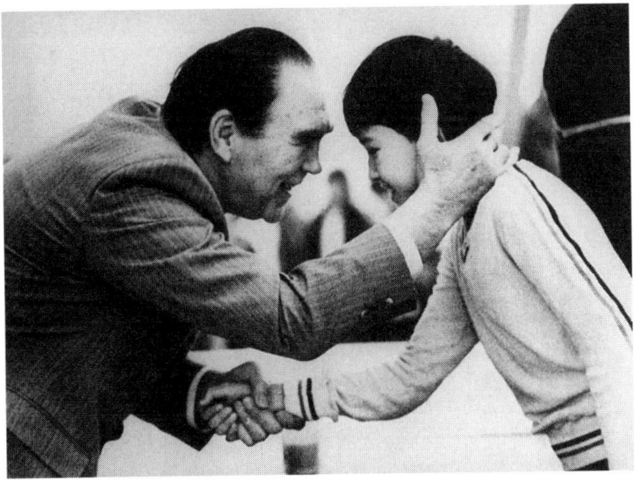

Weltmeister: David Fascher, ca. 10, und Max Schmeling, 1980

Er war aber auch unglaublich gut. Er schaffte es sogar, im Handstand auf dem Plattenteller zum Rap-Sound wie ein Wahnsinniger zu scratchen. Das machte mich natürlich alles sehr stolz. Ich unterstützte ihn, wo ich konnte. Als er mir eröffnete, dass er mit Musik sein Geld verdienen wollte, bestand ich allerdings auf einer soliden Ausbildung.

Toningenieur war der Musik nicht ganz fremd, aber schon nach einigen Monaten gab er auf. Er könnte sich nicht konzentrieren, meinte er, weil er immer nur Musik im Kopf hätte. Dann soll es wohl so sein, dachte ich und trieb ihn zu immer besseren Leistungen an. Als ich der Meinung war, nun sei er wirklich gut, übernahm ich sein Management. Nach Fascher-

Art: Einmal besorgte ich ihm auf dem Kiez einen gefälschten Ausweis, damit er, noch minderjährig, in Discos auflegen konnte.

Obwohl unser Verhältnis immer noch alles andere als herzlich war, verstanden wir uns geschäftlich bestens. Wir eröffneten sogar einen kleinen Plattenladen für Soul & Funk und Rap-Musik. Die Scheiben kauften wir für kleines Geld in New York und verscheuerten sie hier für das Zehn- bis Zwanzigfache.

Nach seiner Weltmeisterschaft bereisten wir ganz Europa. David legte in den besten Clubs auf, und langsam begann auch seine eigene Plattenkarriere als DJ und Produzent.

Alison fuhr immer gern mit auf Tour. Das ging nach Rorys Geburt nicht mehr. Nun beschwerte sie sich, dass ich sie zu häufig alleine ließe. Bald merkte ich, dass die Mutterpflichten meine junge Frau überforderten. Sie war einfach noch zu jung, hatte sich noch nicht ausgetobt. Wir begannen uns zu streiten. Nichts Spektakuläres, die alltäglichen Dinge. Wie die meisten Männer übersah ich ihre Unzufriedenheit, ihre Andeutungen (oder ging einfach nicht drauf ein), ich wähnte mich ihrer sicher. Viel zu sicher.

Als ich von einer Tour mit David nach Hause kam, war die Wohnung leer. Auf dem Küchentisch lag ein Zettel. Mit Lippenstift stand geschrieben: »Wir lieben dich – aber wir können nicht mit dir leben.« Was für ein Scheiß! Ich glaubte nicht, dass der zweijährige Rory ihrer Meinung war.

Nun brach für mich eine Welt zusammen. Sie hatte mir meinen kleinen Sohn genommen. Es ist schwer zu beschreiben, aber in dem Alter, ich war inzwischen über fünfzig, noch mal Vater zu werden, empfand ich als ein Segen. Vor allem, wenn man bei seinen ersten beiden Kindern das Gefühl hat, sich nicht genügend gekümmert, wichtige Dinge im Leben eines Kindes nicht so wahrgenommen zu haben. Das erste Lächeln, die ersten Worte, ersten Schritte, all diese wundervollen Dinge.

Ich rief sofort in Liverpool an, wollte wissen, warum sie mich verlassen hatte. Aber ich bekam keine befriedigende Antwort.

Es war nichts Essentielles, nichts, über das man nicht hätte sprechen können. Mit Engelszungen versuchte ich sie zu überreden, zu mir zurückzukommen. Doch sie ließ sich nicht erweichen. Und dann drehte ich durch. Ich beschimpfte und bedrohte sie, es war die reine Hilflosigkeit, aber sie war zu jung, um das auch so zu sehen, und zeigte mich an. Ich hätte gedroht, sie umzubringen und ihr Kind zu entführen, erzählte sie der Polizei in Liverpool. Ein falscher Schritt, und man würde mich verhaften, ließ sie mir ausrichten.

Nun bekam ich zurück, was ich Enry angetan hatte. Eins zu eins. Denn später erfuhr ich, dass mich Alison während eines früheren Liverpoolbesuches betrogen hatte. Das war auch der Auslöser für ihre Flucht aus Hamburg.

Ich hatte alles gesetzt – eine intakte Ehe mit Enry, die Liebe meines Sohnes David – und alles verloren.

Und da saß ich nun. Krank vor Kummer und Sehnsucht.

Nach einem halben Jahr rief mich Alison zum ersten Mal an. Rory würde immer sagen: »Papa seh'n!« Seine Sehnsucht nach mir wäre so groß, dass er das Essen verweigern würde. Kurz: Ich müsste sofort kommen. Keine vier Stunden später war ich auf der Fähre nach England.

Wir trafen uns mit ihrer ganzen Familie in einem Hotel. Als Rory mich in der Lobby sah, schrie er: »Papa!« Er rannte auf mich zu, sprang in meine Arme und drückte mich ganz fest, als ob er mich nie wieder loslassen wollte.

Nachdem wir eine Weile gespielt hatten, bat ich Alison, ihn diese eine Nacht bei mir zu lassen. Sie wollte nicht. Sie könnte doch Rory entscheiden lassen, pokerte ich. Und er rief: »Papa schlafen!«

Doch zum Schlafen kamen wir kaum. Fast die ganze Nacht haben wir gespielt, getobt und gelacht.

Als Alison Rory am nächsten Morgen abholen wollte, sträubte er sich mit Händen und Füßen. Ich flehte Alison an, ihn mir mitzugeben. Nicht für immer natürlich, nur für eine

Weile, für drei Wochen vielleicht. Sie willigte ein! Ich war außer mir vor Freude.

Rory und ich fuhren in meinem neuen Chevrolet zur Fähre. Die Fahrt dauerte fast sieben Stunden, und der Kleine fragte nicht ein Mal nach seiner Mama oder wie lange es noch dauern würde.

Wir schliefen die Nacht in einer Kabine. Er war so zufrieden. Als ob er gedacht hätte, nun ist Papa wieder da, nun wird alles wieder anders.

Nach drei wunderschönen Wochen in Hamburg kam Alison an einem Donnerstag, um ihn abzuholen. Sonntag wollte sie zurückfliegen. Freitagmorgen musste ich mit David für ein Engagement nach Spanien.

In der Nacht von Donnerstag auf Freitag schliefen wir mit Rory in unserem Ehebett. Als ich mitten in der Nacht aufwachte, lag der Kleine quer über meinem Gesicht. Er hatte sich an mich gekuschelt, er suchte meine Nähe, das spürte ich. Ich hatte Alison am Vorabend gebeten, Rory schlafen zu lassen, falls er nicht von allein aufwachen sollte.

Ich war schon aus der Tür, als er plötzlich ins Treppenhaus gerannt kam, seinen Kopf zwischen das Treppengeländer steckte und rief: »Papa mit!«, »Papa mit!« Immer wieder.

Ich konnte ihn nicht mitnehmen. Ich konnte ihm nur sagen: »Papa kommt bald wieder. Und dann spielen wir ganz viel, okay?«

Aber es war nicht okay. Er weinte und schrie. Er hörte nicht auf.

Ich nahm ihn auf den Arm, wischte ihm die Tränen aus dem Gesicht, beruhigte ihn, so gut es ging, ließ ihn wieder runter und sagte ihm abermals, dass ich bald wieder da sei. Was noch nicht einmal stimmte. Er blickte mich aus traurigen Augen an.

Es war das letzte Mal, dass ich meinen Sohn lebend sah.

Als ich Sonntagnachmittag am Flughafen Fuhlsbüttel ankam, empfing mich meine komplette Familie, sogar Neffen und Nichten waren gekommen. Es kam mir gleich komisch vor. »Was ist passiert?!«, fragte ich.

Niemand antwortete. Fredi kam mit einem Schnapsglas auf mich zu. »Trink! Frag nicht, warum, trink einfach!«, sagte er. Ich kippte das scheußliche Gebräu herunter. »Und nun sag mir endlich, was los ist!«

Fredi nahm mich in den Arm und sagte: »Der liebe Gott hat Rory geholt.«

Ich hörte die Worte, aber begriff sie nicht. Erst langsam wurde mir klar: Rory ist tot.

Von da an verblasst meine Erinnerung. Ich soll geschrien haben, Rorys Namen gerufen, ich weiß es nicht mehr. Es war einfach zu schrecklich.

Später fragte ich nach Alison. Sie sei in Liverpool, ihre Familie hätte sie abgeholt, sagte man mir. Ich versuchte mich zusammenzureißen, wollte nun endlich wissen, wie das überhaupt passieren konnte. Doch ich schaffte es nicht, war kurz vorm Durchdrehen.

Langsam zeigte das hochdosierte Valium Wirkung. Ich war nun in der Lage, Uwe zuzuhören.

Samstagabend besuchte Alison eine Freundin. Sie nahm Rory mit. Diese Freundin und sie gingen auf Tour, sie ließen Rory allein.

Er lag in einem Schrankklappbett. Eine Sprungfeder in diesem Bett war defekt. Es muss mitten in der Nacht gewesen sein, als das Bett mit voller Wucht hochschnellte. Der kleine Rory hatte keine Chance. Sein Brustkorb wurde gequetscht – er erstickte elendig …

Von diesem Moment an hasste ich Alison. Es war gut, dass sie in Liverpool war. Wäre sie am Flughafen gewesen, nein, das wäre nicht gut ausgegangen. Noch heute frage ich mich, wie man ein zweijähriges Kind allein lassen kann. Und dann noch in einer fremden Wohnung. Er hätte doch nur aufzuwachen brauchen. Mama nicht da, Papa nicht da, er hätte sich doch vor Angst die Kehle aus dem Leib geschrien.

Alison wollte, dass Rory in Liverpool beerdigt wird. Dort sah ich ihn ein letztes Mal, küsste noch einmal seine kleinen Hände.

Es war, als ob wir beide gestorben wären.

Vergeblich versuchte ich, Trost bei Gott zu finden, irgendeinen Sinn in diesem Unglück zu sehen. Manchmal dachte ich, der da oben hat mich für all das, was ich in meinem Leben verkehrt gemacht habe, bestraft. Rory war mein Ein und Alles. Doch wie ich es auch drehte und wendete, mein Lebensmut kam nicht zurück.

Bald vier Jahre verließ ich kaum das Haus, wollte zum ersten Mal in meinem Leben keine Musik mehr hören. Meine Wohnung wurde zu einer Art Rory-Schrein. Seine auf Lebensgröße hochgezogenen Fotos hingen an den Wänden. Ich sprach mit ihm, ich bat Gott, mich auch sterben zu lassen, damit ich wieder bei meinem Jungen sein könnte.

»That's What Friends Are For«

Danke, Paul ...

Um meinen nächsten Schicksalsschlag zu beschreiben, muss ich ein paar Jahre zurückgehen. Es war im Frühjahr 1984, als mich ein Freund anrief. Er hatte David auf dem Alsteranleger Jungfernstieg tanzen gesehen und meinte, mein Sohn wäre eine Sensation. Das freute mich natürlich, nur wusste ich gar nicht

»To Horstie, all the best to my freund!« Widmung von Paul McCartney

so recht, was das bedeuten sollte. Tanzen? David? Der hatte doch noch nicht einmal einen Tanzkurs absolviert!

Heimlich schlich ich an den Anleger und beobachtete ihn aus der Ferne. Mein Kumpel lag richtig. Was David und seine drei Freunde dort veranstalteten, war wirklich sensationell. Eine ganz neue Sache aus den USA – Breakdance. David erklärte mir, dass diese Art zu tanzen wie Rap-Musik und Graffiti-Kunst ein Teil der Hip-Hop-Kultur sei. Mich faszinierte diese weltweite Jugendbewegung und so schlug ich David vor, das Ganze professionell aufzuziehen.

Gemeinsam mit der Bravo organisierte ich eine Breakdance-Meisterschafts-Tour durch Deutschland. Zur Endausscheidung in der Dortmunder Westfalenhalle kamen über zwanzigtausend Menschen. Wir fuhren aber auch richtig auf, ließen unter anderem die Superstars der Breakdance-Bewegung, die Rock Steady Crew und Mr. Robot, aus den Staaten einfliegen.

David gewann mit seiner Crew den deutschen Meistertitel. Oh, Mann, wie war ich stolz auf meinen Jungen!

Nun wurde auch das Fernsehen aufmerksam. Man lud uns nach Ungarn für eine »Ein Herz für Kinder«-TV-Show ein. Catarina Valente und Bonnie M. waren die eigentlichen Headliner. Doch als David mit seinen Freunden die Bühne stürmte und seine Bewegungen vorführte, drehte das Publikum vor Begeisterung durch.

Im Sporthotel neben der Stadthalle arbeitete eine hübsche Blondine an der Bar. Ihr Auftreten, sehr selbstbewusst, beeindruckte mich. Sie merkte, dass ich sie beobachtete, und sprach mich an. Das freute mich sehr, dachte ich doch, bei so einer klasse Frau relativ chancenlos zu sein.

Wir verabredeten uns für später zum Essen, aber ins Bett bekam ich Elisabeth nicht. Dennoch war es ein schöner Abend. Wir tauschten Adressen und Telefonnummern aus und zum Abschied schenkte ich ihr einen Philips-Ghettoblaster. Sie war so gerührt. Für so etwas müsste man hier einen Monat lang arbeiten und dann wüsste man immer noch nicht, wo man es herbekommen sollte.

Unser Rückflug am nächsten Tag ging frühmorgens – und wer stand am Flughafen, um sich zu verabschieden? Elisabeth. Damit hatte ich nicht gerechnet. Wir versprachen, uns zu schreiben, anzurufen, wie das immer so ist. Und natürlich ist das meist leeres Gerede. So wie auch in diesem Fall, dachte ich, denn fast acht Jahre hörte ich nichts von ihr.

Ihr Timing war einmalig. Sie erwischte mich mitten in meiner Rory-Trauerphase. Zuerst wusste ich gar nicht, wer sie war. Erst nach langer Erklärung dämmerte es. Sie war mit ihrer kleinen Tochter in München und wollte nun in Deutschland Fuß fassen.

Ich erzählte ihr von Rorys Tod, dass ich sie gern eingeladen hätte, es aber im Moment ein ungünstiger Zeitpunkt sei. Doch sie ließ sich nicht beeindrucken. Dann würden sie eben nicht in München, sondern zu mir nach Hamburg ziehen und mir helfen, wieder auf die Beine zu kommen. Das passte mir so gar nicht. Aber ich war auch zu schwach, um etwas dagegenzuhalten. »Wir kommen«, waren ihre letzten Worte. Am nächsten Tag stand ein VW-Käfer vor meiner Tür. Sie zogen gleich bei mir ein. Ich ließ es einfach geschehen und redete es mir schön: »Was willst du hier allein in deiner großen Wohnung und eine Haushälterin brauchst du sowieso.«

Elisabeth und ich schliefen zwar in einem Bett, aber nie miteinander. Bis auf einmal. Sie massierte, sie streichelte, sie verführte mich. Inzwischen zu einem kleinen hilflosen Jungen mutiert, schon lange nicht mehr der alte Horst, ließ ich es geschehen, obwohl mir so gar nicht danach war. Und wie der Zufall es wollte, wurde Elisabeth von diesem einen Mal schwanger.

Auch nachdem wir miteinander geschlafen hatten, änderten sich meine Gefühle nicht. Es war mir unmöglich, irgendetwas für einen anderen Menschen zu empfinden, meine ganze Liebe hing an meinem toten Jungen.

Für eine Frau soll der Augenblick, in dem sie ihrem Partner erzählt, dass sie ein Baby erwartet, ein magischer Moment sein. Den konnte ich Elisabeth nicht bieten. Ganz im Gegenteil. Gefühlskalt, wie ich anderen gegenüber damals war, sagte ich ihr, dass ich nicht wüsste, ob ich noch mal ein Kind lieben könnte, und zu allem Überfluss legte ich ihr nah, das Baby doch lieber abtreiben zu lassen.

Dadurch entstand Streit. Ein ewiges Hin und Her, sie zog mindestens drei-, viermal aus, kam aber immer wieder zurück.

Ich war alles andere als ein guter werdender Vater. In den neun Monaten streichelte ich ihren Bauch kein einziges Mal. Und was noch schlimmer war: Ich unterstützte sie auch nicht. Alles war mir zu anstrengend. Noch nicht einmal beim Schleppen schwerer Einkaufstüten, wir wohnten in der vierten Etage, half ich ihr. Ich saß in meinem Zimmer, grübelte, führte Selbstgespräche, und weinte.

Wir lebten nicht miteinander, wir lebten nebeneinanderher. Oft schloss ich mich ein. Bis sie dann eines Tages alle Türen aushängte.

Am 28. Februar 1994 wurde meine Tochter Marie-Sophie geboren. Exakt vier Jahre nach Rorys Geburt. Das sei ein Zeichen von Gott, versuchte mir Elisabeth einzureden. Er hätte mir auch extra ein Mädchen geschenkt, damit ich unser Baby nicht ständig mit Rory vergleichen würde.

Als ich dieses kleine Wesen zum ersten Mal in meine Arme nahm, öffnete sich mein Herz. Das spürte ich buchstäblich. Ich empfand Zuneigung, ein fast vergessenes Gefühl, noch keine Liebe, dafür war es noch zu früh. Doch nach und nach eroberte dieses kleine Wesen mein Herz. Und nach ein paar Wochen hatte mein Leben wieder einen Sinn.

Nach elf Monaten bemerkte ich etwas Ungewöhnliches. Wenn ich Marie-Sophie nach dem Baden ein wenig fester anfasste, zeigten sich auf ihren Beinchen kleine weiße Beulen, die sich erst nach einigen Sekunden zurückbildeten.

Im Krankenhaus stellte man daraufhin fest, dass sie mit einer defekten Herzkammer geboren worden war. Eigentlich bräuchte sie eine neue Herzklappe. Doch so eine kleine Klappe, eine Klappe, die in ein so kleines Herz passt, würde es noch nicht geben. Operation also unmöglich. Darauf warten, bis ihr Herz größer sei, war die einzige Chance. Wir sollten uns aber schon mal auf ihren Erstickungstod vorbereiten, der jede Nacht eintreten könnte.

Fassungslos fragte ich mich, womit die Kleine, womit Elisabeth, womit wir das verdient hätten. Und gerade ich?! Wo ich doch gerade schon ein Kind verloren hatte.

Damit konnte, damit wollte ich mich nicht abfinden. Mein altes Kämpferherz begann wieder zu schlagen.

Wir liefen von Arzt zu Arzt, von Krankenhaus zu Krankenhaus, alle schüttelten traurig den Kopf. Doch irgendwann ergaben meine Recherchen, dass in Amerika ein Arzt bereits solche Fälle operiert hatte. Bei seiner Methode wurde eine neue Herzklappe auf, nicht in das Herz operiert. Damit könnten die Kinder überleben, bis sie groß genug für eine richtige Klappe wären.

Die einzige Chance war also dieser Arzt. Nur: Wie sollte ich den bezahlen? Seit fast vier Jahren war ich nicht mehr in der Lage zu arbeiten, da konnte mir nur ein alter Freund helfen …

»Bitte sagen Sie Paul, er möchte mich so schnell wie möglich zurückrufen«, sagte ich zu Paul McCartneys Sekretärin. Zwanzig Minuten später, ich weinte gerade im Badezimmer, weil das inzwischen der einzige Raum mit einer Tür war, klingelte das Telefon. Paul. Ich schilderte ihm die Situation, er unterbrach mich, sagte, ich müsste das alles gar nicht weiter ausführen, er würde seine Assistentin abstellen, die sich um alles Weitere kümmern würde.

Er bat mich, niemandem von seiner Hilfe zu erzählen. Er würde zu viele Bittbriefe bekommen, und selbst er hätte nicht so viel Geld, um sich um alles Elend in der Welt zu kümmern. (Ich versprach es ihm. Und ich hätte diese Story auch in diesem Buch nicht erzählt. Aber wie das immer so ist, es kam schnell heraus. In der ganzen Hektik versäumte ich, meine Familie zum Stillschweigen anzuhalten. Ein Reporter rief meine Brüder an, und am nächsten Morgen war es die Headline in der BILD-Zeitung.)

»Und Horst, sei dir sicher: Ich gebe dir alle Hilfe, die ich dir geben kann«, sagte er am Ende des Gesprächs.

Seine Assistentin organisierte unseren Flug nach London und quartierte uns in einem noblen Hotel ganz in der Nähe des Krankenhauses »Hospital for sick children« ein. Paul zeigte sich sehr großzügig, übernahm alle Kosten. Sein Hausarzt kontaktierte Doktor Deleval, den Spezialisten in Amerika, und ließ dessen gesamtes Team einfliegen.

Elisabeth wachte Tag und Nacht am Krankenbett der kleinen Marie-Sophie. Ich kümmerte mich derweil um ihre Tochter. Und dann kam der Tag der Operation.

Die Nacht zuvor wollte Elisabeth einen Rückzieher machen. In sich versunken trug sie die Kleine auf dem Arm und sagte, am liebsten würde sie alles abbrechen. Sie hätte ein ungutes Gefühl und wollte Marie eigentlich nicht operieren lassen. Dafür hatte ich kein Verständnis. Schließlich wusste ich, dass eine Operation ihre letzte Chance wäre. Sonst müsste sie sterben, das hatten uns alle Ärzte gesagt. Ich überzeugte sie. Doch als Elisabeth mir die Kleine auf den Arm geben wollte, fing sie an zu weinen. Das machte sie sonst nie. Als ob sie eine Vorahnung gehabt hätte.

Die Operation verlief glatt. Und dann begann das Warten. Zwölf Tage lang. Die längsten Tage meines Lebens. Marie-Sophie lag die ganze Zeit im Koma. Am dreizehnten Tag war alles vorbei.

Doktor Deleval kam zu uns, schüttelte den Kopf und sagte: »Sie hat's nicht geschafft.«

Die ganze Aktion kostete Paul so an die zweihundertfünfzigtausend Dollar. Das zeigte mir, welch ein guter Freund Paul auch noch fünfunddreißig Jahre nach unseren St.-Pauli-Tagen war. Das ist wahre Freundschaft. Damit hatte er die Erbsensuppe, die er bei meiner Mutter aß, oder die Wäsche, die sie ihm wusch, tausendfach zurückbezahlt. Auch wenn seine Hilfe am Ende für mein Kind nichts gebracht hat, werde ich ihm mein Leben lang dankbar sein.

Meine Beziehung zu Elisabeth war eine Zweckgemeinschaft dem Kind zuliebe. Nach Maries Tod gab es keine gemeinsame Basis mehr. Das konnte ich nicht so offen sagen. Ich hoffte auf das Abkühlen ihrer Liebe. Und so kam es dann auch. Sie zog aus. Wir sind nach wie vor befreundet, inzwischen lebt sie wieder in Ungarn.

Meine Gemütslage nach dem Tod des zweiten Kindes war so schlimm wie nach dem ersten. Ich fühlte mich eh schon mehr tot als lebendig. Abermals igelte ich mich zu Hause ein, wollte nichts sehen, nichts hören und wartete auf Erlösung, also, auch wenn's dramatisch klingt, aber so war es, auf meinen eigenen Tod.

Ab und zu riefen meine Brüder an und fragten nach meinem Befinden. »Wie soll es mir schon gehen – ohne meine beiden kleinen Kinder …«, erwiderte ich.

Eines Tages lud Uwe mich auf ein Konzert der Rockabilly-Queen Wanda Jackson ein. »Nee, ich geh nicht mit«, war meine erste Reaktion. Obwohl ich Wanda sehr mochte, aber Musik hören? Und dann auch noch in der Öffentlichkeit? Nein, dazu war ich nicht in Stimmung. Doch Uwe blieb hartnäckig. Es kämen auch ein paar Freunde mit und ich sollte einfach mal wieder unter Menschen sein. Nun gut, wenn's denn sein muss, gehe ich halt mit. Vielleicht auch, weil ich spürte, in meinem Leben müsste sich etwas ändern, sonst würde ich ganz kaputtgehen.

Meine Erwartungshaltung an diesem Abend war allerdings gering. Ich rechnete damit, nach ein paar Songs frustriert wieder nach Hause zu gehen. Doch es sollte anders kommen.

Nach ein, zwei Bier fielen mir zwei Frauen an der Bar auf. Vor allem die eine. Sie hatte ein hübsches Gesicht, langes dunkles Haar und einen knackigen Po. Ich bat Uwe, die beiden gemeinsam mit mir anzusprechen. Das sollte ich mal schön alleine machen, er wäre doch mit seiner Frau da und seit wann ich denn schüchtern sei, war seine Antwort.

Ich nahm meinen letzen Rest Mut zusammen und lud meine Favoritin auf ein Bier ein. Wir kamen ins Gespräch, verstanden uns gleich prächtig und versprachen, am nächsten Tag zu telefonieren.

Es war kurz nach Weihnachten und so fragte ich sie, ob sie mit mir Silvester feiern wollte. Sie zierte sich ein bisschen, wir kannten uns erst kurz und dann gleich gemeinsam ins neue Jahr feiern? Aber ich blieb dran, rief mehrmals täglich an, um zu fragen, was denn nun sei mit Silvester. Irgendwann hatte ich sie so weit.

Wir feierten bei Uwe im Relax, das ist ein Edel-Bordell in St. Georg. Natürlich war es eine geschlossene Gesellschaft, die käuflichen Damen hatten frei. Und um Punkt zwölf bekam ich meinen ersten Kuss. Der schmeckte so süß, so unglaublich lecker, ich merkte sofort, die ist es, die lässt du nicht mehr los. Und seitdem sind wir zusammen. Seit nunmehr sechs Jahren. Birgit hat wieder Freude und Frieden in mein Leben gebracht, allem wieder einen Sinn gegeben.

Nachwort von Oliver Flesch

Horst Fascher traf ich zum ersten Mal im März 1997, als ich für die Hamburger Morgenpost eine Serie anlässlich des 35-jährigen Star-Club-Jubiläums schrieb. Schon nach ein paar Minuten realisierte ich, dass da vielleicht nicht der bedeutendste, sicherlich aber der schillerndste deutsche Musikmanager der Sechzigerjahre vor mir saß, ein Mensch, der seit über vierzig Jahren ein Teil jener Mythen und Legenden geworden ist, die sich um das Pop-Universum ranken, und dass sein außergewöhnliches Leben einer Würdigung bedarf, die über eine dreiteilige Serie hinausgeht.

Doch wie das im Leben häufig so ist, verloren wir uns eine Zeit lang aus den Augen. Bis dann genau fünf Jahre später abermals eine Star-Club-Serie anstand und wir uns schworen: »Diesmal ziehen wir es durch. Wir schreiben ein Buch.«

Und wieder vergingen drei Jahre. Ich war durch meinen Tagesjob so ausgelastet, dass mir die Zeit fehlte, ein so großes Projekt nebenher zu stemmen. Doch dann ging alles ganz schnell. Im Frühjahr 2005 begann ich, Horst zu interviewen. Ein paar Wochen lang, Tag und Nacht. Seine bizarren und zugleich anrührenden Lebenswendungen ließen mich beinahe atemlos jene wilden, glorreichen Zeiten der Rockmusik nacherleben. Was auch daran lag, dass Horst ein phantastischer Geschichtenerzähler ist. Er reißt mit, er entführt, man hat das Gefühl, wirklich dabei gewesen zu sein. Und das gilt nicht nur für jemanden wie mich, der sich für Rock 'n' Roll seit Kindertagen interessiert.

Dies ist allerdings kein musikwissenschaftliches Buch über die Rock 'n' Roll & Beat-Ära oder die Beatles oder was auch immer. Dies ist die Geschichte eines spannenden Lebens. Ob Fats Domino nun aus Paris, wie von Horst erinnert, oder aus Nizza zum Gig kam, wie Star-Club-Boss Manfred Weißleder in den »Star-Club NEWS« schrieb, ist nicht wirklich wichtig. Es bringt die Geschichte nicht voran. Kein Stück. Doch gerade so ein Stoff lockt viele Experten an. Und denen fällt dann auf: Moment mal, es war doch John Lennon und nicht Paul McCartney, der »Roll Over Bethoven« gesungen hat. Oder andersherum. Wie auch immer: Wir haben unser Bestes gegeben. Ich sprach neben Horst Fascher mit alten Weggefährten, Musikern, Verwandten etc., las unzählige Fachbücher, Biographien, alte Zeitungsausschnitte, recherchierte im Netz, versuchte die Fakten immer wieder gegenzuchecken. Sollte sich doch einmal ein Fehler eingeschlichen haben, bitte ich diesen zu entschuldigen.

Ich mag Geschichten über sympathische Verlierer. Was nicht bedeutet, dass ich das Leben von Horst Fascher für ein verlorenes halte. Ganz im Gegenteil. Manchmal wurde ich beim Lauschen seiner Geschichten regelrecht wehmütig, dachte im Stillen: »Was habe ich eigentlich bisher erlebt? Was habe ich diesem erfüllten Leben gegenzusetzen?«

Eines noch: Sollte Horst Fascher in Ihrem Städtchen eine Lesung halten, gehen Sie hin. Es lohnt sich. Der Mann ist einmalig. Versprochen.

Tracklist

Travelin' Man – Ricky Nelson 1961
Blue Days, Black Nights – Buddy Holly 1956
Home Is Where The Heart Is – Elvis Presley 1960
51er Kapitän – Reinhard Mey 1996
Ich weiß, es wird einmal ein Wunder gescheh'n –
Zarah Leander 1942
Will You Still Love Me Tomorrow – The Shirelles 1960
Rock Around The Clock – Bill Haley 1954
Crying, Waiting, Hoping – Buddy Holly 1959
Money, Honey – The Drifters 1953
Race With The Devil – Russ Santy 1960
Twist & Shout – The Isley Brothers 1962
A Young Man Is Gone – Beach Boys 1964
Let's Go, Let's Go, Let's Go – Hank Ballard 1960
Too Much Monkey Business – Chuck Berry 1956
Hully Gully – The Olympics 1960
Girls, Girls, Girls (Are Made To Love) – Eddie Hodges 1962
Crazy Legs – Gene Vincent 1956
Dim Dim The Lights – Bill Haley 1954
I'm Walkin' – Fats Domino 1957
Tutti Frutti – Little Richard 1955
Shout – Joey Dee & The Starliters 1962
Let's Twist Again – Chubby Checker 1960
Hallelujah, I Love Her So – Ray Charles 1958
Real Wild Child (Wild One) – Jerry Lee Lewis 1958
You Can't Catch Me – Chuck Berry 1956
(You're The) Devil In Disguise – Elvis Presley 1963
(I Can't Get No) Satisfaction – The Rolling Stones 1965

Future Trip – Jimi Hendrix 1969
Summer's Gone - Paul Anka 1960
We Gotta Get Out Of This Place – The Animals 1965
One Way Ticket To The Blues – Neil Sedaka 1961
Don't Bogart That Joint, My Friend – Fraternity of Man 1969
Bringing It All Back Home – Bob Dylan 1965 (LP-Titel)
Bring Back Those Doo-Wopps – The Bagdads 1968
Little Town Flirt – Del Shannon 1962
Run Through The Jungle – Creedence Clearwater Revival 1969
Wild Thing – The Troggs 1966
Ice Cream Man – Jonathan Richman & The Modern Lovers 1977
Just Like Jesse James – Cher 1989
Friends – Beach Boys 1968
Respect – Aretha Franklin 1967
When A Soldier Makes It Home – Arlo Guthrie 1989
Love, Love, Love – The Clovers 1956
Lovin' Up A Storm – Jerry Lee Lewis 1959
Green, Green Grass Of Home – Tom Jones 1967
Rock My Soul – Les Humphries Singers 1970
It's So Hard To Say Goodbye To Yesterday – Charm 1983
That's What Friends Are For – Dionne (Warwick) and Friends 1985

Anmerkung:
Bei den ausgewählten Versionen handelt es sich nicht zwingend um die Originale. Es sind Fassungen, die in Horst Faschers Leben eine Rolle gespielt haben und/oder zur Geschichte passen.

Wie wir wurden, was wir sind!

Rudolf Großkopff
Unsere 50er Jahre
Wie wir wurden, was wir sind
256 Seiten · gebunden/Schutzumschlag
€ 19,90 (D) · sFr 34,90 · € 20,50 (A)
ISBN 3-8218-5620-3

Kriegsheimkehrer, Wohnungsnot, Flucht in den Westen und Aufstand vom 17. Juni: Die fünfziger Jahre waren in beiden Teilen Deutschlands eine Zeit dramatischer Veränderungen und schicksalhafter Neuanfänge.

»Unsere 50er Jahre« verknüpft persönliche Erlebnisse von Zeitzeugen mit umfassendem Hintergrundwissen zum Zeitgeschehen und vermittelt ein eindringliches, lebendiges und umfassendes Bild eines Jahrzehnts zwischen Verzweiflung und Aufbruch.

»Egal ob Politik, Sport, Kultur oder Freizeit, im Osten wie im Westen, kurzweilig und klar strukturiert führt Großkopff durch die Epoche.« Süddeutsche Zeitung